LOS RETOS DE LA POLÍTICA SOCIAL EN LA FRONTERA NORTE DE MÉXICO

Colección México Norte

LOS RETOS DE LA POLÍTICA SOCIAL EN LA FRONTERA NORTE DE MÉXICO

GERARDO ORDÓÑEZ BARBA
MARCOS S. REYES SANTOS
(Coordinadores)

El Colegio de la Frontera Norte

PLAZA Y VALDES
P Y V
EDITORES

2006

HD 9506 .M63 C45
Los retos de la política social
en la frontera norte de México/
Gerardo Ordóñez Barba y
Marcos S. Reyes Santos (coordinadores).
1a ed.-Tijuana, B.C. : El Colegio de la Frontera Norte : Plaza y
Valdés, 2006.
302 pp. (Colección México Norte)

ISBN: 970-722-447-9

1. Políticas social - Desarrollo regional - Pobreza- México
I. Ordóñez Barba, Gerardo. II. Reyes Santos, Marcos.

ISBN: 968-7947-41-1 (Colegio de la Frontera Norte)
ISBN: 970-722-447-9 (Plaza y Valdés)

Coordinación editorial: Érika Moreno Páez
Ilustración de portada: Lina Ojeda Revah, "Hombres árbol", dibujo en tinta china sobre papel.

Primera edición: 2006

Impreso en México / *Printed in Mexico*

INTRODUCCIÓN

Gerardo Ordóñez Barba
Marcos S. Reyes Santos

La investigación colectiva que integra la presente publicación surge como un esfuerzo de cooperación entre el Instituto Nacional de Desarrollo Social (Indesol) y El Colegio de la Frontera Norte (El Colef), a través del Departamento de Estudios de Administración Pública, en el marco del Programa de Coinversión Social. En esta recopilación de estudios participamos doce investigadores y lo expresado en el documento es responsabilidad exclusiva de los autores. Los resultados y actividades de vinculación desarrolladas pretenden dar cumplimiento al compromiso institucional, tanto de El Colef como del Indesol, de producir conocimiento científico útil y ponerlo a la disposición de quienes pueden tomar decisiones o influir en ellas, de tal suerte que sea posible incidir en los intensos procesos de cambio que tienen lugar en esta extensa y diversa región de nuestro país.[1]

En este sentido, además de proponernos realizar análisis sobre la situación social que priva en los seis estados fronterizos del norte del país respecto de los principales indicadores demográficos y socioeconómicos y de los distintos ámbitos de gobierno que componen a la política social, la investigación tuvo como otro objetivo central identificar los retos que enfrentan las políticas sectoriales (educación, salud, seguridad social, vivien-

[1] Conviene mencionar que, debido a las dimensiones sociales y territoriales de la frontera norte de México, resulta inexacto hablar de *la región fronteriza*. La diversidad municipal y las dinámicas locales que se producen al interior de cada entidad y, en varios casos, entre entidades contiguas, configuran escenarios regionales heterogéneos que se articulan de manera distinta con el resto del país y con Estados Unidos. Precisamente uno de los propósitos de esta investigación colectiva consistió en destacar las desigualdades regionales que prevalecen al interior de los seis estados que integran la frontera norte. No obstante, en diversas partes de este libro los autores utilizan los términos *región*, *región fronteriza* o *sociedad fronteriza* para hacer referencia a este conjunto de entidades federativas.

da y combate a la pobreza), en el marco de la colaboración y gestión intergubernamentales y en el horizonte de un desarrollo social incluyente y regionalmente equilibrado.

Desde una perspectiva académica, esta investigación busca trascender los estudios sobre política social en México, mismos que tradicionalmente habían puesto el acento en la perspectiva "nacional" o desde las políticas federales.[2] En este caso, se trata de poner de relieve los vínculos entre política social, gobiernos locales y desarrollo regional, así como profundizar en el análisis sobre las desigualdades regionales.

Como se podrá comprobar, el documento se compone de ocho estudios: los primeros tres están dedicados a realizar diagnósticos generales del perfil demográfico y socioeconómico que presentan las sociedades locales en la frontera norte, poniendo énfasis en los principales indicadores del desarrollo (población, empleo, ingreso, desigualdad y pobreza) y en las heterogeneidades que privan en la región; los cinco restantes tuvieron como objetivos particulares analizar las políticas sociales en el marco de la región fronteriza, así como elaborar diagnósticos específicos sobre la situación social relativa a cada política e identificar los principales retos que enfrentan en sus respectivos ámbitos de actuación.

Debido a la amplitud de los temas a tratar y dadas las limitaciones de tiempo y recursos, se diseñó una estrategia de investigación de gabinete y se planteó la aplicación de metodologías de análisis a fuentes estadísticas, documentales y secundarias ya existentes. Considerando las peculiaridades de los temas, el investigador o los investigadores responsables de cada capítulo decidieron las fuentes a utilizar y el tratamiento metodológico a seguir. Como se podrá verificar también, en cada caso se precisan el origen de la información y los procedimientos que se emplearon para su estudio.

Para lograr la integración conceptual de estos trabajos, se llevaron a cabo dos talleres de análisis y discusión. En estos eventos académicos se discutió la pertinencia de la perspectiva a adoptar, los objetivos generales y específicos a concretar y se hicieron presentaciones preliminares de cada tema. Al final se realizó una presentación pública del primer borrador

[2] Algunos ejemplos sobresalientes de este enfoque pueden consultarse en: Carrasco y Provencio, 1988; Cordera y Tello, 1997; Garza, 1988; González Salazar, 1983; González Tiburcio, 1993; Lustig, 1989; Ordóñez, 2002; Ward, 1989; Wilkie, 1978; y, Zorrilla, 1988.

integrado en la ciudad de Monterrey, Nuevo León, cuyo propósito fue generar un espacio inicial de vinculación entre académicos, agentes gubernamentales y actores sociales interesados en el desarrollo social de la frontera norte de México.

En la última parte de esta introducción presentaremos algunas de las principales conclusiones contenidas en cada uno de los estudios específicos, pero antes se expondrán nuestras observaciones respecto del papel y la importancia que han ido adquiriendo los gobiernos locales como agentes del desarrollo social.

El rol de los gobiernos locales en el desarrollo social de la frontera norte de México

Las políticas de bienestar que ha desarrollado el Estado mexicano pueden dividirse de manera genérica en tres tipos: *a)* las políticas orientadas a los servicios sociales básicos, que incluyen educación, salud y vivienda; *b)* las políticas de seguridad social, que integran básicamente a las pensiones y a los beneficios económicos inherentes a la incapacidad temporal en el trabajo; y, *c)* las políticas de asistencia social, dirigidas a la atención de grupos sociales considerados como vulnerables (niños, mujeres, jóvenes, familias, indígenas, personas con capacidades diferentes, entre otros) y a segmentos de población marginada o pobre.

Tradicionalmente, el Estado ha llevado a cabo el diseño e implementación de estas políticas a través de instituciones controladas por el gobierno federal. En la década de los ochenta se inició, con resultados aún inconclusos en algunas entidades federativas, la puesta en marcha de un proceso de descentralización hacia los gobiernos estatales de los servicios de salud asistenciales y de seguridad social de sus trabajadores y los de los ayuntamientos (Jeannetti, 1986; Laurell, 1995; y, López, 1993). A principios de los años noventa se buscó continuar con esta tendencia descentralizadora, trasladando a los estados responsabilidades en materia de educación (Ornelas, 1998; y, Pardo, 1999).

A nivel municipal, la acciones importantes en materia de descentralización empezaron con la reforma al artículo 115 de la Constitución en 1983. A través de esta enmienda constitucional se procedió al traslado de facultades y recursos que venían siendo gestionados por las administraciones estatales. En lo referente al bienestar social se les otorgaron facultades para la planeación del desarrollo urbano, la administración territorial y la gestión de servicios públicos esenciales para la comunidad, entre los que destacan el agua potable, el drenaje, la pavimentación y la seguridad pública. El nivel de avance de este proceso parece no ser viable en muchos municipios (sobre todo en los rurales más atrasados) y en otros se encuentra en fases un tanto alejadas del modelo constitucional. El rezago se encuentra principalmente en la cesión cabal de atribuciones que hagan posible la gestión del desarrollo urbano. Sólo los municipios en los que se encuentran las ciudades más importantes del país han consolidado una estructura de planeación que les permite actuar, con relativa autonomía, sobre los mercados del suelo y vivienda y, por consiguiente, en la dotación regulada de servicios públicos (Guillén y Ordóñez, 1995; y, Guillén, Ordóñez y Reyes, 1996).

Las políticas asistencialistas, en su mayoría, han sido diseñadas y dirigidas por instituciones federales. La atención a la infancia, a los jóvenes, a las familias, a los grupos indígenas y a poblaciones que se encuentran en situaciones de vida críticas, han estado bajo la tutela directa de organismos centrales. Algunas de estas políticas se han implementado a partir de la creación de estructuras y estrategias de gestión intergubernamentales (GIG). En este conjunto destacan los programas de combate a la pobreza aplicados a partir de la década de los setenta: el Pider de 1973 a 1982, la Coplamar de 1977 a 1982, el Pronasol de 1988 a 1994, el Progresa de 1997 a la fecha y Contigo a partir de 2002. La mayoría de estos programas fueron diseñados con la intención de involucrar en la toma de decisiones, en distintas dosis y con diferentes instrumentos, a los gobiernos estatales y municipales y a grupos representativos de sus comunidades. Además, buscaron incorporar como un elemento activo de sus recursos de gestión y ejecución a la participación social y, en algunos casos, a las organizaciones comunitarias (Ordóñez, 1997 y 2000; Ordóñez y Ortega, 2003; y, López y Ordóñez, 2004).

Finalmente, en el inventario de acciones públicas de bienestar social se encuentra un amplio grupo de programas que se han desarrollado por el exclusivo compromiso de los gobiernos locales. Tanto las administraciones estatales como los ayuntamientos han puesto en marcha un conjunto heterogéneo de iniciativas que se plantean incidir sobre problemáticas específicas de sus comunidades. A nivel estatal destacan las propuestas para la regularización de la tenencia de la tierra, la construcción o el mejoramiento de viviendas de bajo costo o el acceso de grupos desprotegidos a servicios de salud gratuitos. En los municipios se han emprendido programas para la introducción de servicios públicos, la pavimentación, oficinas de asesoría jurídica, clínicas para enfermos mentales o, como en el caso de Tijuana, la construcción de un hospicio para atender al creciente número de niños de la calle. En algunos de estos casos, la actividad gubernamental también es complementada por la participación, la organización y las aportaciones económicas de los propios beneficiarios y de grupos sociales interesados en el bienestar comunitario (véase capítulo VIII de este libro).

El proceso de transferencia y creación de responsabilidades públicas en la gestión del desarrollo social ha reconfigurado la composición de la estructura federal y reordenado las relaciones intergubernamentales. Este proceso no ha estado exento de dificultades y resistencias, tanto de la parte otorgante como de la receptora, que han debilitado la implementación de la descentralización en varias de sus dimensiones. No obstante, es un hecho que los gobiernos locales ocupan hoy día un lugar estratégico en la provisión de diversos servicios sociales. Pues, como puede apreciarse en el cuadro 1, si bien la participación de la federación en el gasto total en desarrollo social sigue siendo alta (57%), los gobiernos estatales ya ejercen alrededor del 40% de ese gasto.[3]

La importancia federal se debe, principalmente, al grado de centralización que mantiene en el ejercicio del presupuesto en las materias de salud, seguridad social y desarrollo regional y urbano; por su parte, la participación estatal se concentra en educación, abasto y asistencia social. Considerando lo anterior, se advierte una suerte de complementariedad

[3] Cabe precisar que, como se consigna en la fuente de los cuadros anexos a esta introducción, para el análisis del gasto público en el año 2000 se acudió a dos bases de datos distintas: en el caso del presupuesto federal, la información proviene de los Anexos del Segundo Informe de Gobierno de Vicente Fox; por su parte, los datos del gasto estatal y municipal se obtuvieron de las series publicadas por el INEGI (2001). Sin duda, la metodología y el sistema de clasificación que siguen cada una de estas fuentes ofrece información con grados de calidad distintos, que dificultan las comparaciones o limitan la posibilidad de agregación de unos datos con otros. No obstante, tomando en cuenta estas consideraciones y siguiendo procedimientos estandarizados (véase notas metodológicas del cuadro 1 y de los anexos 1, 2 y 3), se logró establecer cifras de gasto a escala nacional, federal y local, que permiten derivar análisis y conclusiones con la mayor precisión posible. Entre los datos que manifiestan mayores inconsistencias están los que se refieren al gasto estatal en desarrollo social para Baja California y Coahuila, cuyas proporciones respecto del gasto programable están muy por debajo de las que registran el resto de las entidades fronterizas.

Cuadro 1. Gasto programable federal, estatal y municipal total y en desarrollo social, 2000 (millones de pesos)

Concepto	*Gasto nacional*	*Gasto federal centralizado*	*Gasto estatal*			*Gasto municipal*		
			Total	*Estados no fronterizos*	*Estados fronterizos*	*Total*	*Estados no fronterizos*	*Estados fronterizos*
Gasto programable	1 081 304.5	629 954.3	374 549.6	294 597.4	79 952.2	76 800.5	58 510.9	18 289.7
Desarrollo social	568 373.1	324 121.0	225 703.4	177 765.3	47 938.1	18 548.7	14 573.3	3 975.5
Educación	207 730.1	55 797.7	150 615.3	118 979.1	31 636.2	1 317.0	1 183.8	133.2
Salud	126 194.6	99 209.0	25 913.7	21 387.8	4 525.9	1 071.9	927.8	144.1
Seguridad social	134 770.8	123 398.0	8 164.1	2 919.6	5 244.5	3 208.7	2 380.3	828.4
Desarrollo regional y urbano	47 074.3	37 288.8	2 919.7	1 657.7	1 262.0	6 865.7	5 474.4	1 391.4
Abasto, asistencia social y otros	52 603.3	8 427.5	38 090.4	32 821.0	5 269.5	6 085.4	4 607.0	1 478.4
Per cápita (pesos)								
Gasto programable	11 092.2	6 462.2	3 842.2	3 644.2	4 804.0	787.8	723.8	1 099.0
Desarrollo social	5 830.5	3 324.9	2 315.3	2 199.0	2 880.4	190.3	180.3	238.9
Educación	2 130.9	572.4	1 545.0	1 471.8	1 900.9	13.5	14.6	8.0
Salud	1 294.5	1 017.7	265.8	264.6	271.9	11.0	11.5	8.7
Seguridad social	1 382.5	1 265.8	83.7	36.1	315.1	32.9	29.4	49.8
Desarrollo regional y urbano	482.9	382.5	30.0	20.5	75.8	70.4	67.7	83.6
Abasto, asistencia social y otros	539.6	86.5	390.7	406.0	316.6	62.4	57.0	88.8
% Verticales								
Gasto programable	100.0	100.0	100.0	100.0	100.0	100.0	100.0	100.0
Desarrollo social	52.6	51.5	60.3	60.3	60.0	24.2	24.9	21.7
	100.0	**100.0**	**100.0**	**100.0**	**100.0**	**100.0**	**100.0**	**100.0**
Educación	36.5	17.2	66.7	66.9	66.0	7.1	8.1	3.4
Salud	22.2	30.6	11.5	12.0	9.4	5.8	6.4	3.6
Seguridad social	23.7	38.1	3.6	1.6	10.9	17.3	16.3	20.8
Desarrollo regional y urbano	8.3	11.5	1.3	0.9	2.6	37.0	37.6	35.0
Abasto, asistencia social y otros	9.3	2.6	16.9	18.5	11.0	32.8	31.6	37.2

(Continúa)

(Continuación)

Concepto	Gasto nacional	Gasto federal centralizado	Gasto estatal			Gasto municipal		
			Total	Estados no fronterizos	Estados fronterizos	Total	Estados no fronterizos	Estados fronterizos
% Horizontales								
Gasto programable	**100.0**	**58.3**	**34.6**	78.7	21.3	**7.1**	76.2	23.8
Desarrollo social	**100.0**	**57.0**	**39.7**	78.8	21.2	**3.3**	78.6	21.4
Educación	**100.0**	**26.9**	**72.5**	79.0	21.0	**0.6**	89.9	10.1
Salud	**100.0**	**78.6**	**20.5**	82.5	17.5	**0.8**	86.6	13.4
Seguridad social	**100.0**	**91.6**	**6.1**	35.8	64.2	**2.4**	74.2	25.8
Desarrollo regional y urbano	**100.0**	**79.2**	**6.2**	56.8	43.2	**14.6**	79.7	20.3
Abasto, asistencia social y otros	**100.0**	**16.0**	**72.4**	86.2	13.8	**11.6**	75.7	24.3
Población	**100.0**	**100.0**	**100.0**	82.9	17.1	**100.0**	82.9	17.1

Fuente: Anexos 1, 2 y 3 de la introducción.
Nota metodológica: a) para homologar los presupuestos sólo se contabilizó el gasto programable para las tres órdenes de gobierno, con lo cual se elimina en todos los casos las participaciones y/o devoluciones, los ADEFAS y los gastos por deuda pública; *b)* el gasto federal centralizado no considera los gastos programables que se transfieren a los gobiernos locales (gasto programable descentralizado -ramos 33 y 25, PAFEF y convenios: 26.3% del GPF), ya que estos recursos se integran a las finanzas locales como un ingreso y sus gobiernos actúan como últimos ejecutores del gasto; y *c)* se tomaron en cuenta a las 32 entidades del país.

en la aplicación del gasto nacional entre la federación y los gobiernos estatales. Aunque la participación municipal es marginal (3.3%), mantiene una presencia relativa en programas de desarrollo urbano y regional, y de abasto y asistencia social, con una participación de entre el 11 y 15% del gasto nacional en estos rubros.

Si atendemos a la estructura del gasto encontramos que tanto el gobierno federal como los estatales erogan, en promedio, más de la mitad de sus presupuestos en programas de desarrollo social. El promedio municipal, en cambio, está por debajo de una cuarta parte. La composición del gasto social por orden de gobierno indica que: *a)* la federación ejerce directamente la mayor parte de su gasto en salud y seguridad social (68.7%); *b)* los estados en educación (66.7%); y *c)* los municipios en desarrollo regional y urbano y en programas de abasto y asistencia social (69.8%). Las diferencias en los porcentajes de gasto que destinan los gobiernos locales fronterizos y no fronterizos a desarrollo social son significativas sólo en el gasto estatal en seguridad social (que es mayor en los fronterizos) y en abasto y asistencia social (que es mayor en los no fronterizos).

En el análisis de las diferencias del gasto social per cápita entre gobiernos locales fronterizos y el resto (cuadro 2) se observa que el presupesto de los primeros supera en casi una tercera parte al que ejercen los segundos. Por orden de gobierno se aprecia que el gasto de los estados no fronterizos supera a los fronterizos sólo en lo que respecta a programas de

Cuadro 2. Proporción de ventaja (+) / desventaja (-) del gasto local fronterizo per cápita respecto del no fronterizo

Concepto	*Estatal*	*Municipal*	*Total*
Gasto Programable	31.8	51.8	35.1
Desarrollo Social	31.0	32.5	31.1
Educación	29.2	-45.3	28.4
Salud	2.8	-24.6	1.7
Seguridad social	772.5	69.0	456.6
Desarrollo regional y urbano	269.8	23.5	80.7
Abasto, asistencia social y otros	-22.0	55.9	-12.4

Fuente: Cuadro 1.

abasto y asistencia social; en la escala municipal, el gasto de los ayuntamientos de las entidades no fronterizas es mayor en materia de educación y salud; sin embargo, tomando la suma de los gastos locales, los estados y ayuntamientos no fronterizos gastan más sólo en lo que respecta a abasto y asistencia social. Estas diferencias ponen de relieve una mayor capacidad de financiamiento de los estados fronterizos respecto del resto del país y de alguna manera reflejan el tipo de problemáticas sociales que privan en unas y otras entidades.

Resulta complicado establecer la forma en que el gobierno federal distribuye el presupuesto en el territorio nacional, principalmente porque el gasto centralizado no se reporta de esa manera. No obstante, tomando como referencia el gasto descentralizado en desarrollo social (véase Anexo 3) encontramos que, en función de las proporciones de población, existe una asignación equitativa del gasto entre lo que se destina a los estados del norte y al resto de las entidades; sin embargo, al interior de la región fronteriza existen desigualdades. En el año 2000 la entidad que resultó más perjudicada fue Nuevo León y la más beneficiada fue Tamaulipas. Comparando la estructura del gasto descentralizado entre entidades fronterizas y no fronterizas, se observa que la federación transfiere a las primeras una proporción mayor del presupuesto a educación (81%); en contraste, las últimas reciben un porcentaje relativamente más significativo en los demás sectores, particularmente en lo relativo a desarrollo regional y urbano y a programas asistenciales.

Como ya se comentó, el gasto local en servicios sociales representa el 43% del presupuesto nacional y que los estados y municipios fronterizos ejercen 35% más que los no fronterizos en términos per cápita. A pesar de esta apreciable ventaja, nuevamente al interior de la región fronteriza existen grandes contrastes. Los datos del cuadro 3 indican que los gobiernos locales que más invierten en desarrollo social son, en orden descendente, los de Tamaulipas, Sonora, Chihuahua y Nuevo León con una asignación presupuestal entre 55 y 70% del gasto programable total; muy por debajo están Baja California y Coahuila con una participación de alrededor del 38%. Aunque la calidad de los datos ofrecidos por la fuente en estos dos últimos casos probablemente explique una parte de la amplia distancia que mantienen con los primeros (véase pie de página 3), en alguna medida esta información expresa el grado de compromiso de cada uno de ellos con el bienestar de sus sociedades.

Cuadro 3. Estructura de los egresos brutos totales y en desarrollo social de los estados y municipios, 2000 (%)

Concepto	*Total*	*Estados no fronterizos*	*Estados fronterizos*	*B.C.*	*Son.*	*Chih.*	*Coah.*	*N.León*	*Tamps.*
Total egresos	**100.0**	**100.0**	**100.0**	**100.0**	**100.0**	**100.0**	**100.0**	**100.0**	**100.0**
Participaciones y devoluciones	13.4	14.0	11.3	6.3	12.7	16.0	11.7	11.5	12.2
Gastos por deuda pública	2.5	2.5	2.6	0.5	6.7	1.3	1.4	3.5	3.5
Gasto programable	84.1	83.6	86.1	93.2	80.6	82.7	86.8	85.1	84.3
	100.0	**100.0**	**100.0**	**100.0**	**100.0**	**100.0**	**100.0**	**100.0**	**100.0**
Desarrollo social	54.1	54.5	52.8	38.5	63.2	62.0	36.2	54.7	69.5
	100.0	**100.0**	**100.0**	**100.0**	**100.0**	**100.0**	**100.0**	**100.0**	**100.0**
Educación	62.2	62.5	61.2	60.1	70.2	67.6	26.1	62.2	62.8
Servicios educativos	22.8	25.2	14.2	9.2	19.1	4.3	0.8	34.5	4.5
Actividades culturales	0.1	0.1	0.0	0.0	0.0	0.1	0.0	0.0	0.0
Escuelas	1.1	1.0	1.9	2.0	0.1	3.7	3.1	1.3	1.6
Subsidios a educación, cultura y deportes	38.1	36.2	45.2	48.9	51.0	59.6	22.3	26.4	56.6
Salud	11.0	11.6	9.0	6.1	14.1	10.2	0.1	8.5	11.1
Servicios de salud	0.4	0.4	0.6	0.0	2.7	1.4	0.0	0.1	0.0
Hospitales	0.2	0.2	0.3	0.0	0.0	0.0	0.1	0.8	0.3
Subsidos	9.8	10.2	8.1	6.1	11.4	8.8	0.0	7.7	10.8
Seguridad social	4.7	2.8	11.7	16.4	3.9	8.2	40.1	11.1	5.2
Pagos por concepto de seguridad social	1.9	1.0	5.2	5.6	2.8	8.1	13.8	4.7	0.9
Pagos por otras prestaciones sociales	2.7	1.7	6.5	10.8	1.2	0.0	26.2	6.4	4.4
Desarrollo regional y urbano	4.0	3.7	5.1	1.8	2.3	3.1	5.2	7.8	8.9
Carreteras, caminos y puentes	3.4	3.0	4.6	1.2	2.2	2.9	4.7	7.6	7.2
Agua potable	0.6	0.7	0.6	0.6	0.1	0.2	0.5	0.2	1.7
Abasto, asistencia social y otros	18.1	19.5	13.0	15.6	9.5	10.9	28.5	10.4	12.0
Desarrollo social	0.1	0.1	0.0	0.0	0.0	0.0	0.0	0.0	0.0
Fomento a programas de bienestar social	4.2	3.8	5.6	7.1	0.6	8.8	17.9	2.2	4.0
Otros subsidios	11.9	13.5	6.2	7.9	7.7	1.6	7.2	6.9	6.5
Ayudas	1.8	2.0	1.2	0.5	1.2	0.4	3.4	1.2	1.4

Fuente: Anexos 2 y 3.

Los retos de la política social en la frontera norte de México

Si bien la frontera norte de México ocupa una posición relativamente favorable respecto a la media nacional en cuanto a los indicadores *gruesos* de su desarrollo económico y social, ello no necesariamente corresponde a los niveles adecuados de bienestar social en toda la región, debido principalmente a la heterogeneidad demográfica, económica y política que caracteriza a la sociedad fronteriza, pero también por importantes rezagos en las acciones de las instituciones de gobierno orientadas a la política social. En ese sentido, el desarrollo regional fronterizo se desenvuelve en un escenario cuya principal paradoja es que su relativo dinamismo económico y demográfico convive con formas desiguales de acceso de la población a los servicios públicos básicos y a los beneficios del desarrollo económico.

A partir de esta premisa general, en un intento por captar la complejidad de la realidad regional en la que se despliegan las acciones y programas de gobierno y se destinan recursos públicos, tanto del gobierno federal como de los gobiernos locales, se proponen los estudios que integran esta investigación colectiva. El capitulado está organizado en dos partes: *a)* en la primera, se presentan análisis que desde la perspectiva de la región en su conjunto muestran un panorama general sobre las principales características y tendencias que asume el desarrollo fronterizo en cuanto a su situación demográfica, bienestar económico y pobreza y desigualdad social; y *b)* en la segunda parte, se ofrecen estudios sectoriales sobre los siguientes aspectos de la política social: educación, seguridad social, salud, vivienda y combate a la pobreza.

En la medida de lo posible, el primer tipo de estudios tuvo como eje de análisis realizar un diagnóstico amplio de la situación social que priva en la frontera norte del país, respecto de los principales indicadores demográficos y socioeconómicos; por su parte, los estudios sectoriales se realizaron bajo objetivos más específicos, tales como: *a)* realizar una breve descripción de cada política social en el marco de la región fronteriza (instituciones, recursos, órdenes de gobierno involucrados, planes y programas nacionales y locales); *b)* elaborar diagnósticos de la situación relativa a cada política, constatar las ventajas que supone la región fronteriza respecto de los indicadores nacionales y analizar las desigualdades intraregionales; y *c)* identificar los retos que enfrentan las políticas sectoriales en el marco de la colaboración y gestión intergubernamentales (federación, estados y municipios) y en el horizonte de un desarrollo social incluyente y regionalmente equilibrado (vacíos, rezagos, desviaciones, desigualdades, etcétera).

Características generales de la frontera norte

Entre las principales características de la población residente en los estados fronterizos del norte de México, Rodolfo Corona expone en el primer capítulo que su crecimiento ha sido retalivamente más rápido respecto a la población del país, pues mientras que el total de la población nacional creció a una tasa promedio del 2.49%, de 1960 al año 2000; la población fronteriza creció en promedio a una tasa del 2.63%, en el mismo período. Esta situación provocó que la población asentada en los seis estados de la frontera norte haya aumentado su proporción en el conjunto del país, pues del 15.9% que era en 1960, para el año 2000 ya representaba el 16.8%. No obstante, como lo explica el autor, a partir de 1960 el ritmo de crecimiento poblacional en las entidades fronterizas se ha ido desacelerando continuamente, ya que después de haber llegado a los incrementos relativos más altos entre 1930 y 1960, con una tasa del 3.3%; entre 1980 y el año 2000, creció a un ritmo menor del 2.1 por ciento.

Por otro lado, la población de los 39 municipios de la frontera norte analizados ha ido en aumento, pues de cerca del 14%, que representaba en 1930 respecto al total de la población de los estados fronterizos; en el año 2000, ya era un poco más del 34%. Sin embargo, cabe mencionar que el crecimiento de la población municipal fronteriza de cada entidad ha sido desigual, ya que mientras que la población municipal de Chihuahua que vive en la franja fronteriza creció a una tasa promedio del 3.2%, de 1960 al año 2000; la población municipal fronteriza de Coahuila creció en promedio a una tasa menor del 2.5%, en el mismo período.

En cuanto al bienestar social y económico, Noé Fuentes y Sárah Martínez concluyen en el segundo capítulo que la dotación de servicios públicos básicos: salud, educación, electricidad, agua potable y drenaje, en la frontera norte presenta casos de rezago con respecto a la dotación promedio nacional de dichos servicios. En particular, los estados de Nuevo León y Coahuila presentan un nivel de carencias de servicios básicos por debajo o cercano al promedio nacional. En los demás estados de la frontera norte, en promedio, la cobertura de los servicicios básicos es más limitada que en el resto del país, lo que se ve agravado en el caso de los municipios fronterizos. Pues, de acuerdo a la información disponible, es posible observar que prácticamente todos los municipios de la frontera tienen un *Índice de Privación o de Carencias* por encima del promedio nacional y en algunos casos con grandes diferencias. Por ejemplo, mientras que el municipio de Tijuana, Baja California, muestra un *Índice de Privación* de 0.26% en servicios de educación y de un 0.32% en salud; el municipio de Ocampo, en Coahuila, presenta un *Índice* de 1% en educación y de 0.85% en salud (véase cuadro 4 del capítulo II).

Por otra parte, si bien en los estados fronterizos se produce un poco más del 24% del valor de la producción nacional, el tamaño de las economías locales en lo individual se caracteriza por ser pequeña en su mayoría, pues del total de ellas, tan sólo tres alcanzan a sobrepasar los 10 mil millones de pesos; las 32 restantes tienen un tamaño inferior. Asimismo, el crecimiento económico que han tenido los municipios de la región fronteriza ha sido desigual, pues así como hay unos en donde el crecimiento de la producción ha sido muy dinámico en el período 1995-1997, tales como Tijuana con el 5.0% y Juárez con el 5.3%, hay otros que incluso han registrado tasas de crecimiento negativas, lo que repercute de manera importante sobre las situaciones de pobreza y distribución del ingreso en la región.

Asimismo, la proporción de personas que tiene ingresos apenas por encima de un salario mínimo es muy alta en la frontera norte, por lo que al definir la línea de pobreza en el rango de dos salarios mínimos, la incidencia de la pobreza en la región se acerca, e incluso sobrepasa (en el caso de varios municipios) la situación de la pobreza a nivel nacional de la población con ingresos dentro de este rango, lo que podría indicar una situación de relativa fragilidad en la frontera norte, ya que una disminución en los niveles de actividad económica en la región llevaría a una gran proporción de personas a condiciones de pobreza moderada.

Finalmente, en lo que respecta al tema de la desigualdad social y pobreza, Juan Noyola concluye en el tercer capítulo que si bien los años setenta fueron excepcionalmente prósperos para la frontera norte de México, principalmente por la combinación de una serie de factores que propiciaron el aumento de la actividad del comercio al por menor y al por mayor y el crecimiento de la industria maquiladora en la región; sin embargo, durante la siguiente década, especialmente después de febrero de 1992, las condiciones económicas en la región empeoraron, la devaluación del peso y la recesión de la economía mexicana provocaron que las ventas al por menor cayeran dramáticamente y el crecimiento del empleo y los ingresos fueran más lentos. Actualmente, los ingresos medios de las familias en los estados fronterizos del norte de México contiguos a los Estados Unidos se encuentran en los niveles más bajos de la distribución de los ingresos de la región y del país en general, lo que coloca a la población en una posición de gran desigualdad respecto a los promedios nacionales, sobre todo porque los empleos a que acceden los habitantes de la región se concentran en los niveles de ingresos bajos. La mayor parte de las familias fronterizas, aproximadamente el 50%, y en algunos estados hasta el 70%, poseen ingresos que se encuentran por debajo del ingreso medio general en cada decil respectivo, lo que pone de manifiesto un alto grado de desigualdad y altos niveles de pobreza que se derivan de esta situación.

Asimismo, en los estados fronterizos se observa un aumento global de la desigualdad a favor de los grupos de ingresos en el 30% más alto, en detrimento del restante 70%. Es decir, en la frontera norte del país se observa una transferencia de ingresos, principalmente de los sectores más pobres a los sectores más ricos de la población, lo que podría indicar que la pobreza va en aumento en la región. Aunque los estados fronterizos exhiben una menor desigualdad en los ingresos familiares que los observados en el país, al analizar los ingresos de los trabajadores de las maquiladoras se detecta que éstos están por debajo del promedio observado en el primer decil de la distribución regional. Y, el empleo generado por las plantas maquiladoras instaladas en la región fronteriza, aunque necesario, no ha sido suficiente para generar mejores condiciones de distribución de ingreso, por los bajos salarios que pagan.

Características específicas de la región fronteriza

Si bien la propia diversidad de los temas incluidos en la política social puede ser una limitante a la investigación social, tanto porque el análisis de los complejos procesos implicados requeriría de una considerable inversión de tiempo y recursos, como por las dificultades metodológicas implícitas en el intento por abordar el estudio de la realidad desde las más diversas perspectivas científicas disponibles para ello, en un intento por tener un cuadro preliminar sobre algunos aspectos de la realidad fronteriza, se realizaron cinco estudios sobre aspectos específicos de la frontera norte del país, permitiendo con ello tener un primer acercamiento a las problemáticas más relevantes. Enseguida se exponen las principales conclusiones de los estudios sectoriales, aunque cabe aclarar que no de manera exhaustiva, tanto para evitar repeticiones innecesarias como para provocar el interés del lector a revisar los detalles de lo aquí expuesto en cada estudio.

Educación

En el marco de las relaciones intergubernamentales, Marcos Reyes expone, en el cuarto capítulo, que se observa una desarticulación entre las visiones de los gobiernos de los estados fronterizos del norte de México y el federal en torno a la educación, principalmente porque las acciones emprendidas por el gobierno federal durante la década de los años noventa respecto al fortalecimiento del federalismo educativo no encuentra eco significativo en los planes y programas de gobierno locales. Más aún, en los documentos básicos de gobierno es difícil encontrar elementos sobre una visión compartida entre los gobiernos estatales fronterizos al respecto, que sirvan de sustento a una réplica local de las acciones federales o para la estructuración de una plataforma común de acciones en su interlocución con el gobierno federal. De acuerdo a la información disponible, pareciera que la dinámica de las relaciones intergubernamentales en el marco del federalismo educativo sigue dependiendo de la iniciativa del gobierno federal y que los gobiernos locales adoptan más la acción individualizada que la estructuración de plataformas y acciones comunes en su interloución y negociación con su contraparte federal.

A partir de esta apreciación general, en la revisión de los temas más recurrentes en los diagnósticos educativos de los gobiernos fronterizos se identifican elementos más específicos que configuran un cuadro diverso de problemas ya propiamente de naturaleza regional. Al respecto, cabe mencionar que, si bien la planeación educativa no está ausente en los gobiernos estatales, sus productos –planes estatales de desarrollo y programas educativos– son documentos desvinculados entre sí, además de mostrar una evidente diversidad, tanto en su diseño como en sus contenidos. Es decir, las visiones y enfoques adoptados en la planeación educativa en la frontera norte son diversos, por lo que los temas incluidos en los programas educativos, así como la prioridad que se les otorga, también divergen entre sí. En principio, esta circunstancia dificulta que los gobiernos estatales los puedan utilizar de base para la elaboración de una plataforma común en su interlocución con el gobierno federal, tanto para la definición de las prioridades del desarrollo educativo en la región como en la negociación de recursos para ello, en el marco del federalismo educativo.

Por su parte, si bien la participación social en la educación se manifiesta en profundidad y alcance diversos, los mecanismos institucionales creados para su promoción aún no se consolidan suficientemente ni merecen todavía la confianza plena de los padres de familia, que concite a su participación amplia y más activa en el quehacer educativo. En ese sentido, siendo uno de los puntos esenciales del *Acuerdo Nacional para la Modernización de la Educación Básica* (ANMEB), la participación social en la educación no muestra signos muy alentadores sobre las expectivas de su incidencia efectiva en el mejoramiento de la gestión educativa en la frontera norte, pues aunque se reportan aumentos significativos en la conformación de los Consejos de Participación Social en algunos estados, como Baja California, éstos no funcionan adecuadamente, lo que podría evidenciar no sólo reticencias sociales a acudir al llamado gubernamental a un mayor involucramiento en la educación, sino también a la ausencia de una cultura de la participación en los propios padres de familia y a las resistencias de los docentes y directivos de las escuelas a una real apertura a la participación social, tanto en los asuntos medulares de la gestión educativa como en la docencia.

Por otro lado, asumiendo a la descentralización educativa como parte sustantiva del ANMEB —firmado entre el gobierno federal, los gobiernos estatales y el SNTE, en 1992— y como una estrategia gubernamental de gran escala orientada a revertir el centralismo político e institucional que caracterizaba al sistema educativo nacional a principios de la década de los años noventa, los sistemas educativos de los estados fronterizos aún no producían indicadores suficientes que mostraran consistentemente avances sustantivos al respecto. Así, sin que ello sea privativo de los estados fronterizos, un balance preliminar de la descentralización educativa permitiría visualizar el siguiente panorama: *a)* la fusión de los subsistemas educativos federal y estatales aún se encuentra en proceso, pues si bien en los seis estados fronterizos ambos subsistemas ya están bajo la responsabilidad de una sola persona —secretario de Educación—, sólo en cuatro de ellos la planeación y la administración ya se realizan de manera conjunta; y en tres, los subsistemas todavía no se fusionan ni operativa ni jurídicamente; y *b)* aunque en su conjunto, el gasto educativo de los estados fronterizos ha representado un poco más del 20% del total del gasto educativo federal, lo preocupante es que la mayor parte de estos recursos se destine al pago de la nómina, dejando una proporción mínima para la construcción de infraestructura educativa nueva y a la rehabilitación y mantenimiento de la ya existente.

Además de estos elementos, en el diagnóstico por niveles educativos también se detectaron otros elementos que permiten asomarse a un escenario de distribución desigual de los servicios educativos a lo largo de la frontera norte, de insuficiencia en la prestación de los servicios en algunos niveles educativos y de desempeño institucional desigual, lo que configura un cuadro regional diferenciado, que si bien refleja la propia heterogeneidad de las sociedades fronterizas, también pudiera servir de punto de referencia para el reclamo por acciones de gobierno específicas tendientes a su disminución o eliminación en su caso, tratándose de las debilidades y limitaciones, o para su refuerzo, cuando se trate de las fortalezas. En ese sentido, aunque se observa una situación favorable en la cobertura en educación básica en los estados fronterizos, promediando con una cobertura de hasta un 97%, existen insuficiencias y desigualdades en la prestación de los servicios en algunas modalidades de este nivel educativo, sobre todo en preescolar y secundaria, así como en educación media superior y educación para el trabajo. Asimismo, la eficiencia terminal disminuye conforme se van incrementando los niveles educativos en los estados fronterizos, pues, por ejemplo, en primaria los *Índices* de eficiencia terminal son más altos que en secundaria. Contrariamente, la reprobación y deserción escolar aumentan conforme se incrementan los niveles educativos, pues los *Índices* respectivos son más bajos en primaria que en secundaria.

Seguridad social

Pese a la posición relativamente favorable que ocupa la frontera norte en sus indicadores socioeconómicos respecto al resto del país; por el dinamismo económico de la región; y por la gran atracción que ésta ejerce sobre la población en edad productiva del país; en el capítulo quinto Elmyra Ybáñez expone que ello no se corresponde con niveles similares en la seguridad social y en la atención a los servicios de salud de la población fronteriza. Esta situación no sólo muestra las contradicciones en que se desarrollan las sociedades fronterizas del norte del país, sino también las dificultades que enfrentan las propias instituciones de seguridad social y de atención a la salud para lograr que la riqueza generada en la región se traduzca concretamente en recursos para el financiamiento de sus acciones, ya que ello sigue dependiendo de las aportaciones de las personas que tienen un empleo formal. En consecuencia, no toda la población tiene acceso a los servicios de seguridad social y de atención a la salud, pues los beneficios se concentran sólo en aquellas personas que permanecen en un trabajo formal durante el tiempo necesario para garantizar tanto sus propios derechos a ello como los de sus dependientes y a la pensión y servicios médicos una vez llegado el momento para el retiro.

A partir de lo anterior, la autora muestra en su estudio que la población derechohabiente se concentra en su mayor parte en las zonas urbanas; mientras que la población que no cuenta con este servicio se localiza en su mayor proporción en las zonas rurales de los estados de la frontera norte, lo que marca una clara diferencia entre la población urbana y rural en cuanto al acceso a los servicios de seguridad social, además de que entre los estados fronterizos se observan diferencias al respecto, pues mientras que en Nuevo León se atendió al mayor porcentaje de la población derechohabiente en las zonas urbanas, con el 63.5% en mujeres y el 62.6% en hombres, en el año 2000; en el estado de Sonora se atendió al porcentaje más bajo en las zonas urbanas en hombres, que fue del 45.4%, y en el de Tamaulipas, con el 47.1% en mujeres. Por su parte, el estado que menor población derechohabiente tiene en zonas rurales es Nuevo León, con el 5.4% en hombres y 5.2% en mujeres; mientras que el estado con mayor porcentaje de población derechohabiente atendida en las zonas rurales fue Sonora, con el 12% en hombres y el 11.9% en mujeres durante el año 2000.

Por instituciones de seguridad social también se observan diferencias en cuanto a la cobertura de los servicios en los estados fronterizos. En este caso, destaca el IMSS con una cobertura cercana al 65% en atención a hombres y de alrededor del 64% en la atención a mujeres en los estados de Coahuila y Nuevo León. La peor cobertura en atención a hombres en las zonas rurales por parte de este organismo, se presenta en los estados de Tamaulipas y Chihuahua, con el 25 y el 27.6%, respectivamente. Por su parte, la menor atención a mujeres en las zonas rurales por parte del IMSS fue nuevamente en Tamaulipas y Chihuahua, con el 26.3 y el 29.3%, en el mismo orden. Muy por debajo de este nivel de cobertura se ubicaron otras instituciones como el ISSSTE, que tuvo su mejor cobertura en las zonas urbanas de Coahuila y Tamaulipas, con el 6.8 y el 7.3% en la atención a hombres, y del 7.9% en atención a mujeres en las zonas urbanas de Coahuila y Sonora y del 8.8% en Tamaulipas. Por el contario, la menor cobertura de esta institución en la atención a mujeres en las zonas rurales ese año fue en los estados de Chihuahua y Nuevo León, con el 3.4 y el 3.9%, respectivamente.

La distribución de establecimientos que ofertan servicios de atención a la salud también es desigual en los estados de la frontera norte. Mientras que en Baja California existen 119 establecimientos de este tipo, lo que representa tan sólo el 4.8% del total de hospitales y centros de salud existentes en la frontera norte; en Chihuahua se localizan 560 nosocomios, que representan arriba del 22% de las instituciones de salud fronterizas. En consecuencia, Baja California es el estado con menor número de hospitales por cada 100 mil habitantes; mientras que Chihuahua es el que cuenta con la mayor cantidad de hospitales por ese mismo número de habitantes.

Otra parte importante de la seguridad social lo constituyen las pensiones, aunque el disfrute de este derecho ya no depende tanto del trabajador, sino de la empresa o de la entidad para la que se labore y del mercado formal del trabajo, además de que también se otorga de manera diferenciada en los estados fronterizos. De acuerdo a la información disponible para el año 2000, del total de pensionados en cada uno de los estados, la mayor parte se concentra nuevamente en las zonas urbanas, destacando los casos de Coahuila y Nuevo León como los estados con mayor número de pensionados, y el estado de Baja California, con el menor número de ellos. En todos los casos, la cantidad de hombres pensionados es mayor que la de mujeres, siendo menor la diferencia en Baja California y mayor en Coahuila.

La seguridad social se encuentra vinculada estrechamente con el mercado formal de trabajo, ya que su financiamiento depende directamente de los ingresos que se generan por el trabajo remunerado de las empresas del sector público y privado, así como del monto de dichos ingresos. Por ello, al no generarse empleo o al no haberlo de manera suficiente para la población en edad productiva, los ingresos de las instituciones de seguridad social no son suficientes para llevar los servicios a la totalidad de los habitantes de cada uno de los estados. De esta manera, si bien es importante trazar planes de desarrollo que incluyan a la seguridad social y su cobertura como una de las prioridades de los planes estatales, también es importante que quede clara la relación que existe entre el trabajo formal y la propia seguridad social.

La atención a la salud es uno de los componentes fundamentales de la seguridad. Aunque no toda la población sea derechohabiente de alguna institución de seguridad social, la mayoría, en caso de necesitarlo, atiende su salud cuando ésta se quebranta, ya sea en los centros de salud de las instituciones públicas o en hospitales y clínicas del sector privado. La salud es un bien primordial para la población y aunque ha habido avances en materia de acceso y atención en zonas rurales y para aquellas personas con menos recursos, a través de diversos programas federales y estatales, aún es necesario seguir avanzando para que este bien se encuentre al alcance de toda la población.

Salud

Como lo exponen Gudelia Rangel y Raúl González en el sexto capítulo, la esperanza de vida de la población fronteriza aumentó ligeramente de 1995 al año 2002, siendo mayor en hombres que en mujeres, lo que colocó a la población fronteriza en una situación relativamente más favorable respecto de la población nacional. Aunque en general, las principales causas de muerte en la frontera norte coinciden con las que a nivel nacional se disputan los dos primeros lugares: diabetes y enfermedades del corazón, existen diferencias entre los estados fronterizos. Pues, mientras que en Sonora un poco más del 15% de las muertes ocurridas en el 2000 se debieron a enfermedades del corazón; en Baja California la cifra fue de un poco más del 12%. Por su parte, mientras que en Coahuila, cerca del 14% de las muertes que ocurrieron en ese año se debieron a la diabetes; en Chihuahua sólo el 8.6% de las muertes se debió a esta enfermedad. Una particularidad de varios municipios fronterizos, respecto del promedio nacional, es una mayor presencia de enfermos de sida y tuberculosis.

Para diseñar políticas sanitarias, establecer prioridades o determinar posibles estrategias de intervención sobre los problemas de salud más frecuentes en la frontera norte de México, existe la necesidad de entender y explicar los procesos de la salud pública propios de la frontera norte en sus múltiples dimensiones. Para lograr esto se requiere de la implementación de programas que involucren el ámbito binacional, los cuales deben llevarse a cabo de acuerdo a las prioridades de largo, mediano y corto plazos. Dentro de las acciones prioritarias se encuentran: *a)* mejorar el Sistema de Vigilancia Epidemiológica existente; *b)* desarrollar investigación en salud, que permita medir el impacto de los problemas de salud en la población; *c)* diseñar y llevar a cabo campañas permanentes de prevención; y *d)* generar modelos integrados de atención a la salud. Al mismo tiempo se requiere la instrumentación de otras medidas específicas en los campos de la prevención y protección de la salud, la atención médica y la calidad de los servicios, en la investigación y enseñanza, así como el desarrollo de estrategias para el tratamiento de ciertos padecimientos críticos.

Es importante considerar que muchas de las acciones relativas a la salud en esta zona fronteriza deben tener un enfoque binacional, en las cuales, tanto Estados Unidos como México movilicen talentos, recursos y las percepciones de la población e instituciones de ambos lados de la frontera. Aunque se han obtenido logros al establecer acuerdos binacionales, muchos de estos no se llevan a la práctica. No existen modelos de atención propios que consideren las características de la región (por ejemplo, la migración a estas ciudades como lugar de paso hacia los Estados Unidos), ocasionando con esto la interrupción de actividades al término o suspensión del presupuesto destinado a esas actividades, el cual, en su mayoría, es financiado por los gobiernos y organizaciones civiles de Estados Unidos.

Por lo anterior, existe la necesidad de que los modelos de atención a la salud sean contemplados dentro del presupuesto de los programas estatales y nacionales de salud y que en él se considere la promoción, el fomento a la salud y el acceso a tratamientos. Dentro de estos modelos es necesario que se tome en cuenta a la población migrante.

Vivienda

En el séptimo capítulo, César Fuentes y Sergio Peña exponen en su estudio que en los estados fronterizos hubo un incremento promedio anual de hogares que excede del 10 al 20% al incremento en la construcción de viviendas –lo que ha provocado graves déficits al respecto– que representa poco más del 13% del rezago a nivel nacional. Pese a que la población fronteriza muestra condiciones favorables de demanda por la alta proporción de la población susceptible de recibir financiamiento, la ineficiente segmentación del mercado habitacional, la deficiente coordinación interinstitucional, el reducido ingreso de la población respecto a los créditos hipotecarios disponibles, entre otras causas, han provocado que existan amplios segmentos de la población sin acceso a una vivienda digna en la frontera norte.

Los programas de vivienda de las instituciones públicas han producido y financiado tan sólo el 20% del inventario habitacional, por lo que la mayor parte de las viviendas ofertadas en los estados fronterizos se ha hecho por parte de las constructoras privadas. En los estados fronterizos se observa un deterioro en la calidad del inventario habitacional, al existir un alto volumen de viviendas construidas con techos de materiales no duraderos.

Esta problemática ha obligado a los gobiernos estatales y municipales a tener una mayor presencia en el mercado inmobiliario. Los organismos estatales y municipales de vivienda han centrado su canalización de recursos al otorgamiento de materiales para la construcción, rehabilitación y mantenimiento de las viviendas de la población de escasos recursos; han perdido parte de su reserva territorial al incorporarla a programas que no les garantizan su reposición plena (Programa Tu Casa antes Vivah de Sedesol, cofinanciamiento con el Infonavit y programas de dotación de lotes para colonias populares); al otorgamiento de permisos y licencias de construcción de fraccionamientos, y a la organización de la demanda habitacional, mediante esquemas de ahorro previo.

En este contexto, la política habitacional hacia la región fronteriza del norte de México debe promover un mayor fortalecimiento de los organismos estatales y municipales en la producción habitacional, ya que son los que están más cerca de la demanda habitacional en su dimensión regional. La falta de disponibilidad de suelo urbano apto para construcción de vivienda constituye otro de los problemas de los estados fronterizos, por lo que un elemento clave en la política de vivienda popular es el suelo, y su instrumento fundamental, los programas destinados al acceso al suelo urbanizado por parte de la población de menores ingresos.

Combate a la pobreza

Los estados de la frontera norte de México, como lo explican Gerardo Ordóñez y Guadalupe Ortega en el último capítulo, enfrentan una serie de problemas sociales que se derivan de la pobreza y de las condiciones de marginación que padecen muchas familias. Si bien las condiciones de vida en estas entidades son, en promedio, superiores a las del resto del país, a su interior persisten amplias desigualdades sociales que se manifiestan tanto en el medio rural como en el urbano. Aunque la concentración urbana es alta, aún existe una proporción importante de población (12%, alrededor de dos millones de personas) que vive en comunidades rurales dispersas y alejadas de las urbes (es decir, en localidades de menos de 2 500 habitantes), que padecen de marginación y pobreza extremas. Los grupos indígenas que subsisten en algunos estados, los jornaleros agrícolas y los habitantes de zonas rurales desérticas son quienes padecen las peores manifestaciones de la pobreza. Y es precisamente a estos sectores de la sociedad a los que se dirige la menor cantidad de recursos y de servicios sociales disponibles. Con excepción de Hábitat, la mayor parte de los programas federales que son altamente focalizados se dirigen a estas poblaciones; sin embargo, además de tener una asignación presupuestal insignificante, en las entidades norteñas tienen una incidencia marginal.

Aunado a estas limitantes, a nivel local los autores encuentran que los gobiernos de los estados manifiestan poco interés por atender a estas poblaciones. Aunque existen iniciativas específicas en algunos casos, como el Proyecto 40 y Regiones Prioritarias en Tamaulipas y Atención a Comunidades Indígenas en Sonora, en general se aprecia desatención. La falta de coordinación entre varios de estos estados y la federación en la aplicación de los programas rurales que tienen destinatarios en la región (como Microrregiones, Desarrollo de Comunidades Indígenas y Jornaleros Agrícolas), resulta una expresión más del lugar secundario que ocupa la pobreza extrema rural en las agendas de ambos órdenes de gobierno.

En las ciudades los mayores problemas sociales se manifiestan en las colonias populares y en los cinturones de miseria, cuyos habitantes padecen serias penurias: ingresos insuficientes, viviendas inadecuadas, un entorno urbano precario y acceso parcial o nulo a servicios de toda índole. El explosivo crecimiento que muchas de estas concentraciones urbanas han experimentado desde hace varias décadas, en combinación con la falta de planeación y de políticas y programas gubernamentales acordes a la creciente demanda social, han contribuido a acentuar las desigualdades y a ampliar los rezagos. En la escala federal hoy día existen, además de Oportunidades y el Fondo de Aportaciones para la Infraestructura Social (FAIS), sólo dos programas que pueden tener un impacto directo entre estas poblaciones: Hábitat y Tu Casa (antes Vivah). A nivel local coexisten, en algunos estados, una serie de programas complementarios de construcción de infraestructura, introducción de servicios y acciones de mejoramiento de viviendas, así como proyectos productivos y servicios asistenciales de salud. En este escenario institucional, podemos suponer una mayor cobertura en la atención de la población pobre urbana que vive en los estados fronterizos. Sin embargo, como lo hemos venido apuntando, los programas federales son reducidos, con excepción de Oportunidades y el FAIS. Por otra parte, en su mayoría las estrategias estatales no son concebidas de manera integral, ya que los programas que se instrumentan por iniciativa propia o se ejecutan en colaboración con la federación (FAIS, Hábitat y Tu Casa), aparecen como acciones desvinculadas entre sí, lo que puede reducir sensiblemente su efectividad.

Por último, habría que mencionar a los grupos sociales que padecen circunstancias especialmente críticas, tanto en el ámbito urbano como en el rural. Particularmente queremos referirnos a los niños, a las mujeres y a los ancianos que viven en pobreza, cuya vulnerabilidad obliga a poner una especial atención en su cuidado. Sabemos que Oportunidades tiene la misión de atender a las familias con hijos en edad escolar, y que pone particular énfasis en los menores de edad y en las madres. Por su parte, Expertos en Acción está orientado a pensionados o jubilados que puedan realizar labores sociales o comunitarias. No obstante la importancia relativa de estos programas, está claro que no han logrado una cobertura total entre sus beneficiarios potenciales y que su actuación deja desprotegidos a niños y mujeres que no viven en familia, así como a los adultos mayores que no reciben pensión alguna o que ya no puedan realizar trabajos de ninguna clase. En la escala local, no se advierte un interés generalizado por los problemas de estas personas, pero vale la pena destacar los apoyos que ofrecen tres entidades (Chihuahua, Coahuila y Tamaulipas) a los niños repatriados o de la calle y, especialmente, Coahuila a los ancianos.

Conclusiones

Durante las últimas décadas, la frontera norte de México se ha caracterizado por tener un crecimiento demográfico relativamente mayor respecto al resto del país y por su importante contribución a la economía nacional, pues mientras que, por un lado, la tasa de crecimiento de la población fronteriza en promedio fue ligeramente mayor a la nacional durante las últimas cuatro décadas, por otra parte, en conjunto los seis estados fronterizos produjeron cerca de una cuarta parte del valor de la producción nacional en 1997. Tanto el dinamismo demográfico como el económico de la región pueden explicarse fundamentalmente por la fuerte influencia que recibe de la economía estadunidense, como sucede, por ejemplo, en la intensa interacción económica y social que ocurre en el área binacional Tijuana-San Diego y Nuevo Laredo-Laredo, respectivamente. Se puede decir, entonces, que durante las últimas décadas el desarrollo económico y demográfico en la frontera norte del país ha tenido una fuente fundamentalmente exógena, lo que no sólo determina su forma y dinámica, sino que de manera más crucial define el papel regulador más que de fomento directo de las instituciones de gobierno orientadas a ello en la región.

Sin embargo, a fin de que las sociedades locales puedan aprovechar debidamente las diversas oportunidades derivadas de la integración entre las áreas económicas binacionales, es pertinente plantearse, como una expectiva razonable del proceso de modernización política que de manera paralela se vive en la frontera norte del país, la construcción y/o consolidación de instituciones políticas, sociales y de gobierno capaces de reconocer su rol estratégico en la promoción y regulación del desarrollo regional y, a partir de ello, de manera consistente, comprometida y permanente se involucren en el diseño e implementación de políticas y programas de acción que permitan sentar las bases institucionales de un desarrollo regional sustentable en el largo plazo, sobre todo por los riesgos que implica fincar el desarrollo económico y social de la región preponderantemente en los factores exógenos y por los retos que la propia heterogeneidad regional y las disparidades existentes en la frontera norte le representan a las instituciones locales de gobierno.

En efecto, el desarrollo regional fronterizo del norte de México se ha caracterizado por desenvolverse en un escenario cuya principal paradoja es que, si bien como región ocupa una posición relativamente favorable respecto al conjunto del país, hacia el interior de los estados y municipios que la conforman persisten y se reproducen diversas formas de desigualdad social, que eventualmente pondrían en tela de juicio los posibles beneficios de su relativo dinamismo económico. Asumiendo que lo anterior eventualmente puede ser fuente de tensión y conflicto social, su persistencia a través del tiempo debería ser motivo de preocupación, tanto de la sociedad como de los diseñadores de las políticas de desarrollo social, no sólo por elemental sentido de justicia social, sino también porque ello debiera representar diversos retos a la eficacia institucional de las acciones y programas de gobierno orientados a ello.

De manera más específica, entre los principales retos que la heterogeneidad regional le impone al marco institucional, puede mencionarse su obvia referencia a una revaloración social de las instituciones locales de gobierno, tanto para que éstas recuperen su rol central en la conducción del desarrollo regional, como al diseño de políticas y programas particulaes, tendientes a la atención de necesidades y demandas específicas de las sociedades fronterizas, y a la creación de capacidades locales de gestión e instituciones intermedias, que de manera firme y continua sirvan de base a la implementación de acciones coordinadas de gobierno, entre los propios gobiernos estatales —desde una perspectiva horizontal— y entre éstos y el gobierno federal en la planeación y conducción del desarrollo regional, desde la perspectiva de la coordinación y gestión intergubernamentales dentro del federalismo.

Por su parte, la persistencia y reproducción de las diversas expresiones del desarrollo desigual en la frontera norte a través del tiempo —como quedó de manifiesto en los estudios sectoriales—, reclamaría tanto un mayor involucramiento de los gobiernos estatales y municipales y de los actores sociales en su disminución, como el despliegue de acciones específicas y la asignación de mayores recursos a ello, pero sobre todo, una acción institucional más profesionalizada. Por ejemplo, el rezago en la atención de determinados segmentos de la población, tanto en la provisión de servicios educativos como de salud identificados en la frontera norte, requiere del diseño de políticas públicas particulares, pero también una redefinición del rol gubernamental y de la iniciativa privada, lo que implica someter a las instituciones públicas a criterios de eficiencia y eficacia social y la promoción de un amplio debate público acerca de las posibilidades y limitaciones que tiene la acción privada de incidir efectivamente en la disminución de la desigualdad social.

El acceso desigual de la población fronteriza a los beneficios del desarrollo, visto tanto en términos de sus ingresos como en el acceso de los servicios públicos básicos, al mismo tiempo que reclama políticas específicas de redistribución del ingreso, también exige nuevas formas de provisión de los servicios: de provisión pública directa, de asociación entre las instituciones públicas y privadas, a través de concesiones a la iniciativa privada, etc. En términos generales, se trata de propiciar una revisión integral de las políticas sociales con miras a consolidar logros, eliminar rezagos y generar las condiciones para un desarrollo social y regional incluyente. Está en nuestro interés que esta obra colectiva contribuya a profundizar en el debate y en el análisis de los retos de la política social en la frontera norte de México.

Anexo 1.
Gasto primario federal total y en desarrollo social, 2000 (millones de pesos)[1]

Concepto	*Total* $	%		*Estados no fronterizos*	*Estados fronterizos*	*B.C.*	*Son.*	*Chih.*	*Coah.*	*N. León*	*Tamps.*
Total egresos[2]	**1 033 422.2**	**100.0**		**842 674.1**	**173 899.0**	**25 867.0**	**25 315.7**	**27 509.8**	**24 008.6**	**37 815.0**	**33 382.9**
Participaciones estatales y municipales	178 136.2	17.2		144 466.4	33 669.8	4 992.3	5 408.3	5 261.5	4 294.7	8 127.7	5 585.3
Gasto Programable[2]	**855 286.0**	**100.0**		**698 207.7**	**140 229.2**	**20 874.7**	**19 907.4**	**22 248.3**	**19 713.9**	**29 687.3**	**27 797.6**
Gasto Centralizado[2]	629 954.3	73.7		510 351.3	102 753.9	14 894.0	14 062.0	19 710.2	11 669.3	21 936.7	20 481.7
Ramos 33 y 25, PAFEF y Convenios	225 331.7	26.3		187 856.4	37 475.3	5 980.7	5 845.4	2 538.1	8 044.6	7 750.6	7 315.9
Desarrollo Social	**516 547.7**	**60.4**	**100.0**	**82.8**	**17.2**	**2.6**	**2.5**	**2.9**	**2.6**	**3.1**	**3.4**
Gasto Centralizado	324 121.0	37.9	62.7								
Transferencias (11 Fonos)[3]	192 426.7	22.5	37.3	133 579.0	27 785.8	4 272.3	4 084.8	4 627.3	4 255.2	5 017.0	5 529.2
		100.0		**100.0**	**100.0**	**100.0**	**100.0**	**100.0**	**100.0**	**100.0**	**100.0**
Educación	**207 006.4**	**40.1**	**100.0**	**73.1**	**81.2**	**85.5**	**78.9**	**80.0**	**85.3**	**80.0**	**78.6**
Gasto centralizado	55 797.7	10.8	27.0								
Transferencias (7 Fondos)[3]	151 208.7	29.3	73.0	97 584.5	22 562.3	3 650.9	3 222.8	3 700.9	3 629.8	4 014.5	4 343.4
Salud	**122 041.6**	**23.6**	**100.0**	**14.3**	**13.5**	**12.1**	**16.0**	**13.2**	**10.5**	**13.7**	**15.2**
Gasto centralizado	99 209.0	19.2	81.3								
Transferencias (FASS)	22 832.6	4.4	18.7	19 076.8	3 755.8	517.7	654.5	611.2	447.3	686.6	838.5
Seguridad social	**123 398.0**	**23.9**	**100.0**								
Desarrollo regional y urbano	**53 278.5**	**10.3**	**100.0**	**11.1**	**4.4**	**2.0**	**3.8**	**5.9**	**3.6**	**5.0**	**5.4**
Gasto centralizado	37 288.8	7.2	70.0								
Transferencias (FAISE y FAISM)	15 989.7	3.1	30.0	14 771.8	1 217.9	87.3	154.0	274.0	154.9	251.6	296.1
Abasto, asistencia social y otros	**10 823.2**	**2.1**	**100.0**	**1.6**	**0.9**	**0.4**	**1.3**	**0.9**	**0.5**	**1.3**	**0.9**
Gasto centralizado	8 427.5	1.6	77.9								
Transferencias (FAM-PASS)	2 395.7	0.5	22.1	2 145.9	249.8	16.4	53.5	41.2	23.2	64.3	51.2
Población	**97 483 412**			**80 840 736**	**16 642 676**	**2 487 367**	**2 216 969**	**3 052 907**	**2 298 070**	**3 834 141**	**2 753 222**
	100.0			**82.9**	**17.1**	**2.6**	**2.3**	**3.1**	**2.4**	**3.9**	**2.8**

Notas:
[1] Del gasto total primario del gobierno federal, sólo se excluyeron las ADEFAS, que en este año tuvieron un monto de 8 689.4 millones de pesos.
[2] La suma de los estados no coincide con el total por un monto de 16 849.1 millones de pesos de gastos no regionalizados.
[3] La suma de los estados no coincide con el total por un monto de 31 061.9 millones de gastos que no se reportan regionalizados (Ramo 25 y parte de los Convenios y los PAFEF).
Fuente: Elaboración propia con información de Presidencia de la República, *Anexo del Segundo Informe de Gobierno*, México, 2002.

Anexo 2

Egresos brutos totales y en desarrollo social de los estados, 2000 (millones de pesos)

Concepto	*Total*	*Estados no fronterizos*	*Estados fronterizos*	*B.C.*	*Son.*	*Chih.*	*Coah.*	*N. León*	*Tamps.*
Total egresos	**451 271.2**	**357 579.9**	**93 691.3**	**21 843.4**	**11 631.0**	**14 518.3**	**10 866.6**	**21 314.9**	**13 517.1**
Participaciones y devoluciones (3300)	66 112.2	54 667.0	11 445.2	1 608.0	1 748.0	2 030.8	1 429.6	2 761.8	1 867.0
Gastos por deuda pública (4000)	10 609.4	8 315.5	2 293.9	35.5	791.4	130.2	130.8	759.3	446.6
Gasto Programable	**374 549.6**	**294 597.4**	**79 952.2**	**20 199.9**	**9 091.6**	**12 357.3**	**9 306.2**	**17 793.8**	**11 203.4**
Desarrollo Social	**225 703.4**	**177 765.3**	**47 938.1**	**8 568.6**	**6 524.3**	**8 994.4**	**3 605.4**	**11 143.1**	**9 102.3**
Educación	**150 615.3**	**118 979.1**	**31 636.2**	**5 503.6**	**5 032.3**	**6 388.3**	**1 055.3**	**7 625.0**	**6 031.7**
Servicios educativos (1400)	55 753.9	48 407.3	7 346.7	847.3	1 371.3	405.9	33.8	4 251.1	437.2
Actividades culturales (1500)	36.7	36.7	0.0	0.0	0.0	0.0	0.0	0.0	0.0
Escuelas (2140)	1 927.0	1 027.6	899.4	177.6	0.0	347.7	108.0	124.6	141.5
Subsidios a educación, cultura y deportes (3120)	92 897.7	69 507.6	23 390.1	4 478.7	3 661.0	5 634.7	913.5	3 249.3	5 453.0
Salud	**25 913.7**	**21 387.8**	**4 525.9**	**558.3**	**1 011.5**	**847.3**	**0.0**	**1 042.9**	**1 066.0**
Servicios de salud (1300)	1 005.1	672.2	332.9	0.0	190.9	134.4	0.0	7.6	0.0
Hospitales (2150)	320.5	205.2	115.4	0.0	0.0	0.0	0.0	88.9	26.4
Subsidos (3110)	22 981.9	18 904.2	4 077.7	558.3	820.5	713.0	0.0	946.4	1 039.5
Seguridad social	**8 164.1**	**2 919.6**	**5 244.5**	**1 294.5**	**0.0**	**754.0**	**1 553.9**	**1 171.9**	**470.1**
Pagos por concepo de seguridad social (1141)	3 070.7	853.7	2 216.9	412.3	0.0	754.0	523.8	466.4	60.5
Pagos por otras prestaciones sociales (1142)	5 093.4	2 065.9	3 027.5	882.3	0.0	0.0	1 030.1	705.5	409.6
Desarrollo regional y urbano	**2 919.7**	**1 657.7**	**1 262.0**	**85.3**	**0.0**	**104.6**	**116.5**	**354.8**	**600.8**
Carreteras, caminos y puentes (2130)	2 404.2	1 335.7	1 068.5	36.1	0.0	104.6	110.0	354.1	463.7
Agua potable (2170)	515.5	322.0	193.5	49.2	0.0	0.0	6.5	0.7	137.1
Abasto, asistencia social y otros	**38 090.4**	**32 821.0**	**5 269.5**	**1 127.0**	**480.5**	**900.2**	**879.6**	**948.5**	**933.7**
Desarrollo social (1138)	211.6	211.6	0.0	0.0	0.0	0.0	0.0	0.0	0.0
Fomento a programas de bienestar social (2240)	8 012.9	5 783.0	2 229.9	412.4	0.0	808.0	522.4	132.5	354.5
Otros subsidios (3130)	27 054.1	24 238.0	2 816.2	686.1	419.3	92.2	268.5	816.0	534.1
Ayudas (3200)	2 811.9	2 588.5	223.4	28.4	61.2	0.0	88.7	0.0	45.1
Población	**97 483 412**	**80 840 736**	**16 642 676**	**2 487 367**	**2 216 969**	**3 052 907**	**2 298 070**	**3 834 141**	**2 753 222**

Fuente: Elaboración propia con información del INEGI, *Finanzas Públicas Estatales y Municipales*, 1997-2000, México, 2001.
Nota metodológica: para construir este cuadro se reclasificaron las partidas, según las presenta la fuente (datos entre paréntesis), de acuerdo con los sectores en los que el gobierno federal divide sus funciones de desarrollo social. Adicionalmente se eliminaron los egresos relativos al FAISM, que ya son reportados por la federación; todo lo anterior con el fin de homologar ambos presupuestos y evitar duplicaciones.

Anexo 3

Egresos brutos totales y en desarrollo social de los municipios por estado, 2000 (millones de pesos)

Concepto	*Total*	*Estados no fronterizos*	*Estados fronterizos*	*B.C.*	*Son.*	*Chih.*	*Coah.*	*N. León*	*Tamps.*
Total egresos	**85 349.4**	**64 877.4**	**20 472.0**	**3 721.3**	**2 461.2**	**4 060.7**	**2 182.8**	**5 132.1**	**2 913.9**
Participaciones y devoluciones (3300)	5 796.7	4 289.9	1 506.8	13.4	41.4	939.7	103.1	269.0	140.1
Gastos por deuda pública (4000)	2 752.2	2 076.7	675.5	87.8	147.1	105.7	53.5	157.7	123.7
Gasto Programable	**76 800.5**	**58 510.9**	**18 289.7**	**3 620.1**	**2 272.8**	**3 015.3**	**2 026.1**	**4 705.4**	**2 650.0**
Desarrollo Social	**18 548.7**	**14 573.3**	**3 975.5**	**594.8**	**659.8**	**529.6**	**497.6**	**1 168.9**	**524.8**
Educación	**1 317.0**	**1 183.8**	**133.2**	**1.6**	**8.4**	**54.4**	**17.5**	**36.7**	**14.6**
Servicios educativos (1400)	9.7	9.7	0.1	0.0	0.0	0.1	0.0	0.0	0.0
Actividades culturales (1500)	164.6	156.2	8.4	0.0	0.0	8.4	0.0	0.0	0.0
Escuelas (2140)	881.2	807.0	74.1	1.6	6.3	3.8	17.5	30.4	14.6
Subsidios a educación, cultura y deportes (3120)	261.5	210.9	50.6	0.0	2.0	42.2	0.0	6.3	0.0
Salud	**1 071.9**	**927.8**	**144.1**	**0.0**	**1.7**	**124.6**	**4.2**	**8.9**	**4.7**
Servicios de salud (1300)	28.3	27.6	0.6	0.0	0.0	0.6	0.0	0.0	0.0
Hospitales (2150)	163.7	145.1	18.6	0.0	1.7	0.0	4.2	8.0	4.7
Subsidios (3110)	879.9	755.0	124.8	0.0	0.0	124.0	0.0	0.9	0.0
Seguridad social	**3 208.7**	**2 380.3**	**828.4**	**210.5**	**282.6**	**23.2**	**90.6**	**189.8**	**31.7**
Pagos por concepo de seguridad social (1141)	1 593.6	1096.2	497.4	102.5	199.3	20.7	43.7	109.5	21.7
Pagos por otras prestaciones sociales (1142)	1 615.1	1 284.1	331.0	108.0	83.3	2.5	46.9	80.3	10.0
Desarrollo regional y urbano	**6 865.7**	**5 474.4**	**1 391.4**	**83.4**	**167.3**	**187.3**	**95.1**	**602.7**	**255.5**
Carreteras, caminos y puentes (2130)	5 818.8	4 522.7	1 296.1	76.8	159.5	171.9	81.0	576.1	230.8
Agua potable (2170)	1 046.9	951.7	95.2	6.6	7.8	15.4	14.1	26.6	24.7
Abasto, asistencia social y otros	**6 085.4**	**4 607.0**	**1 478.4**	**299.3**	**199.8**	**140.0**	**290.2**	**330.8**	**218.3**
Desarrollo social (1138)	2.2	2.2	0.0	0.0	0.0	0.0	0.0	0.0	0.0
Fomento a programas de bienestar social (2240)	2 309.3	1 606.1	703.1	237.6	43.8	33.9	212.4	143.5	32.0
Otros subsidios (3130)	2 115.0	1 721.1	394.0	39.9	132.1	64.1	25.5	39.4	93.1
Ayudas (3200)	1 658.9	1 277.5	381.3	21.8	23.9	42.0	52.4	148.0	93.3
Población	**97 483 412**	**80 840 736**	**16 642 676**	**2 487 367**	**2 216 969**	**3 052 907**	**2 298 070**	**3 834 141**	**2 753 222**

Fuente: Elaboración propia con información del INEGI, *Finanzas Públicas Estatales y Municipales*, 1997-2000, México, 2001.
Nota metodológica: idem.

Bibliografía

Carrasco, Rosalba y Enrique Provencio (1988), "La política social 1983-1988 y sus principales consecuencias", *Investigación Económica* 184, abril-junio.

Cordera, Rolando y Carlos Tello (1997), *México, la disputa por la nación. Perspectivas y opciones del desarrollo*, Siglo XXI, México (1ª ed. 1981).

Garza Toledo, Enrique de la (1988), *Ascenso y crisis del Estado social autoritario*, Colmex, México.

González Salazar, Gloria (1983), *Aspectos recientes del desarrollo social de México*, UNAM, México (1ª ed. 1978).

González Tiburcio, Enrique (1993), *Reforma del Estado y política social. Aspectos teóricos y prácticos*, INAP, México (1ª ed. 1991).

Guillén, Tonatiuh y Gerardo Ordóñez (coords.) (1995), *El municipio y el desarrollo social de la frontera norte*, El Colef-Fundación Ebert, México.

_____, Gerardo Ordóñez y Marcos Reyes (coords.) (1996), *La otra frontera norte de México. Sociedades y ayuntamientos de pequeñas dimensiones*, Fundación Ebert, México.

INEGI (2001), *Finanzas Públicas Estatales y Municipales, 1997-2000*, México.

Jeannetti Dávila, Elena (1986), "Descentralización de los servicios de salud", en Blanca Torres (coord.), *Descentralización y democracia en México*, Colmex, México.

Laurell, Asa Cristina (1995), *La reforma de los sistemas de salud y de seguridad social. Conceptos y propuestas de los distintos actores sociales*, Fundación Ebert, México.

Levy, Santiago (1994), "La pobreza en México", en F. Vélez (comp.), *La pobreza en México. Causas y políticas para combatirla*, FCE-ITAM, México.

López, S. y G. Ordóñez (2004), "Participación ciudadana en las políticas sociales. Las ONG en el programa Jefas de Familia en Tijuana", ponencia presentada en el VII Seminario de Política Social de UAM-U de G-ITESO, México.

López Acuña (1993), *La salud desigual en México*, Siglo XXI, México, 9ª ed. (1ª ed. 1980).

Lustig, Nora (1989), "Magnitud e impacto del gasto público en el desarrollo social de México", *Investigación Económica* 187, enero-marzo.

Ordóñez Barba, Gerardo (2002), *La política social y el combate a la pobreza en México*, UNAM-Sedesol, México.

_____ (1997), "México en el combate a la pobreza", en *Ciudades*, Vol. 36, México.

_____ (2000), "Eficacia y equidad en el combate a la pobreza en México", en Enrique Valencia, *et al.* (coords.), *Los dilemas de la política social ¿Cómo combatir la pobreza?*, U de G-UIA-ITESO, México.

Ordóñez, G. y G. Ortega (2003), "La lucha contra la pobreza en el gobierno de Fox: continuidad en la alternancia", ponencia presentada en el VI Seminario de Política Social, El Colef-U de G-ITESO-Indesol, Tijuana, B. C.

Ornelas, Carlos (1998), "La descentralización de los servicios de educación y de salud en México", en Emanuela Gropello y Rossella Cominetti (comps.), *La descentralización de la educación y la salud. Un análisis comparativo de la experiencia latinoamericana*, CEPAL, Doc. LC/L.1132.

Pardo, María del Carmen (coord.) (1999), *Federalización e innovación educativa en México*, El Colmex, México.

Presidencia de la República (2002), *Anexo del Segundo Informe de Gobierno*, México.

Reyes de los, Yolanda (1986), "Descentralización de la educación", en Blanca Torres (coord.), *Descentralización y democracia en México*, El Colmex, México.

Ward, Peter (1989), *Políticas de bienestar social en México, 1970-1989*, Nueva Imagen, México (1ª ed. en inglés en 1986).

Wilkie, James W. (1978), *La Revolución Mexicana. Gasto federal y cambio social*, FCE, México.

Zorrilla Arena, Santiago (1988), *50 años de política social en México. De Lázaro Cárdenas a Miguel de la Madrid*, Limusa, México.

Parte I
Estudios introductorios

TENDENCIAS DEMOGRÁFICAS EN LA FRONTERA NORTE

Rodolfo Corona Vázquez

Durante el siglo pasado, la dinámica demográfica mexicana se caracterizó por el elevado crecimiento numérico de los residentes del país, con excepción del período 1910 a 1920 donde disminuyó la cantidad de habitantes por los efectos directos e indirectos de la Revolución Mexicana. Así, la población de México pasó de 14.3 millones en 1921 a 21.5 millones en 1940; luego a 69.4 millones en 1980 y finalmente se llegó a 99.6 millones de personas en el año 2000. Estas cantidades muestran incrementos sucesivos pero a ritmos diferentes, alrededor de 1.5% anual entre 1920 y 1940, más de 3% anual promedio en los años sesenta y setenta, y poco menos del 2% anual de 1980 al 2000.

El sistemático y variante aumento poblacional es resultado del comportamiento reproductivo de los mexicanos, de su mortalidad y de la migración internacional. Desde 1920 hasta finales de la década de los años setenta la incidencia relativa de muertes se redujo drásticamente, de 33 a 8.5 defunciones anuales por cada mil residentes, aunque de manera más acentuada al inicio de ese intervalo (entre 1920 y 1940). En el mismo lapso, la fecundidad se mantuvo en niveles altos: alrededor de 45 nacimientos anuales por cada mil personas, equivalentes a una descendencia promedio superior a los seis hijos por cada mujer. En el período de 1920 a 1980 la migración internacional no tuvo efectos significativos, pues fueron de poca cuantía las cifras de personas que llegaron a vivir a nuestro país o que se fueron a radicar al extranjero.[1]

[1] Una descripción general de la evolución de la población mexicana en su conjunto desde principios del siglo XX hasta 1970 se encuentra en el Centro de Estudios Económicos y Demográficos, 1985.

Por su parte, en el período 1980 a 2000 se observó una desaceleración del crecimiento poblacional como resultado de la combinación de los comportamientos de las tres variables demográficas. La mortalidad se distinguió por un descenso reducido: de 8.5 a 4.5 defunciones por cada mil habitantes. La fecundidad manifestó una rápida disminución, al pasar de 45 a 22 nacimientos anuales por cada mil residentes, lo que representa una reducción del número total de hijos por mujer de 6 a 2.4, mientras la migración internacional se constituyó en un elemento que coadyuvó en la declinación del ritmo de incremento poblacional, debido a una pérdida neta de habitantes superior a los 200 mil individuos por año, básicamente por cambios de domicilio a Estados Unidos.[2]

La evolución de las variables *fecundidad, mortalidad* y *migración* no ha sido idéntica en las distintas partes del país, repercutiendo en diferentes ritmos y volúmenes de crecimiento poblacional entre una y otra región de la República. Estas dinámicas demográficas particulares de las diversas áreas de México son las respuestas de la población, en cuanto a su reproducción, su sobrevivencia y sus desplazamientos geográficos en busca de mejores condiciones de vida, a las características de las mismas áreas; es decir, a sus ubicaciones en el desarrollo socioeconómico nacional, a sus rasgos geográficos y a sus propias historias.[3]

En este sentido, debe indicarse que no es posible estudiar solamente el promedio nacional de la dinámica demográfica, mucho menos intentar regular o modificar con lineamientos globales las a veces contrastantes situaciones poblacionales. De igual forma, debe reconocerse la existencia de regiones compuestas por estados, municipios o localidades que han adquirido comportamientos especiales, los cuales deben ser analizados en lo particular porque involucran problemáticas distintas y requieren, en consecuencia, de planes y programas adecuados a sus características.

Una de estas regiones es precisamente la frontera norte, que tiene algunos rasgos demográficos distintos al resto del país, que se acentúan o se diluyen dependiendo de la forma como se estructura esta región colindante con Estados Unidos.

[2] Respecto al comportamiento demográfico global en el país durante las últimas tres décadas del siglo puede consultarse el capítulo primero de: Consejo Nacional de Población, 2001.

[3] Algunas diferencias regionales de la evolución demográfica en México se explican en: Alba, 1984.

En este trabajo se presentan las principales características de la dinámica demográfica norteña con relación a dos maneras de considerar a la frontera norte, las cuales pueden ser analizadas gracias a la existencia de información estadística a escala de cada una de ellas. Primero se identifica esta región mediante la agrupación de las seis entidades que colindan con Estados Unidos; después, buscando mayor precisión, se integra la región "frontera norte" como el conjunto de localidades fronterizas septentrionales, que por su vecindad con Estados Unidos tienen un desarrollo económico, social y cultural diferente al del resto del país, inclusive al que se observa en otras zonas de los propios estados del norte.

Las entidades de la frontera norte

Las seis entidades federativas que colindan con Estados Unidos constituyen una región, cuyo rasgo demográfico más relevante ha sido su rápido crecimiento poblacional, superior aún al observado en toda la República y sólo comparable con el que tuvieron las áreas metropolitanas del país en sus épocas de mayor expansión.

Los habitantes de Baja California, Sonora, Chihuahua, Coahuila, Nuevo León y Tamaulipas aumentaron continua y considerablemente su número conjunto, de 2.2 millones en 1930 a 13.9 millones en 1990 y a 16.7 millones en el año 2000 (véase cuadro 1), con lo cual se ha elevado la proporción de estos "norteños" en el plano nacional, de 12.4% en 1930 a 16.8% en el año 2000.

Además y aunque este rápido aumento ha implicando adiciones poblacionales cada vez mayores, debe indicarse que el ritmo de incremento ha variado con el paso de los años, disminuyendo en forma sistemática desde los años sesenta, después de haber llegado a los incrementos relativos más altos entre 1930 y 1960, lo que se advierte con las tasas anuales de crecimiento total para la región, que partieron de 3.32% durante 1930-1960, pasaron a 3.20% entre 1960 y 1980, para aminorar hasta 2.06% entre 1980 y el año 2000 (véase cuadro 2).

Al contrastar la dinámica demográfica norteña con lo ocurrido en general para el país en su conjunto, resulta que los estados de la frontera tuvieron dos diferencias a lo largo del tiempo. En primer término, ritmos de crecimiento aún más elevados que los correspondientes al total del país cuando a escala nacional se dieron aumentos demográficos en permanen-

Cuadro 1. Población residente en la República mexicana y en los estados y municipios fronterizos del norte

Región, entidad federativa y tipo de municipio	*Población referida al 30 de junio de cada año* *Población censal corregida y trasladada a mediados de año*											
	1930	*1940*	*1950*	*1960*	*1970*	*1980*	*1990*	*1995*	*2000*	*2005*	*2006*	*2010*
República Mexicana	17 839	21 482	27 488	37 220	51 806	69 424	85 472	91 992	99 582	106 306	107 550	112 231
Estados frontera norte	2 215	2 867	4 013	5 908	8 442	11 103	13 936	15 259	16 694	17 985	18 226	19 146
Otros estados	15 624	18 615	23 475	31 311	43 363	58 322	71 537	76 734	82 888	88 322	89 324	93 084
Estados de la frontera norte: total	2 215	2 867	4 013	5 908	8 442	11 103	13 936	15 259	16 694	17 985	18 226	19 146
Municipios frontera norte	306	453	934	1 679	2 535	3 254	4 352	5 075	5 738	6 351	6 467	6 914
Otros municipios	1 910	2 414	3 079	4 229	5 907	7 849	9 584	10 184	10 956	11 634	11 759	12 233
Baja California: total	52	87	243	556	943	1 223	1 754	2 090	2 389	2 676	2 731	2 947
Sonora: total	341	398	544	836	1 181	1 572	1 919	2 082	2 247	2 393	2 420	2 522
Municipios frontera norte	53	54	94	158	231	324	415	459	505	546	554	583
Otros municipios	288	344	450	678	950	1 248	1 504	1 623	1 742	1 846	1 866	1 939
Chihuahua: total	530	683	902	1 308	1 729	2 081	2 570	2 790	3 066	3 315	3 362	3 541
Municipios frontera norte	76	98	187	350	524	660	916	1 085	1 237	1 375	1 401	1 501
Otros municipios	454	586	715	958	1 205	1 422	1 654	1 705	1 829	1 940	1 961	2 040
Coahuila: total	471	603	768	967	1 192	1 617	2 079	2 209	2 383	2 520	2 544	2 630
Municipios frontera norte	44	48	68	96	108	148	184	228	256	279	283	297
Otros municipios	427	555	700	871	1 084	1 469	1 895	1 982	2 127	2 241	2 261	2 332
Nuevo León: total	450	593	789	1 150	1 831	2 611	3 252	3 560	3 869	4 150	4 203	4 404
Municipios frontera norte	1	14	22	20	15	17	18	18	19	19	19	20
Otros municipios	450	579	767	1 130	1 816	2 594	3 234	3 542	3 850	4 131	4 183	4 385
Tamaulipas: total	371	503	766	1 092	1 567	1 998	2 361	2 528	2 740	2 932	2 967	3 103
Municipios frontera norte	80	153	319	500	714	882	1 065	1 195	1 332	1 456	1 479	1 566
Otros municipios	291	351	447	592	853	1 116	1 296	1 333	1 408	1 476	1 488	1 537

Fuente: Elaboración propia con base en los Censos de Población y Vivienda de los años 1930, 1940, 1950, 1960, 1970, 1980, 1990 y 2000, que fueron realizados y divulgados por la Dirección General de Estadística del Instituto Nacional de Estadística Geografía e Informática (INEGI). En el caso de los años 2005, 2006 y 2010, las cifras corresponden a las Proyecciones de Población por entidad federativa elaboradas por el Consejo Nacional de Población (Conapo) en el año 2000.

Cuadro 2. Tasa anual de crecimiento de la población residente en los municipios fronterizos del norte de México (por 100)

Región, Entidad federativa y tipo de municipio	*1930-1960*	*1960-1980*	*1980-2000*	*2000-2006*	*2000-2010*
República Mexicana	2.48	3.17	1.82	1.29	1.20
Estados frontera norte	3.32	3.20	2.06	1.47	1.38
Otros estados	2.34	3.16	1.77	1.25	1.17
Estados de la Frontera Norte:					
Total	3.32	3.20	2.06	1.47	1.38
Municipios frontera norte	5.84	3.36	2.88	2.01	1.88
Otros municipios	2.68	3.14	1.68	1.19	1.11
Baja California: total	8.20	4.02	3.40	2.26	2.12
Sonora: total	3.03	3.21	1.80	1.24	1.16
Municipios frontera norte	3.72	3.66	2.24	1.55	1.45
Otros municipios	2.89	3.10	1.68	1.15	1.08
Chihuahua: total	3.05	2.35	1.96	1.55	1.45
Municipios frontera norte	5.21	3.22	3.19	2.10	1.95
Otros municipios	2.52	1.99	1.27	1.16	1.10
Coahuila: total	2.43	2.61	1.96	1.09	0.99
Municipios frontera norte	2.66	2.17	2.78	1.66	1.49
Otros municipios	2.40	2.65	1.87	1.02	0.93
Nuevo León: total	3.17	4.18	1.99	1.39	1.30
Municipios frontera norte	12.35	-0.73	0.50	0.44	0.36
otros municipios	3.12	4.24	1.99	1.39	1.31
Tamaulipas: total	3.66	3.07	1.95	1.34	1.25
Municipios frontera norte	6.28	2.88	2.08	1.76	1.63
Otros municipios	2.39	3.22	1.17	0.94	0.89

Fuente: Cuadro 1

te ascenso, es decir, desde 1930 hasta 1970. En segundo lugar, que la desaceleración del crecimiento poblacional, iniciada en los años setenta para el país en su conjunto, en el norte se inició desde la década previa.

¿Cómo contribuyeron las variables demográficas a la estructuración de este patrón de incremento de los residentes del norte? En cuanto a la fecundidad y la mortalidad, se tiene que ambas han tenido comportamientos similares entre uno y otro de los seis estados de la frontera, aunque un análisis más preciso tendría que distinguir por lo menos a Coahuila por los valores superiores de sus indicadores en ambos fenómenos. Esto se aprecia con los indicadores del Cuadro 3, el cual contiene las tasas brutas de fecundidad y de mortalidad, que representan, para cada período y área de referencia, el número promedio anual de nacimientos o defunciones por cada mil residentes. Adicionalmente el cuadro incluye la tasa anual de crecimiento natural, que señala el exceso anual de nacimientos sobre las defunciones por cada mil residentes en el área de referencia (y es equivalente a la diferencia de las tasas brutas de natalidad y mortalidad).[4]

Además, pero consideradas en conjunto, las entidades norteñas han mostrado una trayectoria semejante a la observada en el resto del país, es decir, mortalidad en disminución junto con el mantenimiento de una fecundidad alta, que en los años setenta comenzó a atenuar sus niveles de incidencia. Como consecuencia de esto, en el norte ocurrió un crecimiento natural parecido al de todos los mexicanos: es decir, hasta los años sesenta muy elevado y en ascenso, para menguar ulteriormente (véase cuadro 3).

No obstante esta similitud, se aprecian dos discrepancias que deben resaltarse. La primera, que la época de más rápido decremento de la mortalidad sucedió antes que en el promedio del país, con lo cual en el lapso 1930-1960 la tasa bruta de mortalidad de todas las otras entidades federativas (20.2 por mil habitantes) era superior en más de 25% respecto a la que prevalecía en los estados de la frontera (16.1 por mil habitantes); y la segunda, que la declinación de la fecundidad ocurrió en forma más intensa, llegando en el período 1980-2000 a una tasa bruta de natalidad promedio de 24.7 nacimientos por mil habitantes para el conjunto de las entidades norteñas, que es un valor inferior en más de 10% al correspondiente para el resto de la República.

Estas diferencias afectaron la dinámica demográfica fronteriza en dos sentidos. Por un lado, el precoz inicio del abatimiento acelerado de la mortalidad tuvo como consecuencia que los estados del norte tuvieran hasta los años setenta un crecimiento natural de su población más elevado que en otras partes de la República (en el lapso 1930 a 1960, por ejemplo, el crecimiento natural de las entidades norteñas superó en 20% al del resto del país). Por otro lado, la más intensa disminución de la fecundidad en el nor-

[4] Para el caso de Baja California se han desarrollado detalladas descripciones del comportamiento de la fecundidad. Véase, por ejemplo, Chávez Galindo, 1987.

Cuadro 3. Tasas brutas de natalidad, mortalidad y crecimiento natural. Promedio anual del período (por 1000 habitantes)

	Indicador, región y entidad federativa	*1930-1960*	*1960-1980*	*1980-2000*
Tasa bruta de natalidad	República Mexicana	44.7	42.4	26.4
	Estados frontera norte	45.4	42.2	24.7
	Otros estados	44.6	42.4	27.0
	Estados de la frontera norte			
	Baja California	44.8	40.5	23.8
	Sonora	47.3	44.5	23.6
	Chihuahua	43.5	40.1	24.4
	Coahuila	50.8	48.4	27.6
	Nuevo León	44.2	42.3	23.6
	Tamaulipas	41.4	38.6	24.9
Tasa bruta de mortalidad	República Mexicana	19.6	9.5	5.1
	Estados frontera norte	16.1	8.8	4.8
	Otros Estados	20.2	9.7	5.2
	Estados de la frontera norte			
	Baja California	14.3	7.2	4.9
	Sonora	15.2	8.3	4.9
	Chihuahua	16.8	9.8	5.1
	Coahuila	18.7	9.7	4.8
	Nuevo León	16.9	9.5	4.1
	Tamaulipas	12.6	7.3	5.0
Tasa anual de crecimiento natural	República Mexicana	25.1	32.9	21.3
	Estados frontera norte	29.3	33.4	19.9
	Otros estados	24.4	32.7	22.8
	Estados de la Frontera Norte			
	Baja California	30.5	33.3	18.9
	Sonora	32.1	36.2	18.7
	Chihuahua	26.7	30.3	19.3
	Coahuila	32.1	38.7	22.8
	Nuevo León	27.3	32.8	19.5
	Tamaulipas	28.8	31.3	19.9

Fuente: Elaboración propia con base en datos de los Censos de Población y Vivienda de 1930, 1960, 1980 y 2000, y en información sobre defunciones y nacimientos de las Estadísticas Vitales que produce anualmente el Instituto Nacional de Información Geografía e Informática (INEGI).

te provocó que, a partir de 1980, las tasas de crecimiento natural de los estados septentrionales fueran inferiores a las del conjunto de las otras entidades federativas: diferencia de casi 15% en promedio de 1980 al año 2000.

Respecto al crecimiento social y considerando los seis estados fronterizos como una sola unidad, se observa que la combinación de las migraciones permanentes (o que implican el cambio de residencia) coadyuvó al incremento poblacional en el norte, pero sólo hasta 1960, pues si bien durante las tres décadas previas la tasa de crecimiento social fue de 3.9% anual, a partir de este año de 1960 y hasta 1980, el crecimiento social promedio del conjunto de los estados norteños fue negativo (-1.4%), y apenas llegó a 0.7% de 1980 al año 2000 (véase cuadro 4).[5]

Confrontando las cifras de crecimiento social y natural, se puede entonces establecer que para el conjunto de las entidades norteñas el factor fundamental de su sostenido incremento demográfico ha sido el crecimiento natural y no el social. No obstante, aunque para el conjunto de las entidades norteñas la presencia de las migraciones es comparativamente de menor jerarquía que la diferencia entre nacimientos menos defunciones en la explicación del rápido crecimiento poblacional, el fenómeno migratorio sí resulta determinante para comprender el veloz agrandamiento del número de habitantes en algunos de los estados fronterizos.

Es más, dado que con excepción de Coahuila se puede decir que hay cierta semejanza en los patrones de fecundidad y mortalidad en la parte septentrional del país, las notorias diferencias en la dinámica demográfica a lo largo de la frontera deben atribuirse a la migración permanente, cuyas características y magnitud varían apreciablemente (inclusive en el sentido que opera), tanto entre uno y otro lugar norteño, como en el transcurso de los años.

Por ejemplo, utilizando las tasas anuales de crecimiento social para los intervalos 1930-1960, 1960-1980 y 1980-2000 de cada una de las entidades fronterizas, se aprecia una amplia gama de valores, que van desde

[5] El cuadro 4 contiene los valores adquiridos por las tasas anuales de crecimiento social por las poblaciones de todo el país y de las entidades norteñas. Estas tasas anuales de crecimiento social dan cuenta del saldo neto anual de la migración permanente (inmigrantes menos emigrantes) por cada mil habitantes, entendiendo por migración permanente todos los cambios de residencia habitual tanto entre entidades federativas (migración interna permanente) como entre México y otros países (migración internacional permanente). El mismo cuadro presenta los valores de las tasas anuales netas de migración interestatal e internacional para los cinco estados del norte.

Cuadro 4. Tasas anuales de crecimiento natural y social.
Promedio anual del período (por 1000)

	Indicador, región y entidad federativa	*1930-1960*	*1960-1980*	*1980-2000*
Tasa anual de crecimiento social	República Mexicana	-0.3	-1.2	-3.1
	Estados frontera norte	3.9	-1.4	0.7
	Otros estados	-1.0	-1.1	-4.1
	Estados de la frontera norte			
	Baja California	51.5	6.9	15.1
	Sonora	-1.8	-4.1	-0.7
	Chihuahua	3.8	-6.8	0.3
	Coahuila	-7.8	-12.6	-3.2
	Nuevo León	4.4	9.0	0.4
	Tamaulipas	7.8	-0.6	-0.4
Tasa neta anual de migración interestatal permanente	Estados de la frontera norte			
	Baja California	50.9	8.1	17.5
	Sonora	1.1	0.9	1.9
	Chihuahua	3.9	-2.6	4.5
	Coahuila	-7.5	-7.9	-1.4
	Nuevo León	4.8	10.2	3.0
	Tamaulipas	6.7	-0.5	2.5
Tasa neta anual de migración internacional permanente	Estados de la frontera norte			
	Baja California	0.6	-1.2	-2.4
	Sonora	-2.9	-5.0	-2.6
	Chihuahua	-0.1	-4.3	-4.2
	Coahuila	-0.3	-4.7	-1.8
	Nuevo León	-0.4	-1.2	-2.6
	Tamaulipas	1.1	-0.1	-2.9

Fuente: Cuadros 2 y 3, Censo de Población y Vivienda del año 2000 y Rodolfo Corona. "Migración permanente interestatal e internacional, 1950-1990", en Comercio Exterior, vol. 43, núm. 8, agosto de 1993. Banco Nacional de Comercio Exterior. México, pp. 750-762.

5.15% anual en Baja California durante 1930-1960 hasta un valor negativo de -1.26% para Coahuila en el lapso 1960-1980, los cuales manifiestan en tiempo y espacio diferentes intensidades y direcciones en la acción del fenómeno migratorio (véase cuadro 4).

También y no obstante sus irregularidades en sentido temporal, la revisión de las tasas de crecimiento social sugiere establecer una distinción de las entidades norteñas en tres bloques. Primero se encuentra en el grupo de los estados que se caracterizan por ser áreas de atracción poblacional, que son Baja California, Nuevo León y Tamaulipas, donde ha prevalecido la inmigración, aunque en el primero de forma más pronunciada y en el último sólo hasta 1960.[6] Después se ubican Sonora y Chihuahua, donde comparativamente fue menor la magnitud relativa de las migraciones y, aunque ha variado la dirección del fenómeno, en el balance de los 60 años puede decirse que son estados donde las emigraciones superan ligeramente a las inmigraciones. Finalmente se encuentra Coahuila, cuyo rasgo al respecto es ser un lugar de sistemático rechazo poblacional.

Conviene aclarar que las tasas de crecimiento social para cada estado manifiestan el balance final de todos los movimientos de población que implicaron el cambio de residencia hacia el interior o exterior de cada entidad de referencia; es decir, estas tasas muestran el efecto combinado de los intercambios de residentes que tiene cada estado con otras partes del país y con el extranjero, intercambios que aluden a los saldos netos de migración permanente interestatal y de migración internacional respectivamente.

En cuanto a la migración internacional, debe señalarse que los saldos han sido negativos para México y equivalen de hecho y únicamente a emigración hacia Estados Unidos. Esta sistemática pérdida de población con el vecino país del norte ha ido en aumento, como se muestra en el valor de la tasa neta de migración internacional permanente a escala de todo el país, que pasó de un promedio anual de 0.03% entre 1930 y 1960, a 0.12% en las dos décadas siguientes, y a 0.31% en el período 1980 al 2000. En el caso de los estados de la frontera norte la migración internacional también ha consistido en pérdida generalizada de habitantes, aun-

[6] Por ser Baja California el estado norteño donde se ha observado la mayor influencia del fenómeno migratorio, las migraciones hacia esa entidad federativa han sido objeto de diversas investigaciones, entre ellas pueden consultarse las siguientes: Klagsbrunn, 1988; Corona, 1986; y, Anguiano, 1995.

que con valores diferentes entre una y otra entidad pero que se acercan a la media nacional en el período 1980 al 2000 (véase cuadro 4). Es decir, entre los estados norteños el promedio anual de emigrantes a Estados Unidos en estas dos décadas se ubica entre 0.25 y 0.30 por cada cien habitantes, lo que no es una pérdida intrascendente, pues representa aproximadamente la mitad del número anual de defunciones en estas entidades.

Por su parte, los saldos de la migración interna permanente muestran variaciones entre entidades y a lo largo del tiempo, sin embargo, en general y con la excepción de Coahuila (que presenta saldos interestatales negativos entre 1930 y el año 2000), los estados de la frontera norte han sido de constante atracción para los residentes de otras partes de la República, siendo en particular Baja California y Nuevo León las entidades con mayores saldos relativos a lo largo del amplio período bajo observación (véase cuadro 4).

Para el intervalo 1980 al 2000, Baja California presentó una ganancia media anual de habitantes de 1.75% por efecto de su intercambio poblacional con otras entidades, mientras que en Chihuahua, Nuevo León, Tamaulipas y Sonora este aumento de población por migración permanente interestatal ascendió, respectivamente, a 0.45, 0.30, 0.25 y 0.19% en cada año para el mismo lapso 1980-2000. Estos saldos positivos se vieron alterados de distinta forma como consecuencia de la emigración internacional. En Baja California sólo disminuyó levemente la intensidad de la inmigración neta (1.75% - 0.24%, dando por resultado una tasa de crecimiento social de 15.1% anual). En cambio para Sonora, Chihuahua, Nuevo León y Tamaulipas los saldos positivos de la migración interna fueron casi de la misma cuantía que la emigración a Estados Unidos, provocando que la migración permanente prácticamente no tuviera efecto en el incremento poblacional total de estas entidades durante los dos decenios en análisis, es decir, que las tasas de crecimiento social tuvieran valores cercanos al cero.

En el caso de Coahuila se observaron saldos migratorios negativos tanto interestatales como al extranjero durante todos los años bajo observación, por lo cual esta entidad tuvo una doble pérdida de población debido a sus intercambios de residentes con otros estados y también con Norteamérica. Para el lapso 1980 al 2000 la suma de las tasas negativas de migración interestatal (-0.14%) e internacional (-0.18%) determinó una tasa de crecimiento social de –0.32% anual, que junto con la tasa bruta de mortalidad (0.48% anual) abatieron el aumento anual por natalidad (2.76%), para integrar el ritmo de crecimiento total de la población coahuilense (un promedio de 1.96% anual como se advierte en el cuadro 2).

De esta suerte, las migraciones permanentes han determinado que la evolución poblacional en los estados fronterizos sea heterogénea tanto en el espacio como con el paso de los años, siendo uno de los principales resultados de estas disímiles evoluciones la alteración de la distribución por estado de residencia de los habitantes del norte mexicano. En este sentido, resalta el aumento de bajacalifornianos, de 2.4% en 1930 a 14.3% en el 2000, así como la disminución de quienes viven en Chihuahua y Coahuila, que en conjunto representaban casi la mitad de los norteños en 1930 (45.2%) y sólo un tercio 70 años después (32.6% en el 2000).

Debe indicarse también que los saldos migratorios, si bien permiten apreciar el peso de la migración permanente en el crecimiento de la población que habita cualquier territorio, ocultan en ocasiones la real cuantía de los desplazamientos que implican el cambio de domicilio. Esto no ocurre en el caso de la migración internacional donde el volumen de inmigrantes en Estados Unidos es numéricamente intrascendente respecto a la cantidad de emigrantes de México a ese país. En cambio, para el caso de la migración interestatal que involucra a los estados norteños, los saldos migratorios encubren considerables movimientos espaciales de población de carácter permanente. Para la década 1990 al 2000, por ejemplo, el saldo migratorio interestatal de Sonora indica que, por cada mil residentes, la población aumentó cada año en 1.8 personas, pero esta cantidad es la diferencia entre 9.1 individuos que llegaron al año menos 7.3 que se fueron a vivir a otras partes del país. De igual forma, en las otras entidades norteñas se advierte que los números de inmigrantes y de emigrantes interestatales permanentes superan notoriamente las cantidades documentadas por los saldos migratorios correspondientes (véase cuadro 5).

Las localidades de la frontera norte

Una aproximación razonable de las localidades fronterizas (e inevitable por la disponibilidad de información), se constituye por el conjunto de los 39 municipios fronterizos con Estados Unidos, donde se incluye también el municipio de Ensenada, al que por tradición se le ubica como fronterizo. Estos municipios contienen a todas las ciudades colindantes con el país

Cuadro 5. Tasas anuales de migración permanente.
Promedio anual de la década 1990-2000 (por 1000)

Región y entidad federativa	*Crecimiento social*	*Migración neta internacional*	*Migración neta*	*Inmigración interna*	*Emigración interna*
Estados frontera norte	0.8	-3.0	3.8	11.0	-7.2
Baja California	9.9	-2.5	12.4	21.2	-8.8
Sonora	-0.9	-2.7	1.8	9.1	-7.3
Chihuahua	0.7	-3.6	4.3	9.0	-4.7
Coahuila	-4.3	-2.9	-1.4	7.7	-9.0
Nuevo León	-0.2	-3.1	2.9	8.2	-5.2
Tamaulipas	-0.6	-3.2	2.6	10.9	-8.3

Fuente: Elaboración propia con base en datos de los Censos de Población y Vivienda de 1990 y el año 2000, y en información sobre defunciones y nacimientos de las Estadísticas Vitales que produce anualmente el Instituto Nacional de Información Geografía e Informática (INEGI).

del norte y presentan un dinamismo poblacional aún más acentuado que el correspondiente a la totalidad de los estados a que pertenecen.

En el Cuadro 6 se presentan cifras estimadas de la población residente de cada uno de estos 39 municipios, referidas a mediados de los años iniciales de las décadas 1930-1940 a 1990-2000, y de los años 1995, 2000, 2005, 2006 y 2010. Las cifras asociadas a los años 1930 al 2000 son datos censales corregidos y trasladados al 30 de junio de cada año, y las cantidades de los años 2005, 2006 y 2010 provienen de las proyecciones de población elaboradas por el Consejo Nacional de Población (Conapo) en el año 2000.

Los habitantes de los municipios fronterizos aumentaron su número de 305 687 en 1930 a 5 738 245 en el año 2000, lo que equivale a decir que por cada residente de esta región en 1930 había casi 19 a mediados del 2000. Este incremento poblacional superó al de todos los mexicanos y al de los municipios no fronterizos de los seis estados del norte, que en ambos casos quintuplicaron su población de partida, es decir, un aumento comparativo más de tres veces superior entre los municipios fronterizos.[7]

[7] Con anterioridad fue analizado el crecimiento poblacional de los municipios fronterizos, pero sólo respecto al período 1930 a 1990. Véase Corona, 1991.

Cuadro 6. Población residente en los municipios fronterizos del norte de México (en miles)

Entidad federativa y municipio de la frontera norte	*Población referida al 30 de junio de cada año*											
	1930	*1940*	*1950*	*1960*	*1970*	*1980*	*1990*	*1995*	*2000*	*2005*	*2006*	*2010*
Municipios fronterizos del norte: total	305.7	452.8	933.7	1 679.3	2 535.1	3 253.8	4 352.0	5 075.1	5 738.2	6 350.8	6 467.1	6 913.5
Baja California:	**52.2**	**87.0**	**243.1**	**556.0**	**942.9**	**1 223.1**	**1 754.3**	**2 090.0**	**2 388.7**	**2 675.6**	**2 731.1**	**2 946.9**
Ensenada	7.6	13.8	33.3	69.4	125.0	182.2	276.1	312.0	361.3	409.1	418.4	454.5
Playas de Rosarito	0.0	0.0	0.0	0.0	0.0	0.0	0.0	46.1	57.7	69.9	72.3	82.2
Tijuana	12.2	24.2	70.0	177.1	369.0	479.0	785.9	981.2	1 134.8	1 283.2	1 312.1	1 424.4
Tecate	0.0	0.0	6.6	8.8	19.6	31.7	55.0	62.0	71.7	81.2	83.0	90.2
Mexicali	32.4	49.0	133.2	300.7	429.3	530.3	637.4	688.7	763.2	832.2	845.4	895.7
Sonora:	**52.7**	**53.7**	**94.1**	**157.8**	**231.2**	**324.1**	**414.6**	**458.9**	**505.1**	**546.3**	**554.0**	**583.1**
San Luis Río Colorado	0.0	2.6	14.5	44.9	68.4	96.4	117.4	132.9	148.7	162.7	165.3	175.2
Puerto Peñasco	0.0	0.0	0.0	6.1	13.4	27.8	37.8	27.1	26.3	25.6	25.4	24.9
Caborca	5.2	6.4	9.8	13.2	31.1	52.4	61.6	64.5	67.1	69.2	69.6	70.9
Altar	2.4	2.4	2.2	3.2	4.2	6.3	6.8	7.1	7.5	7.8	7.8	8.0
Saric	2.0	2.0	1.6	1.9	2.5	2.3	2.2	2.3	2.4	2.4	2.4	2.5
Nogales	16.8	16.8	27.7	42.5	57.5	70.7	112.8	133.2	152.4	169.9	173.2	185.7
Santa Cruz	1.1	1.5	1.6	1.4	1.8	1.6	1.6	1.4	1.3	1.3	1.2	1.2
Cananea	18.0	13.0	20.1	22.4	22.9	26.3	28.5	29.3	30.4	31.2	31.4	31.9
Naco	0.0	1.8	2.7	3.8	4.5	4.6	4.9	4.9	5.0	5.0	5.0	5.1
Agua Prieta	7.2	7.2	14.0	18.4	25.0	35.7	41.1	56.2	64.1	71.2	72.6	77.7
Chihuahua:	**76.2**	**97.6**	**187.3**	**349.8**	**523.9**	**659.5**	**916.0**	**1 085.3**	**1 236.9**	**1 374.7**	**1 400.8**	**1 500.7**
Janos	2.4	3.4	4.5	4.7	7.5	9.2	11.7	10.8	10.3	10.0	9.9	9.6
Ascensión	3.0	2.7	3.8	6.4	10.0	12.4	17.4	19.7	22.5	25.2	25.7	27.6
Juárez	46.5	60.3	140.0	295.3	454.7	588.8	840.3	1 010.4	1 159.8	1 295.6	1 321.2	1 419.7
Manuel Benavides	0.0	5.4	5.9	4.9	5.5	4.3	2.9	2.3	2.1	2.0	1.9	1.8
P. G. Guerrero	6.0	7.0	7.9	7.0	8 5	8.1	8.8	9.0	9.2	9.4	9.4	9.6
Guadalupe	5.3	5.4	7.7	9.7	10.3	9.2	9.6	9.6	10.1	10.4	10.5	10.7
Ojinaga	13.0	13.5	17.6	21.7	27.4	27.4	25.2	23.6	22.9	22.2	22.1	21.7

(Continúa)

Cuadro 6. Población residente en los municipios fronterizos del norte de México (en miles). (Continuación)

Entidad federativa y municipio de la frontera norte	*Población referida al 30 de junio de cada año*											
	1930	*1940*	*1950*	*1960*	*1970*	*1980*	*1990*	*1995*	*2000*	*2005*	*2006*	*2010*
Coahuila:	**43.8**	**47.8**	**68.3**	**96.4**	**107.8**	**148.2**	**183.9**	**227.5**	**256.3**	**279.0**	**282.9**	**297.2**
Ocampo	4.4	5.2	7.3	8.8	10.6	9.3	8.4	13.6	14.3	14.9	14.9	15.2
Acuña	7.7	9.1	14.4	23.8	34.7	43.6	59.9	82.9	97.2	108.8	110.8	118.3
Jiménez	7.0	8.5	8.6	7.6	9.0	8.7	8.4	9.5	9.7	9.8	9.8	9.8
Piedras Negras	20.6	20.4	33.7	51.6	49.9	83.4	103.5	118.0	131.8	142.4	144.2	150.7
Guerrero	3.6	3.8	3.4	3.6	2.8	2.4	2.5	2.2	2.0	1.9	1.9	1.8
Hidalgo	0.6	0.8	0.7	1.1	0.7	0.8	1.3	1.3	1.3	1.4	1.4	1.4
Nuevo León:	**0.6**	**14.2**	**21.7**	**19.8**	**14.8**	**17.1**	**18.2**	**18.3**	**18.9**	**19.3**	**19.4**	**19.6**
Anáhuac	0.6	14.2	21.7	19.8	14.8	17.1	18.2	18.3	18.9	19.3	19.4	19.6
Tamaulipas:	**80.2**	**152.5**	**319.2**	**499.5**	**714.4**	**881.8**	**1 064.9**	**1 195.0**	**1 332.3**	**1 455.9**	**1 478.9**	**1 566.0**
Nuevo Laredo	25.0	34.1	63.5	102.4	162.7	211.0	229.3	275.1	306.2	333.8	338.9	358.1
Guerrero	3.5	3.8	3.3	4.5	4.6	4.4	4.5	4.0	3.9	3.9	3.8	3.8
Mier	0.8	10.6	13.9	5.5	6.7	6.6	6.3	6.3	6.2	6.2	6.2	6.1
Miguel Alemán	0.0	0.0	0.0	13.7	19.6	20.3	22.2	22.4	23.1	23.7	23.8	24.1
Camargo	10.7	19.2	27.6	31.3	16.6	16.6	15.8	15.3	15.3	15.2	15.2	15.2
G. Díaz Ordaz	0.0	0.0	0.0	0.0	19.6	18.5	18.5	15.7	15.6	15.4	15.4	15.3
Reynosa	13.3	25.4	74.1	143.8	162.2	219.5	296.3	337.1	389.5	438.1	447.3	482.5
Río Bravo	0.0	0.0	0.0	0.0	76.8	86.7	98.8	100.4	105.2	109.1	109.8	112.2
Valle Hermoso	0.0	0.0	0.0	45.8	45.5	50.2	54.0	55.3	57.2	58.7	59.0	59.8
Matamoros	26.9	59.4	136.9	152.5	200.2	248.0	319.2	363.5	409.9	451.7	459.5	489.0

Fuente: Elaboración propia con base en los Censos de Población para los años 1930 al 2000 y, en el caso de los años 2005, 2006 y 2010, a partir de las Proyecciones de Población por Entidad Federativa del Consejo Nacional de Población elaboradas en el año 2000.

El aumento de habitantes no se aprecia por igual de uno a otro estado fronterizo, siendo los municipios de Baja California donde se dio un crecimiento demográfico más intenso (aumentaron de 1930 al 2000 alrededor de 45 veces su cuantía inicial de residentes), y los de Coahuila con menor fuerza en su aumento poblacional (su evolución resultó similar a la de sus municipios no fronterizos).

El diferente ritmo de incremento demográfico entre uno y otro municipio alteró la distribución espacial de los pobladores de la frontera norte mexicana de la siguiente forma: *a)* mantuvieron de forma aproximada su presencia los estados de Chihuahua y Tamaulipas, cuyos municipios limítrofes con Estados Unidos representan en cada caso poco más del 20% de toda la población de los municipios fronterizos. Lo mismo ocurre con Nuevo León, aunque en este caso la entidad sólo participa con un municipio que apenas representa 0.5% de la población fronteriza; *b)* los residentes de los municipios de Sonora y de Coahuila son proporcionalmente cada vez menos en el conjunto de la población fronteriza: de representar 17.3% y 14.3% en 1930 pasaron a significar sólo 8.8% y 4.5%, respectivamente, en el 2000; y *c)* los habitantes de Baja California, en cambio, se elevaron de 17.1% en 1930 a 41.6% en el año 2000, representando así el estado cuyos municipios tienen mayor importancia demográfica en la frontera norte de México.

Las variaciones en el ritmo de aumento poblacional de los municipios fronterizos, además de mostrar ubicaciones espaciales relacionadas a comunicaciones, mercados laborales e intercambios comerciales y de servicios entre México y Estados Unidos, donde sobresale el caso de Baja California por su vecindad con California, ponen de manifiesto un proceso de urbanización acelerado en unas cuantas ciudades fronterizas.

Es decir, el dinamismo demográfico de la frontera norte, más intenso en el oeste, refleja el crecimiento de unas cuantas ciudades. En particular el aumento poblacional de las localidades que alcanzaron a tener más de 100 mil habitantes en el año 2000, que son:

- Tijuana, Mexicali y Ensenada, en Baja California.
- San Luis Río Colorado y Nogales, en Sonora.
- Ciudad Juárez, en Chihuahua.
- Acuña y Piedras Negras, en Coahuila.
- Nuevo Laredo, Reynosa y Matamoros, en Tamaulipas.

Al revisar en el Cuadro 6 las cifras sobre los residentes de estas ciudades, destaca, por un lado, que el número de sus habitantes se incrementó de 208 978 en 1930 a 5 millones 159 903 en el año 2000, lo cual significa un aumento relativo de 24 veces en ese período, que supera notoriamente el incremento del resto de municipios fronterizos, que sólo multiplicaron por seis el número de sus residentes (96 709 a 578 342 personas de 1930 al año 2000).

Con esta superioridad en el ritmo de su incremento demográfico, los habitantes de estas 11 ciudades que limitan con Estados Unidos elevaron su presencia entre los pobladores fronterizos: de 68.4% en 1930 a casi 90% en el año 2000, por lo cual, sin duda se establece que la problemática de la población de la frontera norte es urbana y que se concentra precisamente en estas localidades.

Por otro lado, también se aprecia que entre estas ciudades hay dos que superaron el millón de habitantes a mediados del 2000, Tijuana con 1 millón 134 772 y Ciudad Juárez con 1 millón 159 780 residentes, y otra con poco menos del millón, que es Mexicali con 832 230 personas.

La población de estas tres ciudades representa a su vez el 59.3% de todas las localidades de 100 mil y más habitantes, lo que identifica entonces tres grandes escenarios poblacionales en la frontera norte:

1. El formado por el 10% de los residentes de la frontera que viven en ciudades pequeñas.
2. El conjunto de alrededor de 3 millones 057 724 personas (en el año 2000) que viven en alguna de las tres grandes ciudades fronterizas (Tijuana, Ciudad Juárez y Mexicali).
3. El restante grupo de 2 millones 102 183 individuos que habitan la casi decena de ciudades intermedias (entre 100 y 500 mil habitantes).

Considerando que en la actualidad la mortalidad y la fecundidad presentan tasas brutas con variaciones relativamente pequeñas (véase el cuadro 3, donde resalta el hecho de que en los últimos años la tasa anual de crecimiento natural gira alrededor de 2%), los diferentes valores de la tasa anual de crecimiento poblacional total manifiestan principalmente la cuantía relativa y el sentido de los saldos migratorios permanentes o que involucraron el cambio de domicilio. Es decir, el balance de la inmigración menos la emigración, pero de manera conjunta tanto la interna como la internacional. De esta suerte, el intenso crecimiento poblacional de las

Cuadro 7. Tasa anual de crecimiento de la población residente en los municipios fronterizos del norte de México con más de 100 mil habitantes en el año 2000 (por 100)

Entidad federativa y municipio de la frontera norte	*1930-1960*	*1960-1980*	*1980-2000*
Baja California			
Tijuana	9.32	5.10	4.41
Tecate		6.64	4.17
Mexicali	7.70	2.88	1.84
Sonora			
San Luis Río Colorado		3.89	2.19
Nogales	3.13	2.58	3.92
Chihuahua			
Juárez	6.35	3.51	3.45
Coahuila			
Acuña	3.85	3.08	4.09
Piedras Negras	3.11	2.43	2.31
Tamaulipas			
Nuevo Laredo	4.81	3.68	1.88
Reynosa	8.24	2.14	2.91
Matamoros	5.94	2.46	2.54

Fuente: Cuadro 6.

ciudades fronterizas del norte obedece básicamente a la llegada de residentes oriundos de otras partes del país (véase cuadro 7).

Conviene añadir que los movimientos migratorios no sólo afectan el monto de residentes en un momento dado, sino que, en el caso de las localidades de la frontera norte, implican la llegada y salida de cantidades de población que superan con mucho el balance de cualquier período.

Para terminar, debe recordarse, por una parte, que el panorama descrito sólo comprendió la población residente y por tanto las migraciones permanentes o que afectan el monto del total de habitantes. Con esta restricción se dejaron de lado los movimientos temporales, que en la frontera suceden en tres sentidos: los que pasan por las localidades fronterizas en su trayecto o al regresar de Estados Unidos; los que, buscando trabajo temporal, llegan a las localidades fronterizas tanto del interior del país como de otras partes de los mismos estados del norte; y los que viviendo en las ciudades de la frontera van diariamente o de forma periódica a Estados Unidos para trabajar.[8] Por otra parte, se tiene la indicación de que la dinámica demográfica tiene una inercia de mediano y largo plazos, por lo cual puede preverse con relativa certidumbre que en los próximos años continuarán las tendencias esbozadas. Por ejemplo, durante el presente sexenio (2000-2006), aumentará aproximadamente conforme se aprecia en los Cuadros 1 y 6.

Bibliografía

Alba, Francisco (1984), *Población de México: evolución y dilemas,* El Colegio de México. México, 189 pp.

Anguiano, María Eugenia (1995), *Agricultura y migración en el Valle de Mexicali*, El Colegio de la Frontera Norte, México, 152 pp.

Centro de Estudios Económicos y Demográficos (1985), *Dinámica de la población de México*, El Colegio de México, México, 1985, 147 pp.

Consejo Nacional de Población (2001), *La población de México en el nuevo siglo*, Conapo, México, 262 pp.

Corona, Rodolfo (1985), "La relación entre distintos tipos de migraciones en la frontera norte de México", en Audiencia Pública Trabajadores Migratorios (Senado de la República-Universidad Nacional Autónoma de México), *Cuadernos de Extensión Académica 30*, UNAM. México, pp. 71-80.

_____ (1986), *Evaluación de los datos censales de 1980. Población residente y migración en Baja California*, Centro de Estudios Fronterizos del Norte de México, Tijuana, Baja California, 172 pp.

_____ (1987), *Medición indirecta de la inmigración temporal en Baja California*, Aportes de Investigación /2. Centro Regional de Investigaciones Multidisciplinarias (CRIM), UNAM, México, 35 pp.

_____ (1991), "Principales características demográficas de la zona fronteriza del norte de México" en *Frontera Norte*, vol. 3, núm.5, enero-junio, México, pp. 141-156.

[8] Sobre la existencia e importancia numérica que tienen estos movimientos temporales de población que involucran a la frontera norte se han desarrollado algunos estudios. Por ejemplo: Corona, 1985; o también, para el caso de Baja California: Corona, 1987.

Chávez Galindo, Ana María (1987), *Migración, fecundidad y anticoncepción en Baja California: algunas hipótesis de trabajo*, Centro Regional de Investigaciones Multidisciplinarias, UNAM, México, 63 pp.

Klagsbrunn, Víctor (comp.) (1988), *Tijuana. Cambio social y migración*, El Colegio de la Frontera Norte, México, 52 pp.

BIENESTAR ECONÓMICO PARA LA PLANEACIÓN EN LA FRONTERA NORTE

Noé Arón Fuentes
Sárah Martínez Pellégrini

Introducción

El objetivo de este capítulo es proponer la construcción de un índice general de desarrollo humano (condiciones de vida y nivel de ingreso) de la población fronteriza (los 35 municipios contiguos a la línea fronteriza) para comparar las diferentes comunidades de acuerdo a su índice de bienestar económico y examinar las disparidades regionales de acuerdo con su grado y naturaleza. Los componentes de este índice permiten identificar el factor de mayor peso en las disparidades y por ende establecer los aspectos prioritarios de posible intervención mediante políticas.

Este indicador compuesto puede ser utilizado para: *a*) determinar la tasa de crecimiento económico necesario de cada una de las diversas comunidades fronterizas para reducir las disparidades regionales de bienestar económico y *b*) determinar cuál debería ser la distribución de la inversión pública por comunidad, compatible con una tasa de crecimiento del ingreso dado. En otras palabras, el índice de bienestar económico puede utilizarse como una herramienta para planear la reducción de las disparidades entre comunidades fronterizas.

Es importante destacar que el objetivo del capítulo no es plantear una línea de pobreza como tal, sino simplemente establecer un mecanismo de comparación entre las entidades federativas y de éstas con el promedio nacional. Es decir, el promedio se utiliza como referente para determinar posiciones relativas y potenciales situaciones críticas de existencia de ciertas condiciones de vida. La discusión de una línea de pobreza sería un segundo paso para determinar políticas de desarrollo más integrales que está más allá del objetivo de contextualización de este capítulo.

La construcción de un índice compuesto de desarrollo humano, como el que se propone, presenta dos dificultades: por un lado, la selección de los componentes del bienestar; y por otro, la determinación de las ponderaciones de cada uno de estos componentes. Todo este proceso está relacionado con la disponibilidad de información. Su relevancia está vinculada con la importancia en términos de densidad y representatividad de los diversos sectores económicos que determinarán los niveles de ingreso.

Este método de identificación jerárquica de los niveles de bienestar económico de las comunidades fronterizas nos dice, en primer lugar, que en cuanto a las condiciones de vida, determinadas por el acceso de las familias a los servicios públicos básicos (salud, educación, electricidad, agua potable y drenaje), estas comunidades tienen un índice de cobertura por debajo del nivel nacional. Las mayores disparidades se presentaron respecto a los indicadores del sector salud que indican la desigualdad con la que se distribuyen los recursos médicos. También se observaron grandes disparidades en la dotación de servicios en los municipios más pequeños que presentan grandes carencias en la totalidad de los aspectos considerados. Parte importante del problema puede estar relacionado con la dispersión de poblados en estos municipios y a las altas tasas de crecimiento poblacional. En segundo lugar, el método de identificación jerárquica nos dice que, en cuanto a las condiciones de vida determinadas por los niveles de ingreso de la población fronteriza, podemos decir que si bien la incidencia de la pobreza en la frontera tiene niveles inferiores al total nacional, la proporción de personas que tienen ingresos apenas por encima de un salario mínimo es muy alta. A raíz de lo anterior, cuando definimos a la línea de pobreza como dos salarios mínimos, la incidencia de ésta en la frontera norte se acerca, e incluso sobrepasa (en el caso de varios municipios) la incidencia de la pobreza en el nivel nacional. Estos resultados nos indican una situación de relativa fragilidad en la región fronteriza. Una disminución en los niveles de actividad económica puede arrojar a una gran proporción de personas a condiciones de pobreza moderada. Relacionado con este aspecto se presentan algunos datos sobre la distribución de actividades en la región y lo que esto indica respecto al modelo de crecimiento imperante.

Finalmente, el índice compuesto de bienestar económico se debería complementar con información concerniente a: 1. La especialización productiva y las ventajas competitivas de cada comunidad fronteriza. 2. La razón capital/trabajo de los diferentes sectores productivos. 3. Las ofertas y demandas de la producción de los diversos sectores productivos, y 4. La relación entre pares de regiones respecto a las importaciones y exportaciones, para que con base en ésta se determinen los patrones de inversión pública necesarios para disminuir las variaciones del bienestar económico en las comunidades de la frontera norte. Este trabajo supondría sentar las bases de una planeación estratégica del desarrollo de la región fronteriza.

La construcción del índice[1]

La fórmula para capturar las condiciones de vida de la población fronteriza es:

$$I_i = [\sigma D_i/(\sigma D_i \mathbf{P}_i + \sigma \mathbf{D}_i P_i)].P_i + [\sigma P_i/(\sigma D_i \mathbf{P}_i + \sigma \mathbf{D}_i P_i)]D_i$$
$$i = 1, \ldots\ldots 35$$

donde P_i denota la tasa de crecimiento poblacional en cada uno de los sectores económicos y D_i es igual al ***log*** $\boldsymbol{d}_i$, donde $\boldsymbol{d}_i$ denota la variable densidad de población de cada una de las comunidades fronterizas. $\mathbf{P}_i$ y $\mathbf{D}_i$ son los valores medios y σP_i y σD_i son las desviaciones estándar de P_i y $D_{i\ldots}$[2]

En la evaluación de las condiciones de vida de la población de la frontera norte de México utilizamos varias medidas de bienestar que nos permiten evaluar dimensiones distintas de la calidad de vida de los residentes de esta región como es un índice de salud, educación, electricidad, agua potable y drenaje.

El índice de privación de servicios básicos (IPP) que da la suma de las condiciones de vida es:

$$\text{IPP} = \frac{\text{IPS} + \text{IPEd} + \text{IPEL} + \text{IPA} + \text{IPD}}{5}$$

[1] La *construcción de índices* es un método que presenta ciertas limitaciones debido a los supuestos que se incorporan en la formulación de los mismos, como se apuntó en la introducción, sin embargo, es un instrumento metodológico que permite sintetizar información para dar panoramas generales de una situación dada. Por esta razón se considera adecuada esta metodología para el presente trabajo.

[2] Pal M.N. "A Method of Regional Analysis of Economic Development with Spacial Reference", *Journal of Regional Science*, vol. 5, núm. 1, 1963.

donde cada uno de los indicadores representa los índices de privación en salud (IPS), en educación (IPEd), en electricidad (IPEl), en agua potable (IPA) y en drenaje (IPD).

El valor del índice se refiere al porcentaje promedio de la población fronteriza que no cuenta con alguno de los servicios públicos considerados como esenciales.

La fórmula para captar el índice de privación del ingreso (IPI) es similar al anterior, pero se calcula como el complemento a uno del promedio de varias variables relacionadas con el ingreso:

$$\text{IPI} = \frac{1 - \text{IP}_i + \text{BP}_e + \text{IPLP}_s}{3}$$

donde IP denota el índice de pobreza, BP denota la brecha de pobreza, e IPLP denota la proporción de personas por debajo de la línea de pobreza.

El índice compuesto de desarrollo humano (IDH) está formado por la combinación del índice de privación de los servicios públicos básicos y el índice de privación del ingreso, y se define como:

$$\text{IDH} = \Psi_1 \text{ IPP} + \Psi_2 \text{ IPI}$$

Esta ecuación introduce una corrección denotada por Ψ_1 que considera la inequidad en su distribución entre la población. Dicha corrección consiste en multiplicar al índice de privación del ingreso por el complemento a uno del *Coeficiente de Gini*, como una forma de determinar el nivel de ingreso promedio que se distribuye equitativamente entre toda la población. Asimismo, una corrección denotada Ψ_2 que considera el valor de la producción regional.[3]

Esta medida nos indica la posición relativa de cada comunidad fronteriza dentro del conjunto que se somete a la comparación. La distancia que separa a la comunidad específica con el nivel más alto alcanzado por otra comunidad nos informa de las desigualdades regionales en la distribución del bienestar económico.

[3] Este trabajo se basa y utiliza parcialmente la información del trabajo siguiente: Brugés, A. *Condiciones socio-económicas de la frontera norte*, El Colegio de la Frontera Norte (mimeo), 1994.

Los resultados

a) Densidad y tasa de crecimiento de la población

En los estados de la frontera norte de México, en 1995, había 13 millones 528 413 habitantes que representaban el 14.87% de la población nacional (90 millones 958 978 habitantes). El tamaño de los poblados donde habita se caracteriza por ser pequeños en su mayoría; sólo hay dos ciudades que tienen entre 500 000 y un millón de habitantes (véase cuadro 1 del Anexo).

Del total de poblados en los municipios fronterizos tan sólo 21 alcanzan a sobrepasar la cantidad de 10 000 habitantes, las 4 849 localidades restantes tienen un tamaño de población inferior a ese número. Las ciudades de municipios fronterizos más importantes son Tijuana, Juárez, Mexicali, Nuevo Laredo, Reynosa y Matamoros; todas con poblaciones mayores a 100 000 habitantes. A éstas se les pueden sumar Nogales, Naco y Piedras Negras, por el papel que han desempeñado en el ámbito regional.

Los estados fronterizos presentan comportamientos dispares respecto al crecimiento poblacional (véase cuadro 2 del Anexo). Mientras Tamaulipas y Sonora crecen menos que el promedio nacional, Chihuahua se acerca a la situación general del país; Nuevo León, Coahuila y Baja California crecen por encima del promedio nacional. Este último estado presenta la situación extrema con 3.44 de tasa de crecimiento intercensal 1995-2000, frente al 1.95 nacional.

El crecimiento que han tenido los municipios de la región fronteriza también ha sido desigual. Hay localidades en las que el crecimiento de la población ha sido muy dinámico en el período 1990-2000, mientras que hay otras que incluso han registrado tasas de crecimiento negativas (véase cuadro 2). Los municipios que han presentado mayores tasas de crecimiento intercensal para el período 1995-2000 son Nava (6.67%), Tecate (5.24%), Hidalgo (4.85%), Tijuana (4.83%), Nogales (4.61%) y Juárez (3.42%).

Evidentemente, esta dinámica de crecimiento ha repercutido en la calidad y cobertura de los servicios públicos. A continuación se presenta una serie de indicadores que permiten evaluar las condiciones de vida de la población que vive en los municipios fronterizos.

b) Condiciones de vida

Un aspecto esencial del bienestar de la población es el acceso que deberían tener las familias a servicios básicos. En este sentido se presentan estimaciones de la dotación de cinco servicios considerados esenciales: atención a la salud, educación, electricidad, agua potable y drenaje. Como se especificó en la sección anterior, los índices de privación de estos servicios se calcularon para cada estado y municipio fronterizo. Los índices de privación en el nivel nacional son utilizados como punto de referencia para evaluar la cobertura de servicios en la frontera norte.[4]

La dotación de servicios básicos en la frontera norte presenta casos de rezago con respecto a la dotación promedio nacional de tales servicios como lo evidencia el promedio simple del índice de carencias o privación de los servicios que se presentan en las últimas columnas del cuadro 4 del anexo estadístico. Los estados de Nuevo León y Coahuila presentan un nivel de carencias de servicios básicos por debajo o cercano al promedio nacional.[5] En los demás estados de la frontera, en promedio, la cobertura de los servicios de salud, educación, electricidad, agua potable y drenaje, es más limitada que en el resto del país; para los municipios fronterizos, las limitaciones son todavía más marcadas. En el cuadro 4 es posible observar que prácticamente todos los municipios de la frontera tienen un índice de carencias o privación por encima del promedio nacional, y en algunos casos con grandes diferencias.

Al comparar este cálculo con el realizado para los municipios no fronterizos tenemos que la situación es muy similar entre éstos y los fronterizos, con excepción de aquellos municipios fronterizos que son los grandes centros urbanos de México, hecho que podría indicar que es éste un problema general y no privativo de la región fronteriza. A continuación se revisan los índices de privación de cada uno de los servicios básicos considerados, para focalizar el objeto de análisis.

[4] La metodología utilizada para el cálculo de estos índices pueden encontrarse en el Anexo metodológico.

[5] Este resultado, sin embargo, es un resultado promedio para todo el estado. El único municipio fronterizo que tiene Nuevo León, Anáhuac, presenta un nivel de carencias de servicios básicos muy por encima del promedio nacional.

Salud

La Organización Mundial de la Salud (OMS) define los requerimientos mínimos de salud como: un médico por cada 1 117 habitantes, una enfermera por cada 559 y una cama de hospital por cada 532 habitantes. Con base en ese estándar, calculamos las deficiencias en la cobertura de los servicios de salud por municipio con la información proporcionada por los *Anuarios Estadísticos Estatales*. En los estados fronterizos, las carencias en la dotación de servicios de salud fluctúan alrededor del valor del índice nacional, sin embargo, es importante resaltar que sólo los estados de Nuevo León y Coahuila superan el promedio nacional de cobertura. Sin embargo, cuando analizamos la dotación de estos servicios para cada uno de los municipios de la frontera, encontramos grandes disparidades. En el cuadro 4 se muestra que sólo nueve municipios de la frontera superan el promedio nacional. En la mayor parte de éstos se presentan grandes carencias de servicios de salud. Esto es cierto incluso para ciudades grandes como Tijuana donde la cobertura en salud es de 76.19% de la población.[6] Existen cuatro casos extremos que es necesario mencionar. Los municipios de Praxedis Guerrero en Chihuahua y los de Jiménez, Guerrero, Ocampo e Hidalgo en Coahuila carecen alarmantemente de servicios de salud; de acuerdo con la información analizada no alcanzan una cobertura de 50% de la población. Si bien se trata de municipios pequeños en cuanto al tamaño de su población y en algunos casos se encuentran cerca de ciudades más grandes que les dan cobertura, un rezago de esta magnitud en el municipio dificulta la garantía de acceso o este servicio básico por parte de la población.

Comparativamente, si bien de manera general los promedios estatales en la frontera se encuentran alrededor de la media nacional o ligeramente por encima, en el nivel municipal existen grandes carencias. Presumiblemente, si en este caso hubiera concentración de recursos en busca de una mayor eficiencia, que sería interesante investigar la inmediatez con que se puede acceder al servicio y en su caso recomendar la desconcentración de algunos tipos de servicios médicos o alternativas de manejo de esta situación como las unidades móviles que en algunos casos se han puesto en operación.

[6] De hecho, la proporción de la población que no cuenta con servicios de salud puede ser mayor que lo sugerido por estos índices, porque para su estimación estamos suponiendo que la población tiene acceso universal a los servicios de salud.

Educación

Baste aquí recordar que, en general, la cobertura de los servicios educativos en los municipios de la frontera es más amplia que el promedio nacional. La observación del cuadro 4 revela que hay ocho municipios en donde la cobertura educativa es inferior que el promedio nacional. En Janos, Ascención, Praxedis Guerrero, Guadalupe, Manuel Benavides, Ocampo, Jiménez y Guerrero, entre 20 y 28% de la población en edad escolar no asiste a la escuela. En el resto de los municipios, la cobertura del sistema educativo es más cercana e incluso más amplia que el promedio nacional.

En este caso es de notar los niveles de privación educativa existentes en la mayor parte de los municipios fronterizos de los estados de Chihuahua y Coahuila, equiparables o superiores en algunos casos al nivel nacional; por lo que debemos llamar la atención sobre esto de manera que pueda prevenirse la creación de un círculo vicioso de pobreza, que implique la inversión de mayor cantidad de recursos para salir de él.

A partir de los datos sobre el promedio de años de estudio, se matiza la impresión general de que el nivel educativo en la frontera es superior, ya que 15 municipios se encuentran por debajo de la media nacional en este aspecto y resalta el estado de Coahuila con los casos municipales extremos y Chihuahua que presenta el promedio estatal más bajo. Nuevo León y Baja California ocupan los primeros lugares como estados.

Electricidad

En este caso, la definición se refiere al porcentaje de la población que carece de este servicio. La cobertura del servicio eléctrico en los estados de la frontera es cercana al promedio nacional. Tamaulipas es el único estado que presenta un índice de privación superior al promedio nacional. El 15.9% de los hogares de Tamaulipas carecen de dicho servicio y sólo 13% a nivel nacional padecen esta situación.

A nivel municipal, el índice de carencias muestra niveles extremadamente altos de hogares que no cuentan con este servicio, sobre todo en los municipios de Janos con 73.5%, Ocampo 55.9% e Hidalgo 48.5%. En el resto de la frontera, la cobertura del servicio eléctrico es muy desigual. Hay ciudades en donde la disponibilidad del servicio eléctrico es muy amplia. En Mexicali, por ejemplo, sólo 3.1% de las familias no cuentan con este servicio, alrededor de 4% en Cananea, Juárez, Mier y Miguel Alemán, etc. Pero también hay ciudades relativamente grandes que presentan importantes porcentajes de privación del servicio: Tijuana, Tecate, Reynosa, Matamoros. De tal manera que la dotación del servicio eléctrico no necesariamente está relacionada con el tamaño de la población; seguramente está influida por factores como la dinámica de crecimiento de la población o la extensión de los asentamientos urbanos irregulares.

Un último aspecto que hay que hacer notar en este apartado es la posición relativa de los municipios fronterizos de los estados de Chihuahua y Coahuila. En ambos casos, prácticamente todos los municipios fronterizos presentan niveles de carencias en servicios eléctricos por encima del promedio estatal e incluso por encima del nacional.

Agua potable

Éste es uno de los grandes problemas de la región fronteriza. Para calcular el índice de privación en agua potable, sólo fueron considerados los hogares que carecen de este servicio al interior de la vivienda. La proporción de hogares que no disponen de este servicio en los estados de la frontera se encuentra muy por encima del promedio nacional; llegando al caso extremo en Tamaulipas, donde más de la mitad de los hogares no tienen acceso fácil al agua.

Solamente hay dos municipios (Cananea y Naco) en Sonora que cuentan con una mejor dotación de agua potable que el promedio nacional. El resto de los municipios presentan, en general, un nivel de carencias por encima del promedio de sus propios estados. Hay casos extremos como Ocampo, Jiménez, Guerrero e Hidalgo, todos en el estado de Coahuila, en donde más de 80% de los hogares no cuentan con agua potable al interior de la vivienda. Aunque prácticamente todos los municipios de la frontera (a excepción de los dos que ya mencionamos) tienen índices de privación muy por encima del promedio nacional.

Esta situación de carencias también se encuentra presente, en los municipios de los estados no fronterizos, siendo esto el indicativo de una situación generalizada.

Drenaje

En promedio, la extensión de los servicios de drenaje en los estados fronterizos es muy cercana al nacional; sólo el estado de Tamaulipas presenta un nivel de carencias ligeramente superior: 41.6% de las viviendas en el estado carecen de este servicio, contra 37.4% en el resto del país.

Por otro lado, es notable la extensión en la cobertura de los servicios de drenaje en el municipio de Cananea, en donde sólo 8.5 % de las viviendas carecen de él. Hay otro grupo de municipios que presentan una situación intermedia, con índices de privación altos pero por debajo del promedio nacional. Este es el caso de los municipios de Nogales, Santa Cruz, Naco, Agua Prieta en Sonora; Juárez y Ojinaga en Chihuahua; Piedras Negras en Coahuila y Nuevo Laredo y Miguel Alemán en Tamaulipas. La mayoría de los municipios de la frontera presentan niveles de carencias muy por encima del promedio estatal y nacional. Nuevamente, se repiten los casos de municipios con agudas carencias: en Ocampo, Jiménez, Guerrero e Hidalgo, más de 75% de los hogares no cuentan con servicios de drenaje.

En términos generales esta situación puede asociarse a dos grandes causas: municipios en los que es difícil extender el servicio a la par del conocimiento de la ciudad, y casos de municipios con asentamientos pequeños y dispersos que complican el desarrollo de estas infraestructuras para la dotación del servicio.

Servicios públicos

De manera general y para cada una de las dimensiones aquí evaluadas, en relación con la cobertura de servicios públicos básicos, el estado de Tamaulipas aparece como aquél en donde se presentan las mayores carencias, mientras que las posiciones del resto de los estados se modifican dependiendo del servicio de que se trate; otro aspecto importante, es el de las grandes desviaciones que se presentan en los municipios fronterizos de los estados de Chihuahua y Coahuila con respecto a los valores medios estatales.[7]

[7] Esta afirmación se aplica también en el caso de Nuevo León, que sin embargo cuenta con un solo municipio fronterizo.

De las dimensiones consideradas en esta sección, las mayores fluctuaciones se presentaron en relación con los indicadores del sector salud que señalan la desigualdad con la que se distribuyen los recursos médicos. Por otra parte, de manera general, se observaron grandes disparidades en la dotación de servicios en el nivel municipal. Es importante referirse a cuatro casos específicos: Janos, Ocampo, Jiménez e Hidalgo, que se perfilaron como municipios sumamente marginados, que presentaron grandes carencias en la totalidad de los servicios considerados; una parte importante del problema puede ser la dispersión de los poblados, no sólo en el sentido de que son municipios pequeños en cuanto al tamaño de su población, sino porque parecen estar agrupados en varios pequeños asentamientos. El análisis más detallado de las condiciones en las que se da la dotación de servicios en estas poblaciones se presenta en el capítulo referido a vivienda e infraestructura urbana, a este nivel de discusión, lo que hemos identificado es la necesidad de plantear estrategias específicas de ampliación de la cobertura de servicios básicos en éstas que aparecieron como las comunidades más marginadas de la frontera norte de México.

En el otro extremo, hay que referirse al municipio de Cananea que tiene el índice más alto de dotación de servicios básicos.[8] A este nivel de generalidad es difícil sacar conclusiones, sin embargo, Cananea es un municipio relativamente pequeño (menos de 27 000 habitantes) que ha logrado una amplia dotación de todos los servicios básicos. Un análisis más detallado sobre las condiciones que han hecho posible la atención amplia a las necesidades básicas de la población en este municipio, puede ser ilustrativo para discutir las posibilidades de ampliación de servicios en otras áreas de similares características.

Puede afirmarse que el rápido crecimiento de la población y la actividad económica no ha sido acompañado de un esfuerzo sistemático de planificación por ampliar la cobertura de servicios públicos básicos, lo que coloca a los municipios pequeños en una situación de desventaja en el contexto de la dotación media de servicios en su propio estado.

[8] En donde el índice de cobertura de servicios no es más que el inverso del índice de privación de los mismos.

c) Tamaño y distribución del ingreso

En los estados de la frontera norte de México se genera una producción que asciende a 286.7 billones de pesos, que representaba el 24.3% del valor de la producción nacional (1 146.8 billones de pesos) en 1997. El tamaño de las economías locales se caracteriza por ser pequeñas en su mayoría. Sólo hay dos estados que generan un valor de la producción entre 50 y 100 billones de pesos.

Del total de las economías fronterizas, sólo tres alcanzan a sobrepasar la cantidad de 10 billones de pesos, las 32 comunidades restantes tienen un tamaño económico inferior a ese número. Las ciudades de municipios fronterizos más importantes son Tijuana, Juárez, Mexicali, Nuevo Laredo, Reynosa, y Matamoros; todas con economías mayores a 4 billones de pesos. A éstas les podemos sumar Piedras Negras, Acuña y Caborca por el papel que han jugado en el ámbito regional.

El crecimiento económico que han tenido los municipios de la región fronteriza ha sido desigual. Hay algunos en donde el crecimiento de la producción ha sido muy dinámico en el período 1995-1997, mientras que hay otros que incluso han registrado tasas de crecimiento negativas. Los municipios que han presentado las más altas tasas de crecimiento económico promedio anual son Tijuana 5.02 y Juárez con 5.32 por ciento.

Evidentemente, esta dinámica de crecimiento económico ha repercutido sobre la pobreza y la distribución del ingreso. A continuación presentamos una serie de indicadores que nos permiten evaluar las condiciones de bienestar de la población que vive en los municipios fronterizos respecto al factor ingreso.

Las condiciones de vida de la población están asociadas a la satisfacción de necesidades básicas definidas socialmente mediante ingresos reales. Existen diversas metodologías para medir el nivel de ingreso y pobreza; la utilización de unas u otras depende de los objetivos que se persiguen. En la evaluación de las condiciones de bienestar de la población de la frontera norte de México se utilizan, en este trabajo, varias medidas de ingresos y pobreza que nos permiten evaluar dimensiones distintas de la calidad de vida de los residentes de esta región.

Condiciones de pobreza

Una manera de evaluar las condiciones de vida de la población es determinar la incidencia de la pobreza a partir del método denominado *de líneas de pobreza*. Se determina el valor monetario de una canasta de bienes que cubre las necesidades mínimas de una familia tipo, y se mide la proporción de la población que no alcanza a cubrir el costo de dichos satisfactores, ese es el grupo al que se considera pobre. Hay dos problemas en la medición de la pobreza de acuerdo con este método: *a*) la determinación misma de la línea de pobreza, es decir, el valor de la canasta que permite cubrir las necesidades mínimas de una familia y *b*) la falta de información que permita identificar el ingreso real de las familias.

Estos dos problemas están presentes en la medición de la pobreza en los municipios y estados fronterizos. En México no hay fuentes de datos que nos permitan conocer con detalle el ingreso de las familias en el nivel estatal o municipal.[9] Por esta razón el análisis aquí presentado debe considerarse como una aproximación a la medición de la pobreza en la región. La información de la que partimos es la que nos proporcionan el XI Censo General de Población y Vivienda de 1990, el Conteo del Censo 1995 y el XII Censo General de Población y Vivienda de 2000 en donde el ingreso está clasificado por múltiplos del salario mínimo. El análisis está basado en la estimación de índices a partir de dos líneas de pobreza, que son los valores equivalentes a uno y dos salarios mínimos (véase cuadro 3 del Anexo).

En 1990, el 26.9% de los hogares en el nivel nacional tenía un nivel de ingresos por debajo de un salario mínimo y 64% vivía con ingresos menores a dos salarios mínimos. En general, los seis estados fronterizos tenían niveles de pobreza por debajo del promedio nacional, aunque en el caso de Tamaulipas la proporción de los hogares por debajo de la línea de pobreza es muy cercana a la que se registra en el país. Como puede observarse en el cuadro 3, si tomamos un salario mínimo como punto de referencia, el estado de Baja California es el que registra mejores niveles de ingreso. Sólo 9.6% de los hogares están en condiciones de pobreza extrema; 12% en Sonora y alrededor de 15% en Chihuahua y Nuevo León. La incidencia

[9] Las Encuestas Nacionales de los Hogares publicadas por el INEGI sólo tienen representatividad a nivel nacional y para lo que este instituto define como zonas de alta y baja densidad.

de la pobreza extrema en los municipios es similar a la que corresponde a sus respectivos estados, aunque existen cuatro localidades en donde hay una mayor proporción de hogares en condiciones de pobreza extrema que la que se registra en el nivel nacional. Los municipios de Janos y Manuel Benavides en Chihuahua y de Ocampo y Jiménez en Coahuila, son comunidades pequeñas en cuanto al tamaño de su población (de menos de 10,000 habitantes) y con una incidencia de la pobreza extrema muy superior al promedio nacional.[10]

Cuando la línea de pobreza se define como dos salarios mínimos se presenta una mayor dispersión en los niveles de ingreso en la región fronteriza. Nuevamente, el nivel de lo que podríamos denominar como *pobreza moderada* en los seis estados fronterizos es inferior al promedio nacional, aunque en este caso, hay tres estados (Coahuila, Nuevo León y Tamaulipas) en donde su incidencia es muy similar a la que se registra a nivel nacional. Sólo en el caso de Baja California la proporción de los hogares con ingresos por debajo de los dos salarios mínimos es mucho más reducida que el promedio nacional. En el nivel municipal, la dispersión en la incidencia de la pobreza es mucho más amplia. Como podrá observarse en el cuadro 3, hay varios municipios cuya proporción de hogares por debajo de esta línea de pobreza es más alta que la que se registra en el país.

De la comparación de ambos resultados podemos decir que si bien la incidencia de la pobreza en la frontera tiene niveles inferiores al total nacional, la proporción de personas que ganan salarios apenas por encima de un salario mínimo es muy alta. Cuando definimos la línea de pobreza como dos salarios mínimos, la incidencia de la pobreza en la frontera norte se acerca e incluso sobrepasa (en el caso de varios municipios) al promedio nacional. Estos resultados nos indican una situación de relativa fragilidad en la región fronteriza. Una disminución en los niveles de actividad económica puede arrojar a una gran proporción de personas a condiciones de pobreza moderada.

En síntesis, en la región de la frontera norte de México existen grandes disparidades en las condiciones de pobreza, que los promedios estatales no son capaces de captar pero que dentro de ellos prevalecen condiciones de pobreza similares a las de Chiapas y Guerrero en algunos casos.

[10] El caso más severo es el de Manuel Benavides, que cuenta con 2 724 habitantes; 58% de los cuales se encuentran en condiciones de pobreza extrema.

Distribución del ingreso

Si utilizamos el Coeficiente de Gini para medir la desigualdad en la distribución del ingreso entre las familias, encontramos que los estados de la frontera norte de México tienen patrones de distribución del ingreso más uniformes que en el nivel nacional.[11] Aunque en algunos casos existan diferencias muy grandes. En el estado de Baja California, por ejemplo, el valor del Coeficiente de Gini es 15% inferior al que se presenta a nivel nacional, siendo el estado fronterizo que presenta el patrón de distribución del ingreso más uniforme. En orden descendente, Baja California está seguido por Sonora, Coahuila, Tamaulipas, Nuevo León y finalmente Chihuahua. Todos ellos con una distribución del ingreso más equitativa cuando la comparamos con el resto del país (última columna del cuadro 3).

En los municipios estrictamente fronterizos, en general, encontramos formas de distribución del ingreso mucho más equitativas, incluso en comparación con sus respectivos estados. A excepción de Janos y Manuel Benavides en donde la desigualdad en la distribución del ingreso es extrema, el valor de los Coeficientes de Gini está, en general, considerablemente por debajo de los promedios estatales. Este es un resultado interesante que amerita mayor investigación para determinar sus causas. Es probable que la mayor equidad en la distribución del ingreso en los municipios de la frontera esté asociada a una combinación de factores relacionados con las características específicas de la economía y la vida "fronterizas". Seguramente el acceso que tienen los residentes de la frontera a los mercados de trabajo en Estados Unidos juegue un papel importante. Puede pensarse también que la estructura y el tipo de empleos que se han generado en esta región, con la proliferación de actividades que son intensivas en el uso de mano de obra (maquiladoras, servicios, sector informal, etc.) explican estos resultados.

Las condiciones de disparidad en la distribución del ingreso en los municipios no fronterizos está ligeramente por encima de los municipios fronterizos (véase cuadro 3), presentándose las situaciones más alejadas en el caso de los municipios como Tijuana, que se encuentran por encima de la media nacional, al igual que el de Mexicali, aunque en este último no se presenta la misma situación.

[11] El valor del Coeficiente de Gini aumenta al incrementarse la desigualdad en la distribución del ingreso. Los Coeficientes de Gini que aquí presentamos fueron calculados a partir de la información sobre ingresos contenidos en el XI Censo de Población y Vivienda, 1990.

Tipo de empleos y actividad económica

Los cuadros 5 y 6 presentan diferentes indicadores que permiten establecer algunos rasgos de la organización productiva de la región fronteriza y su relación con el empleo. El objetivo de esta información es evidenciar la fragilidad de la economía fronteriza cuando se profundiza algo más en la base productiva de esta zona del país a partir de la ocupación por sectores de actividad.

En primer lugar es importante destacar que la población joven del área representa un recurso potencial para el desarrollo de la región, sin embargo, las condiciones deficientes de escolaridad respecto al resto del país indican que existe un riesgo de pérdida de competitividad a medio plazo. Esta situación podría estar relacionada con la abundancia de empleo no calificado en la industria local y en trabajos temporales (servicios personales) en Estados Unidos. La proporción de la población mayor de 12 años, económicamente inactiva y dedicada a estudiar es poco relevante (en torno al 20% para la mayoría de los casos).

Por otro lado, y relacionado con lo anterior, la proporción entre Población Económicamente Activa (PEA) e Inactiva (PEI) refrenda lo anterior y permite pensar que a pesar del ingreso mayor por trabajador, también existe una situación de presión sobre esos salarios por el número de personas que dependen de cada ingreso (véase cuadro 5).

Tomando como referencia la PEA, en el Cuadro 5 aparecen las proporciones de población empleada en el sector secundario, en el terciario y la autoempleada. En primer lugar, llama la atención la baja representatividad de este último rubro ya que el promedio nacional en este aspecto oscila entre 23 y 25% según la situación económica imperante.[12] Este hecho podría denotar la existencia de un sector informal amplio, sobre todo si tenemos en cuenta que en los estados fronterizos se dan situaciones de población inmigrante, ya sea temporalmente en el camino hacia Estados Unidos o para aprovechar las oportunidades laborales en la región.

Las proporciones de ocupados en el sector secundario y terciario indican que para cuatro de los seis casos (municipios fronterizos) existe un

[12] Para más detalles sobre este punto véase Martínez Pellégrini, S. y Carla Pederzini (2001), "Contribución del sector de la microempresa a la economía mexicana", reporte de investigación, El Colegio de la Frontera Norte-Universidad Iberoamericana Santa Fe-USAID, p. 96.

mayor peso del sector servicios que del secundario en cuanto al empleo que registran. Únicamente Chihuahua y Coahuila presentan mayor empleo en el sector secundario con el riesgo de que gran parte de éste se ubica en maquiladoras y en industrias que requieren procesos de reestructuración. Baja California y Tamaulipas presentan alrededor de 50% de empleados en el sector servicios; sin embargo, el perfil de éstos no permite considerarlos una plataforma sólida de desarrollo para la región, pues como refleja el Cuadro 6 son fundamentalmente comercio y transporte.

El Cuadro 6 recoge el porcentaje de establecimientos de cada uno de los tipos presentados que del total fronterizo se sitúa en cada estado. Cruzando la información con la del cuadro 5 respecto al empleo resulta llamativo que los dos estados con indicadores más altos, Baja California y Nuevo León, presenten estructuras muy diferentes. El primero de ellos tiene una proporción mucho mayor de establecimientos, por lo tanto de menor tamaño, mientras el segundo presenta proporciones muy bajas de establecimientos. Podría pensarse que son dos modelos de desarrollo basados, el primero, en dinámicas más coyunturales de desarrollo de actividades respondiendo a oportunidades momentáneas de mercado, y el segundo, a una estructura más estable de producción con unidades más grandes y con mayor arraigo. Chihuahua se ubica en un punto intermedio que evidencia el peso de la industria maquiladora en el estado (empleo en el sector secundario de 51.75% que refleja básicamente la situación de Juárez).

De nuevo aparecen heterogeneidades, pero sobre todo destaca que el modelo de desarrollo de los estados y municipios fronterizos ha seguido caminos muy diferentes que han respondido al momento histórico en que se desarrollaron o no sus actividades industriales. Frente a un Nuevo León con una mayor tradición de empresas locales que han consolidado parte de la base productiva regional, aún cuando haya sido de forma polarizada en torno a la capital del estado, otras entidades como Chihuahua, Baja California, Tamaulipas y Coahuila enfrentan una situación de mayor vulnerabilidad a causa de su dependencia, bien del sector maquilador o de industrias basadas en recursos naturales con escasas posibilidades de crecimiento si no se reestructuran.

d) Índice de desarrollo humano

En las secciones anteriores hemos analizado las condiciones de bienestar de la población que habita en la frontera norte a partir de una evaluación de aspectos particulares del bienestar: el nivel de ingresos y su distribución y la dotación de cinco servicios básicos. En este apartado, presentamos una sola medida del bienestar que intenta combinar sus componentes. El Índice de Desarrollo Humano (IDH) integra una medición de las condiciones de vida y los niveles de ingreso (véase cuadro 4).

El IDH es una medida relativa que nos permite ordenar a los municipios de la frontera de acuerdo a sus niveles de bienestar. A partir de los valores obtenidos para este indicador, el nivel de bienestar de los estados de la frontera norte de México está sustancialmente por encima del que prevalece a nivel nacional. Nuevo León presenta los niveles de bienestar más altos entre los estados fronterizos,[13] seguido por Coahuila y Baja California con niveles de bienestar muy similares entre sí, Sonora, Chihuahua y, finalmente, Tamaulipas. La situación de bienestar nacional está entre 20 y 30% por debajo del nivel de bienestar de los estados de la frontera, dependiendo del estado que se tome como punto de referencia.

Sin embargo, como ha quedado claro en el análisis anterior, la frontera norte de México es una región sumamente heterogénea. A partir de los valores que presenta el IDH por municipio se podría tal vez hablar de tres fronteras. Hay un grupo de municipios que presenta niveles de bienestar muy por debajo del estándar nacional en el que se encuentran dos municipios de Chihuahua (Praxedis G. Guerrero y Manuel Benavides); cuatro municipios de Coahuila (Ocampo, Jiménez, Guerrero e Hidalgo) y tres municipios del estado de Tamaulipas (Camargo, Gustavo Díaz Ordaz y Río Bravo). En este primer grupo de localidades rezagadas se asienta el 4.1% de la población que habita en las regiones que colindan con Estados Unidos. Hay un segundo grupo de nueve municipios, que presenta niveles de bienestar muy cercanos al promedio nacional y en donde habita el 5.1% de la población de la frontera: San Luis Río Colorado, Plutarco Elías Calles y Altar, en Sonora; Janos, Ascención y Guadalupe, en Chihuahua; y Guerrero, Mier y Miguel Alemán, en Tamaulipas. Finalmente, el 90.8% de la población asentada en 20 municipios de la frontera ha alcanzado un

[13] De hecho, Nuevo León tiene los mejores niveles de bienestar a nivel nacional de acuerdo a las estimaciones hechas por Zepeda, 1992.

nivel de bienestar por encima del promedio nacional. Obviamente, dentro de este tercer grupo hay diferencias importantes. No es lo mismo el alto nivel de los indicadores de bienestar que han alcanzado municipios como Nogales, Piedras Negras, Agua Prieta o Cananea, al que han alcanzado municipios como Tijuana, Caborca, Sáric, Santa Cruz, Ojinaga, Nava, Anáhuac y Reynosa que, si bien se encuentran por encima del promedio nacional, están todavía muy lejos de alcanzar los niveles de bienestar que presentan los municipios más desarrollados de la frontera.

Una dimensión adicional del bienestar es la manera en que se distribuye el ingreso. El valor de una medida del bienestar que sea sensible a la distribución del ingreso, debe disminuir cuando éste se distribuye de manera desigual entre la población. La medida de bienestar de la población a nivel nacional disminuye en 19% cuando ajustamos el IDH de acuerdo con la distribución del ingreso. En la frontera norte, los patrones de distribución del ingreso son algo más homogéneos que a nivel nacional, de tal manera que cuando ajustamos el IDH para reflejar la distribución del ingreso, la disminución del bienestar es menor que a nivel nacional. El valor del índice disminuye entre 7 y 11%, dependiendo del estado (véase cuadro 4).

Debido a la relativa homogeneidad identificada en los patrones de distribución del ingreso en los municipios fronterizos, cuando introducimos este componente en la medición del IDH, su valor suaviza las fluctuaciones observadas en los niveles de bienestar a nivel municipal. Aunque, por otro lado, no modifica sustancialmente el ordenamiento entre municipios y su distribución.

Al incorporar algunos de los municipios estados no fronterizos al análisis sobre el desarrollo humano alcanzado por éstos tenemos que, de manera general, el grupo de los grandes centros urbanos se ubica al inicio de la distribución, comenzando a partir del quinto lugar, mientras que los del otro grupo (municipios de Chiapas y Guerrero) se ubican generalmente al final de la distribución, aunque en esas posiciones se encuentren también municipios fronterizos como Manuel Benavides, Janos, Plutarco Elías Calles, Gustavo Díaz Ordaz, Praxedis G. Guerrero, Ascención y Guerrero (Tamps.), mencionados en orden ascendente a partir del que presenta la peor situación (véase cuadro 4), de acuerdo con el IDH ajustado en relación con la distribución del ingreso. De haber utilizado el IDH sin ajustar se presentaría una situación similar, aunque con un ligero cambio en el orden de los municipios (véase cuadro 4).

Conclusiones

El análisis de la información presentada en este capítulo podría resumirse en que, a pesar de que en términos globales la frontera norte se encuentra en una situación ventajosa respecto al resto del país, gran parte de esa situación puede explicarse únicamente en términos de mejores niveles de ingreso y no tanto en términos de los servicios de que dispone la población. El diferencial entre el nivel de ingreso con el resto del país es superior al diferencial en términos de calidad de vida, por lo que puede hablarse de un desequilibrio en la situación regional.

Por otro lado, las muy acusadas carencias en servicios básicos de salud y en drenaje permiten interpretar que existe un rezago en el área en términos de desarrollo social; parecería que éste ha quedado supeditado, en mayor medida que en otras áreas del país, al crecimiento económico. En este sentido, parte del ingreso generado parece dirigirse a la cobertura privada de esos servicios no provistos, en la misma medida que otras regiones.

El análisis de la información sobre el acceso a los servicios públicos de la población fronteriza confirma las tendencias de que las comunidades de la frontera norte tienen un índice de cobertura de servicios públicos por debajo del nacional, con la mayor fluctuación en los indicadores de salud y drenaje. También, de manera general, se observan grandes disparidades en la dotación de servicios en los municipios más pequeños que presentan grandes carencias en la totalidad de los servicios considerados.

La información sobre las condiciones de ingreso y pobreza confirma las tendencias de que la frontera norte es una de las regiones del país en donde se presenta la menor incidencia de pobreza. En conjunto, los seis estados fronterizos, contribuyen con menos de 10% de la pobreza en México, cuando la definimos al nivel de un salario mínimo y 13% cuando la pobreza es medida al nivel de dos salarios mínimos. Sin embargo, estos porcentajes son muy sensibles a ciclos económicos y nos indican una situación de relativa fragilidad en la región. Una disminución en los niveles de actividad económica puede arrojar a una gran proporción de personas a condiciones de pobreza moderada.

Este último aspecto de comportamientos procíclicos respecto a la economía es relevante si se tienen en cuenta que el modelo de desarrollo presenta debilidades estructurales; éstas aún no se han manifestado de manera drástica, pero podrían hacerlo en un tiempo relativamente corto como consecuencia de la falta de planificación estratégica orientada a la generación de una base económica fundamentada en ventajas competitivas, para las que existen elementos y no fundamentalmente comparativas, como los bajos costos laborales.

Finalmente, cuando ordenamos los municipios fronterizos en relación al índice de desarrollo humano, que incorpora la dimensión de condiciones de vida y nivel de ingreso, se observa que el nivel medio de dicho índice es superior al promedio nacional. Más aún, cuando el cálculo se hace tomando en consideración el ajuste en la distribución del ingreso regional, disminuye la dispersión en el valor del índice en el nivel municipal y se mantiene por encima del promedio nacional. De esto podría concluirse que, a pesar de presentar polarizaciones en la localización de las actividades, existe una mayor redistribución vía remuneración que en el resto del país, aun cuando respecto a estándares internacionales falte camino por recorrer.

Anexo metodológico

Desarrollo económico-social en la frontera norte

1. *Índice de Privación Promedio de Servicios Básicos*: Se refiere al porcentaje promedio de la población que no cuenta con alguno de los servicios públicos considerados como esenciales. Se calcula como el promedio de los índices de privación de cada uno de los servicios básicos. Por su importancia, éstas se calcularon en: salud, educación, electricidad, agua potable y drenaje. De esta manera, dicho Índice de Privación Promedio es la media de los anteriores. La fórmula para calcularlo es:

$$\text{IPP} = \frac{\text{IPS} + \text{IPEd} + \text{IPEl} + \text{IPA} + \text{IPD}}{5}$$

Donde: IPS = Índice de Privación en Salud.
IPEd = Índice de Privación en Educación.
IPEl = Índice de Privación en Electricidad.
IPA = Índice de Privación en Agua Potable.
IPD = Índice de Privación en Drenaje.

1. A. *Índice de Privación en Salud*: Se refiere al porcentaje de la población que en promedio no tiene acceso a servicios completos de salud. Se calcula como el complemento del porcentaje promedio de la población que puede ser atendida por personal médico, por enfermeras y que dispone de una cama de hospital. En cada caso fueron utilizadas las normas internacionales que establecen que debe existir un médico por cada 1 117 habitantes, una enfermera por cada 559 y una cama de hospital por cada 532. Para determinar el número de personas que pueden ser atendidas se multiplican dichas normas por la cantidad de médicos, enfermeras y camas, y luego se calcula, para cada caso, la proporción que representa respecto a la población total considerada. En el caso de la población atendida por el personal médico la fórmula sería:

$$\text{PAm} = \frac{\text{CMe} \times 1117}{\text{PobT}} \times 100$$

Donde: CMe = Cantidad de médicos.
PobT = Población Total.

Nota: Al multiplicar la cantidad de médicos por 1 117 se determina la cantidad de personas que pueden ser atendidas por el personal de acuerdo a las normas internacionales.

En el caso de las enfermeras (PAe) y las camas de hospital (PAC) se sigue un procedimiento similar pero utilizando las normas que aplican en cada caso. La información sobre la cantidad de médicos a nivel municipal fue tomada de la Secretaría de Salud y el Fondo de Naciones Unidas para la Infancia (UNICEF), Bases de Información para la Salud. Cifras Municipales, 1994.

Finalmente, el Índice de Privación en Salud se calcula como el promedio de las carencias en cada uno de los servicios de salud. De acuerdo con la siguiente fórmula:

$$\mathrm{IPS} = \frac{\mathrm{PAm} + \mathrm{PAe} + \mathrm{PAC}}{3}$$

Donde: PAm = Proporción de Personas que pueden ser atendidas por el personal médico.
PAe = Proporción de Personas que pueden ser atendidas por enfermeras.
PAe = Proporción de Personas que puede disponer de una cama de hospital.

1. B. *Índice de Privación en Educación*: Se refiere al porcentaje de la población entre cinco y 14 años que no asiste a la escuela. Se obtiene como el cociente de esta población entre el número total de personas de ese grupo de edad que especificó su condición de asistencia. Los datos para el cálculo de este indicador proceden del XI Censo General de Población y Vivienda, Cuadro 14: Población de cinco años y más por municipio, condición de asistencia y edad según nivel de instrucción y grados aprobados en primaria.

La fórmula de cálculo es:

$$\text{IPEd} = 100 - \frac{\text{Pob}^{5\text{-}14}\text{NAs}}{\text{Pob}^{5\text{-}14}\text{T} - \text{Pob}^{5\text{-}14}\text{NE}} \times 100$$

Donde: $\text{Pob}^{5\text{-}14}\text{NAs}$ = Población de 5 a 14 años que no asiste a la escuela.
$\text{Pob}^{5\text{-}14}\text{T}$ = Total de Población de entre 5 y 14 años.
$\text{Pob}^{5\text{-}14}\text{NE}$ = Población de entre 5 y 14 años de la que no se especifica su condición de asistencia.

1. C. *Índice de Privación en Electricidad*: Se refiere al porcentaje de los ocupantes de viviendas particulares que no disponen del servicio de Energía Eléctrica. Se obtiene como el cociente de los ocupantes de viviendas particulares que no disponen de dicho servicio entre el total de ocupantes de viviendas particulares que especificaron su disponibilidad del mismo. Los datos para el cálculo de este indicador proceden del XI Censo General de Población y Vivienda, Cuadro 47: Ocupantes de viviendas particulares por municipio, disponibilidad de energía eléctrica y disponibilidad de agua entubada según disponibilidad y tipo de drenaje. Fue calculado de acuerdo a la siguiente fórmula:

$$\text{IPEl} = \frac{\text{OvpNEl}}{\text{OvpT - OvpNE}} \times 100$$

Donde: OvpNEl = Ocupantes de viviendas particulares sin energía eléctrica.
OvpT = Total de ocupantes de viviendas particulares.
OvpNE = Ocupantes de viviendas particulares que no especifica su disponibilidad de energía eléctrica.

1. D. *Índice de Privación en Agua Potable*: Similar al anterior pero referido a la disponibilidad de agua potable al interior de la vivienda.
1. E. *Índice de Privación en Drenaje*: Similar al anterior pero referido a la disponibilidad de drenaje.

2. *Índice de Pobreza*: Es una medida que combina la extensión y la profundidad de la pobreza.[14] Metodológicamente se identifica con el de-

[14] Definida como un nivel de ingresos por debajo del cual las personas no están en condiciones de satisfacer sus necesidades básicas de consumo corriente.

sarrollo de índices de pobreza propuestos por Greer, Thorbecke y Foster. Se calcula como la proporción de las desviaciones del ingreso de las personas[15] por debajo de la línea de pobreza elevada al cuadrado y ponderada por el tamaño de la población. La información fue tomada del XI Censo General de Población y Vivienda, Cuadro 36: Población ocupada por municipio, sexo y sector de actividad según grupos de ingreso, publicado por el INEGI. En dicho cuadro la información referente al ingreso está expresada en rangos de salarios mínimos mensuales, vigentes en la semana de referencia al momento censal (12 de marzo de 1990). Para nuestro propósito se definió la Línea de Pobreza igual a un Salario Mínimo Diario General vigente a esa fecha equivalente a 10 080 pesos. Adicionalmente, como la información está agrupada, se consideró como ingreso promedio del grupo el punto central del rango de ingresos.

Hechas estas consideraciones el Índice de Pobreza matemáticamente queda expresado por la siguiente fórmula:

$$\text{FGT} = 100^{q} \times \frac{1\ ;\ \text{é}\ Z^{2} - Y_i\text{ù}}{N\ ^{i=1}\ \text{ë}\ Z\ \text{û}}$$

Donde: N = Población total.
Z = Línea de Pobreza equivalente a 10 080 pesos.
Y_i = Ingreso de la persona i.
q= Total de personas por debajo de la línea de pobreza.

Nota: El cálculo se hizo considerando la línea de pobreza igual a un y a dos salarios mínimos, lo que nos permite hacer una evaluación más amplia que considera también la condición de las personas que están exactamente por encima y muy cercanos a la línea de pobreza de un salario mínimo.

3. *Proporción de personas por debajo de la Línea de Pobreza*: Como su nombre lo indica, se refiere a la proporción de personas cuyo ingreso es

[15] Las referencias a personas dada la disponibilidad de la información se refiere a la población trabajadora. Desafortunadamente este es el único nivel de análisis que permite la información censal. Se tomó la relación de dependencia de la población trabajadora como una aproximación de las condiciones de ingreso de las familias.

inferior a la línea de pobreza. Se calcula como el porcentaje de la población considerada como pobre entre la población total. Las fuentes de la información y las aclaraciones sobre la transformación para su uso son las mismas que las comentadas para el índice anterior. Matemáticamente se calcula de acuerdo a la siguiente fórmula:

$$\text{PP} = \frac{q}{N} \times 100$$

Donde: q = Cantidad de Personas pobres
N = Población Total.

Nota: El cálculo se hizo considerando la línea de pobreza igual a 1 y a 2 salarios mínimos lo que nos permite hacer una evaluación más amplia que considera también la condición de las personas que están exactamente por encima y muy cercanos a la línea de pobreza de 1 salario mínimo.

4. *Brecha de Pobreza*: Se refiere al porcentaje del ingreso necesario para que la población pobre alcance la línea de pobreza, en relación con ésta. Se calcula sumando las proporciones de la diferencia entre el ingreso de la población pobre y la línea de pobreza respecto a ésta última y dividiendo entre la población total. Lo que se obtiene con este cálculo es la proporción de ingresos, respecto a la línea de pobreza y a la población total, que es necesario transferir para que la población pobre alcance la línea de pobreza. Fue construido con la misma información que los anteriores índices, por lo que aplican las mismas aclaraciones sobre el manejo de los datos y la fórmula:

$$\text{BPI} = 100^{q} \times \frac{1 \; ; \; é \; Z - Y_i ù}{N^{\,i=1} \; ë \; Z \; û}$$

Donde: N = Población total.
Z = Línea de Pobreza equivalente a 10 080 pesos.
Y_i = Ingreso de la persona i.
q = Total de personas por debajo de la línea de pobreza.

Nota: El cálculo se hizo considerando la línea de pobreza igual a 1 y a 2 salarios mínimos lo que nos permite hacer una evaluación más amplia que considera también la condición de las personas que están exactamente por encima y muy cercanos a la línea de pobreza de un salario mínimo.

5. *Coeficiente de Gini*: Expresa el grado de equidad que existe entre dos distribuciones, en nuestro caso será utilizado para calcular el grado de equidad en la distribución del ingreso en la población. Se calcula como la proporción que representa el área entre la Curva de Lorenz y la línea que expresa la equidad perfecta en relación al área que forma esta última con los ejes de coordenadas.

La Curva de Lorenz se construye con las proporciones de población y de ingreso acumuladas. La equidad perfecta está representada por la línea de 45 grados ya que aquélla consiste en que cada grupo de población reciba una parte del ingreso proporcional a su tamaño. En términos prácticos, esto quiere decir que al 10% de la población le corresponda el 10% del ingreso; al 20% de población el 20% de ingreso y así hasta llegar al 100% de población y de ingresos.

El problema para el cálculo numérico consiste en determinar la magnitud del área entre la Curva de Lorenz y la recta de equidad perfecta, dado que el área del triángulo es conocida. Para ello es necesario calcular las proporciones de población y de ingreso en cada grupo. La fuente de información utilizada es la misma que en los tres indicadores anteriores y con las mismas aclaraciones para su manejo. La fórmula utilizada es:

$$G^{n}_{i=1} = ;\ P_i \times (Q_{i+1} - Q_{i-1}) \qquad \text{Supuestos: } Q_0 = 0 \text{ y } Q_{n+1} = 0$$

Donde: P_i = Proporción acumulada de población hasta el grupo i.
Q_{i+1} = Proporción acumulada de ingresos hasta el grupo i+1.
Q_{i-1} = Proporción acumulada de ingresos hasta el grupo i – 1.

6. *Índice de Desarrollo Humano*: Es una medida que nos indica la posición relativa de un estado dentro del conjunto que se somete a comparación. Se miden de forma combinada tres dimensiones esenciales de la vida, que son: la salud, el conocimiento y los ingresos. La primera (salud) será medida por la cobertura del sistema de salud en los dife-

rentes estados; la segunda (conocimiento), por una combinación de la tasa de alfabetismo-adulto y la escolaridad promedio; y la tercera (los ingresos) será medida a través de la fórmula de Atkinson para medir la utilidad del ingreso.

7. *Índice de Desarrollo Humano Ajustado de Acuerdo a la Distribución del Ingreso*: Es muy similar al anterior, excepto porque en éste se introduce una corrección al nivel de ingreso promedio que considera la inequidad en su distribución entre la población. Dicha corrección consiste en multiplicar el nivel de ingresos por el complemento a uno del *Coeficiente de Gini*, como una forma de determinar el nivel de ingreso promedio que se distribuye equitativamente entre toda la población. Una vez hecho este ajuste, se sigue el mismo procedimiento descrito para el Índice de Desarrollo Humano.

Bibliografía

Brugés, A. (1994), "Condiciones Socio-Económicas de la Frontera Norte". El Colegio de la Frontera Norte (Mimeo).

INEGI: XI Censo de Población y Vivienda, 1990.

Martínez Pellégrini, S. E. y Carla Pederzini (2001), "Contribución del sector de la Microempresa a la economía mexicana", Reporte de investigación, El Colegio de la Frontera Norte-Universidad Iberoamericana Santa Fe-USAID, 96 pág.

Pal, M.N. (1963), "A method of Regional Analysis of Economic Development with Spacial Reference", *Journal of Regional Science*, vol. 5, núm. 1.

Zepeda, E. (1993), *San Diego-Tijuana in Transition: A Regional Analysis*. Institute for Regional Studies of the Californias. San Diego State University, San Diego California.

Cuadro 1. Cantidad de poblados según tamaño de la localidad, 1995

Entidad federativa y Municipios	*Total*	*1 a 99*	*100 a 499*	*500 a 999*	*1000 a 1999*	*2000 a 2499*	*2500 a 4999*	*5000 a 9999*	*10000 a 14999*	*15000 a 19999*	*20000 a 49999*	*50000 a 99999*	*100000 a 499999*	*500000 a 999999*	*1000000 y más*
Estados Unidos Mexicanos	156 602	108 307	32 244	8 515	4 216	734	1 364	609	197	96	167	55	77	14	7
Baja California	1 910	1 600	187	53	37	1	14	11	2		2		2	1	
Tijuana	158	137	14	1		1	2	1			1			1	
Tecate	397	380	12		4						1				
Mexicali	336	167	95	35	23		7	7	1				1		
Sonora	6 165	5 393	531	117	64	7	25	11	3	2	12				
San Luis Río Colorado	46	27	12		5		1				1				
Puerto Peñasco	36	34	1								1				
Gral. Plutarco Elías Calles	90	85	4					1							
Caborca	422	388	28	5							1				
Altar	109	105	3				1								
Sáric	43	40	1	2											
Nogales	88	81	5	1			1								
Santa Cruz	34	32		2											
Cananea	62	55	6								1				
Naco	31	28	2				1								
Agua Prieta	26	21	4								1				
Chihuahua	10 761	9 546	975	128	51	16	21	9	5	2	3	3		2	
Janos	102	86	8	5	2	1									
Ascensión	204	197	4		1		1	1							
Juárez	47	36	4	4		1	1							1	
Praxedis G. Guerrero	41	34	4		1		2								
Guadalupe	81	72	5	2	1		1								
Ojinaga	112	91	20							1					
Manuel Benavides	87	82	4		1										
Coahuila de Zaragoza	3 649	3 045	414	87	55	4	19	5	2	5	7	3	3		
Ocampo	163	144	17	1			1								
Acuña	61	46	13	1								1			
Nava	89	84	3		1										
Guerrero	97	93	3	1											
Hidalgo	44	42	1	1											
Nuevo León	5 123	4 476	535	50	19	4	13	11	2	1	5	1	4	1	1
Anáhuac	248	242	5						1						

(Continúa)

(*Continuación*)

Entidad federativa y Municipios	*Total*	*1 a 99*	*100 a 499*	*500 a 999*	*1000 a 1999*	*2000 a 2499*	*2500 a 4999*	*5000 a 9999*	*10000 a 14999*	*15000 a 19999*	*20000 a 49999*	*50000 a 99999*	*100000 a 499999*	*500000 a 999999*	*1000000 y más*
Tamaulipas	6,803	5,763	831	111	43	11	16	12	3	1	4	2	6		
Nuevo Laredo	71	68	2										1		
Guerrero	70	69					1								
Mier	8	7						1							
Miguel Alemán	31	24	3	2	1					1					
Camargo	100	85	12	1		1		1							
Gustavo Díaz Ordaz	152	138	12			1			1						
Reynosa	431	392	33	2	2	1							1		
Río Bravo	380	335	35	7		1		1				1			
Matamoros	539	468	53	13	2		2						1		

Fuente: INEGI, XI Censo General de Población y Vivienda 1995.

Cuadro 2. Distribución de la población

Entidad federativa y Municipios	*Población Total 1990*	*Hombres*	*Mujeres*	*Ocupada*	*Total 1980*	*Tasa de Crecimiento Intercensal 1980-1990*
Estados Unidos Mexicanos	81 249 645	39 893 969	41 355 676	23 403 413	66 846 833	1.95
Baja California	1 660 855	832 090	828 765	565 471	1 177 886	3.44
Tijuana	747 381	374 632	372 749	261 526	461 257	4.83
Tecate	51 557	26 367	25 190	17 151	30 540	5.24
Mexicali	601 938	300 629	301 309	200 104	510 664	1.64
Sonora	1 823 606	915 088	908 518	562 386	1 513 731	1.86
San Luis Río Colorado	110 530	55 048	55 482	34 713	92 790	1.75
Puerto Peñasco	26 625	13 487	13 138	7 640	26 755	-0.05
Gral. Plutarco Elías Calles	9 728	4 925	4 803	2 815	#N/A	#N/A
Caborca	59 160	30 231	28 929	18 460	50 452	1.59
Altar	6 458	3 346	3 112	1 829	6 029	0.69
Sáric	2 112	1 115	997	606	2 250	-0.63
Nogales	107 936	54 410	53 526	38 936	68 076	4.61
Santa Cruz	1 476	772	704	448	1 587	-0.73
Cananea	26 931	13 561	13 370	7 645	25 327	0.61
Naco	4 645	2 347	2 298	1 367	4 441	0.45
Agua Prieta	39 120	19 442	19 678	13 043	34 380	1.29
Chihuahua	2 441 873	1 213 302	1 228 571	773 100	2 005 477	1.97
Janos	10 898	5 649	5 249	3 342	8 906	2.02
Ascensión	16 361	8 341	8 020	4 806	11 985	3.11
Juárez	798 499	395 163	403 336	283 182	567 365	3.42
Praxedis G. Guerrero	8 442	4 266	4 176	2 492	7 777	0.82
Guadalupe	9 054	4 665	4 389	2 750	8 876	0.20
Ojinaga	23 910	12 004	11 906	6 478	26 421	-1.00
Manuel Benavides	2 794	1 468	1 326	854	4 164	-3.99
Coahuila de Zaragoza	1 972 340	979 097	993 243	586 165	1 557 265	2.36
Ocampo	7 857	4 242	3 615	2 432	9 000	-1.36
Acuña	56 336	28 059	28 277	20 465	41 948	2.95
Jiménez	8 253	4 224	4 029	2 777	8 636	-0.45
Piedras Negras	98 185	48 346	49 839	32 095	80 290	2.01
Nava	16 915	8 701	8 214	5 000	8 684	6.67
Guerrero	2 374	1 283	1 091	758	2 316	0.25
Hidalgo	1 220	651	569	399	751	4.85
Nuevo León	3 098 736	1 542 664	1 556 072	1 009 584	2 513 044	2.09
Anáhuac	17 316	8 805	8 511	5 306	16 479	0.50
Tamaulipas	2 249 581	1 111 698	1 137 883	684 550	1 924 484	1.56
Nuevo Laredo	219 468	107 218	112 250	69 803	203 286	0.77
Guerrero	4 510	2 324	2 186	1 174	4 191	0.73
Mier	6 244	3 141	3 103	1 661	6 382	-0.22
Miguel Alemán	21 322	10 581	10 741	6 363	19 600	0.84
Camargo	15 043	7 523	7 520	4 694	16 014	-0.63
Gustavo Díaz Ordaz	17 705	8 857	8 848	4 986	17 830	-0.07
Reynosa	282 667	139 778	142 889	90 573	211 412	2.90
Río Bravo	94 009	46 935	47 074	27 405	83 522	1.18
Matamoros	303 293	148 249	155 044	105 127	238 840	2.39

Fuente: DEE, El Colegio de la Frontera Norte. Cálculos propios en base a INEGI, XI Censo de Población y Vivienda 1980 y1990 .

Cuadro 3. Índices de pobreza

Entidad federativa y Municipios	*Índice de Pobreza (1 S.M.)*	*Índice de Pobreza (2 S.M.)*	*Índices de Pobreza = 1 S.M.*				*Coeficiente de Gini*
			Línea de Pobreza		*Línea de Pobreza = 2 S.M.*		
			Prop. de Personas Pobres	*Brecha de Pobreza*	*Prop. de Personas Pobres*	*Brecha de Pobreza*	
Estados Unidos Mexicanos	11.9	19.9	26.9	15.6	64.0	30.6	0.4631
Baja California	4.1	8.3	9.6	5.7	40.6	15.6	0.3951
Tijuana	3.6	7.1	7.7	4.9	34.9	13.2	0.3852
Tecate	4.1	8.4	9.4	5.6	43.6	16.2	0.3828
Mexicali	4.4	9.3	11.1	6.3	44.5	17.3	0.4032
Sonora	4.3	9.8	12.0	6.2	53.4	19.5	0.4006
San Luis Río Colorado	3.5	7.9	9.4	5.0	43.7	15.8	0.3990
Puerto Peñasco	3.2	8.5	11.3	5.0	47.5	17.4	0.3753
Gral. Plutarco Elías Calles	7.9	12.3	13.8	9.7	46.2	19.9	0.4101
Caborca	3.6	9.0	9.9	5.2	58.0	19.6	0.3753
Altar	2.9	7.4	6.9	3.8	55.0	17.4	0.3475
Sáric	5.4	10.6	13.9	7.5	46.6	18.9	0.3748
Nogales	2.8	7.8	8.9	4.3	51.7	17.4	0.3771
Santa Cruz	6.8	12.9	13.4	8.3	73.3	25.8	0.3272
Cananea	2.5	6.6	8.5	4.0	37.0	13.5	0.3486
Naco	3.2	9.1	10.6	5.0	60.3	20.2	0.3647
Agua Prieta	3.7	9.6	12.9	5.8	53.4	19.5	0.3800
Chihuahua	8.5	13.5	15.0	10.3	53.7	22.4	0.4309
Janos	27.2	33.7	39.1	30.0	72.2	42.9	0.5478
Ascensión	7.0	11.7	12.7	8.7	50.6	20.2	0.3893
Juárez	3.2	7.0	6.5	4.2	45.7	15.2	0.3890
Praxedis G. Gerrero	4.5	10.6	11.5	6.3	66.6	22.7	0.3349
Guadalupe	5.4	9.8	9.3	6.5	55.2	19.4	0.3736
Ojinaga	11.9	18.7	23.1	14.6	63.2	29.0	0.4481
Manuel Benavides	48.7	53.7	58.0	51.3	80.2	60.2	0.6979
Coahuila	5.8	13.2	18.5	8.8	61.5	24.5	0.4101
Ocampo	11.1	22.4	35.3	16.4	76.8	36.2	0.4216
Acuña	3.2	8.6	8.2	4.5	63.4	20.3	0.3554
Jiménez	18.0	26.3	32.2	21.5	79.5	38.7	0.4228
Piedras Negras	3.7	10.2	14.2	6.1	56.0	20.7	0.3973
Nava	3.4	9.3	10.6	5.1	62.0	20.8	0.3328
Guerrero	13.8	21.3	26.0	16.6	74.4	33.5	0.4211
Hidalgo	5.3	15.6	24.6	9.6	78.0	30.4	0.3290
Nuevo León	5.0	11.7	15.8	7.5	59.4	22.6	0.4239
Anahuac	8.0	17.2	26.0	12.0	68.5	29.6	0.4250
Tamaulipas	7.6	15.9	23.4	11.4	61.9	27.1	0.4202
Nuevo Laredo	4.0	11.8	18.1	7.2	59.5	23.1	0.3983
Guerrero	4.6	12.6	19.9	8.1	52.8	22.7	0.3948
Mier	11.2	19.4	26.9	15.0	63.8	30.2	0.4216
Miguel Alemán	6.2	14.0	21.0	9.6	59.3	24.9	0.4075
Camargo	7.7	16.8	25.3	11.7	67.0	29.0	0.4084
Gustavo Díaz Ordaz	7.6	17.4	27.3	12.0	70.5	30.5	0.3976
Reynosa	4.6	11.7	16.3	7.3	58.9	22.6	0.3892
Río Bravo	6.1	14.7	21.7	9.7	67.9	27.3	0.3854
Matamoros	4.4	9.8	11.8	6.3	51.8	19.2	0.3617

Fuente: DEE, El Colegio de la Frontera. Cálculos propios en base a INEGI, XI Censo General de Población y Vivienda 1990.

Cuadro 4. Índice de Desarrollo Humano

Entidad federativa y Municipios	Ingreso Medio Diario	Ingreso Medio Anual	Coeficiente de Gini	Utilidad del Ingreso	Utilidad del Ingreso Ajustado Coef. Gini	Utilidad del Ingreso Ajustado Coef. Gini	Tasa de Alfabetismo Pob. 25+	Promedio de Años de Estudio	Variable Educativa	Cobertura de la Salud Pública	Indices de Privación en:			Indice de Desarrollo Humano Ajustado
											Ingreso	Educación	Salud	
Baja California	117.83	43 007.95	0.40	10 832.50	557 802.04	6 552.62	93.56	6.84	64.65	77.96	0.18	0.29	0.29	0.75
Tijuana	131.00	47 815.00	0.39	10 833.40	566 972.23	6 660.42	94.14	6.84	65.04	76.19	0.15	0.26	0.32	0.76
Tecate	104.50	38 142.50	0.38	10 832.46	569 149.13	6 686.02	92.55	6.38	63.83	70.93	0.15	0.38	0.41	0.69
Mexicali	110.00	40 150.00	0.40	10 833.00	550 336.82	6 465.29	93.49	6.91	64.63	81.01	0.20	0.30	0.23	0.76
Sonora	84.55	30 859.08	0.40	9 743.12	552 745.13	5 840.49	92.24	6.45	63.64	79.76	0.19	0.40	0.26	0.72
San Luis Río Colorado	100.92	36 835.70	0.40	9 743.50	554 243.93	5 856.33	92.48	5.97	63.64	80.71	0.19	0.40	0.24	0.73
Puerto Peñasco	78.94	28 812.54	0.38	9 742.23	576 002.42	6 086.24	94.56	6.11	63.08	81.89	0.13	0.25	0.22	0.80
Gral. Plutarco Elías Calles	78.06	28 492.38	0.41	9 742.20	543 845.99	5 746.46	90.96	5.61	62.51	56.53	0.22	0.51	0.67	0.53
Caborca	81.30	29 676.22	0.38	9 742.90	575 999.04	6 086.20	90.49	5.73	62.24	74.76	0.13	0.54	0.34	0.66
Altar	76.05	27 758.67	0.35	9 742.11	601 564.69	6 356.34	89.64	4.96	61.41	56.74	0.05	0.62	0.67	0.55
Sáric	77.98	28 461.89	0.37	9 742.19	576 417.93	6 090.63	89.69	4.67	61.35	66.14	0.13	0.62	0.50	0.58
Nogales	100.96	36 850.96	0.38	9 743.50	574 424.95	6 069.57	96.16	7.21	66.51	84.46	0.13	0.11	0.17	0.86
Santa Cruz	57.64	21 037.91	0.33	9 740.88	620 209.43	6 553.34	95.11	5.18	65.13	76.33	0.00	0.25	0.32	0.81
Cananea	83.56	30 500.32	0.35	9 743.07	600 608.78	6 346.24	97.58	7.61	67.59	94.08	0.06	0.00	0.00	0.98
Naco	70.23	25 633.26	0.36	9 741.84	585 699.73	6 188.70	95.20	5.30	65.23	79.21	0.10	0.24	0.26	0.80
Agua Prieta	84.44	30 821.30	0.38	9 743.11	571 673.60	6 040.50	95.37	6.35	65.70	83.16	0.14	0.19	0.19	0.83
Chihuahua	83.82	30 593.41	0.43	9 743.08	524 738.62	5 544.57	91.95	6.03	63.31	77.26	0.28	0.43	0.30	0.67
Janos	54.15	19 763.35	0.55	9 740.18	416 874.52	4 404.84	93.76	4.53	64.02	37.93	0.59	0.36	1.00	0.35
Ascensión	76.07	27 763.76	0.39	9 742.12	563 056.18	5 949.44	92.09	4.51	62.90	54.30	0.16	0.47	0.71	0.55
Juárez	108.50	39 601.71	0.39	9 744.07	563 451.85	5 953.62	95.18	6.62	65.66	82.76	0.16	0.19	0.20	0.81
Praxedis G. Guerrero	65.61	23 948.47	0.33	9 741.57	613 169.08	6 478.95	90.59	4.22	61.80	48.85	0.02	0.58	0.81	0.53
Guadalupe	76.28	27 841.80	0.37	9 742.12	577 565.39	6 102.75	90.27	4.27	61.60	50.04	0.12	0.60	0.78	0.50
Ojinaga	55.70	20 332.09	0.45	9 740.58	508 737.97	5 375.50	91.42	5.06	62.63	76.60	0.32	0.50	0.31	0.62
Manuel Benavides	26.21	9 565.87	0.70	9 565.87	273 518.02	2 890.08	86.44	3.41	58.76	52.65	1.00	0.88	0.74	0.13
Coahuila de Zaragoza	71.10	25 953.26	0.41	9 741.89	543 831.52	5 746.31	92.54	6.35	63.81	80.70	0.22	0.38	0.24	0.72
Ocampo	54.36	19 839.86	0.42	9 740.25	533 184.65	5 633.81	84.51	3.79	57.60	46.60	0.25	1.00	0.85	0.30
Acuña	87.85	32 064.36	0.36	9 743.24	594 397.08	6 280.60	92.86	5.87	63.86	71.86	0.07	0.37	0.40	0.72
Jiménez	52.53	19 175.23	0.42	9 738.91	532 042.91	5 621.75	90.00	3.76	61.25	42.53	0.25	0.63	0.92	0.40
Piedras Negras	85.79	31 314.95	0.40	9 743.17	555 748.84	5 872.23	94.02	6.60	64.88	83.91	0.19	0.27	0.18	0.79
Nava	68.12	24 864.12	0.33	9 741.73	615 097.04	6 499.32	92.98	5.41	63.79	64.78	0.01	0.38	0.52	0.69
Guerrero	54.66	19 949.58	0.42	9 740.34	533 635.36	5 638.57	89.12	4.15	60.80	48.12	0.25	0.68	0.82	0.42
Hidalgo	58.27	21 270.09	0.33	9 740.95	618 614.03	6 536.49	88.11	3.80	60.01	41.18	0.00	0.76	0.94	0.43
Nuevo León	86.24	31 476.01	0.42	9 743.18	531 256.89	5 613.44	93.45	6.96	64.62	87.77	0.26	0.30	0.11	0.78
Anáhuac	65.26	23 820.22	0.42	9 741.55	530 118.04	5 601.41	90.43	5.18	62.01	60.21	0.26	0.56	0.60	0.53
Tamaulipas	67.53	24 647.91	0.42	9 741.69	534 517.94	5 647.90	90.62	6.06	62.43	72.53	0.25	0.52	0.38	0.62
Nuevo Laredo	76.12	27 785.51	0.40	9 742.12	554 784.39	5 862.04	93.33	6.58	64.41	85.48	0.19	0.32	0.15	0.78
Guerrero	60.76	22 178.96	0.39	9 741.21	557 898.34	5 894.94	91.05	5.51	62.54	65.44	0.18	0.51	0.51	0.60
Mier	50.42	18 404.31	0.42	9 738.08	533 058.92	5 632.48	92.27	5.59	63.38	67.57	0.25	0.42	0.47	0.62
Miguel Alemán	67.80	24 746.28	0.41	9 741.71	546 262.27	5 771.99	92.56	5.85	63.66	77.96	0.21	0.39	0.29	0.70
Camargo	60.07	21 923.94	0.41	9 741.14	545 393.47	5 762.81	88.83	4.87	60.84	67.28	0.22	0.68	0.48	0.54
Gustavo Díaz Ordaz	54.56	19 914.32	0.40	9 740.32	555 343.93	5 867.95	88.91	5.11	60.98	56.35	0.19	0.66	0.67	0.49
Reynosa	76.28	27 842.30	0.39	9 742.12	563 170.00	5 950.65	91.82	6.25	63.30	76.78	0.16	0.43	0.31	0.70
Río Bravo	60.60	22 120.21	0.39	9 741.19	566 585.38	5 986.73	88.30	5.08	60.56	60.51	0.15	0.70	0.60	0.51
Matamoros	85.95	31 369.96	0.36	9 743.17	588 572.47	6 219.06	92.07	6.32	63.49	72.47	0.09	0.41	0.38	0.70
Estados Unidos Mexicanos	63.26	23 089.90	0.46	9 741.05	494 943.76	5 229.55	83.27	5.55	57.36	80.22	0.36	1.02	0.25	0.46

Fuente: DEE. El Colegio de la Frontera Norte. Cálculos propios en base a INEGI. XI Censo General de Población y Vivienda 1990, Secretaría de Salud y Fondo de Naciones Unidas para la Infancia (Unicef). Bases de Información para la Salud Cifras Municipales, 1994.

Cuadro 5 (Parte 1). Variables poblacionales

	Población total	*Población masculina*	*Población femenina*	*Población masculina de 12 años y más*	*Población femenina de 12 años y mas*	*Población nacida en la entidad*	*Población nacida fuera de la entidad*	*Población económicamente activa*	*Población económicamente inactiva*	*Población desocupada*	*Población de 12 años y más económicamente inactiva que es estudiante*
BAJA CALIFORNIA											
Mexicali	764 602	384 270	380 332	265 353	265 118	461 740	255 449	287 208	239 122	2 324	56 740
Tecate	77 795	39 624	38 171	25 242	24 424	33 691	36 124	27 078	22 121	295	4 893
Tijuana	1 210 820	610 751	600 069	398 542	394 570	481 138	615 689	450 608	335 134	4 269	70 579
Suma	2 053 217	1 034 645	1 018 572	689 137	684 112	976 569	907 262	764 894	596 377	6 888	132 212
SONORA											
Caborca	69 516	35 278	34 238	25 639	24 835	53 202	15 784	27 534	22 694	168	6 058
Cananea	32 061	16 063	15 998	11 572	11 760	28 538	3 297	11 261	12 016	182	3 228
Naco	5 370	2 697	5 673	1 850	1 848	4 413	900	1 791	1 842	12	384
Nogales	159 787	81 421	78 366	57 637	55 627	112 744	45 691	65 133	47 221	630	10 154
Puerto Pe□asco	31 157	15 816	15 341	11 303	11 110	20 818	9 859	11 631	10 477	76	2 429
San Luis Río Colorado	145 006	72 864	72 142	51 525	51 794	84 280	59 413	54 982	47 775	557	11 224
Agua Prieta	61 944	31 437	30 507	21 880	21 444	45 956	15 481	23 353	19 788	209	4 059
Altar	7 253	3 731	3 522	2 675	2 501	6 180	983	2 551	2 534	25	407
Suma	512 094	259 307	255 787	184 081	180 919	356 131	151 408	198 236	164 347	1 859	37 943
TAMAULIPAS											
Guerrero	4 366	2 279	2 087	1 659	1 495	2 680	1 594	1 625	1 527	7	258
Gustavo Díaz Ordaz	16 246	8 167	8 079	6 026	5 976	11 511	4 494	5 964	6 017	82	1 242
Matamoros	418 141	206 259	211 882	144 991	153 070	297 309	115 730	165 214	130 833	1 934	28 697
Mier	6 788	3 439	3 349	2 531	2 456	4 500	2 165	2 519	2 462	34	411
Miguel Alemán	25 704	13 045	12 659	9 457	9 109	16 138	9 247	10 009	8 519	134	1 912
Nuevo Laredo	310 915	155 066	155 849	110 092	112 663	184 385	122 385	116 674	104 322	1 005	21 618
Reynosa	420 463	208 769	211 694	149 866	154 879	258 317	156 505	168 926	133 905	1 788	30 124
Río Bravo	104 229	52 077	52 152	37 011	37 843	78 433	24 554	37 291	37 111	654	8 017
Valle hermoso	58 573	28 904	29 669	20 798	21 788	48 107	9 921	20 796	21 662	175	4 627
Santa Cruz	1 628	857	771	601	542	1 516	96	506	637	0	112
Sáric	2 257	1 231	1 026	870	736	2 054	167	775	819	12	99
Gral. Plutarco Elías Calles	11 278	5 781	5 497	4 052	3 833	7 027	4 080	3 845	3 997	51	856
Camargo	16 787	8 545	8 242	6 236	6 044	11 353	5 130	6 202	6 053	78	990
Suma	1 397 375	694 419	2 091 794	494 190	510 434	1 004 624	456 068	540 346	996 414	5 954	98 963
CHIHUAHUA											
Ascensión	21 939	11 213	10 726	7 649	7 303	17 027	4 573	6 901	7 918	69	1 301
Guadalupe	10 032	5 144	4 888	3 564	3 435	7 187	2 705	3 648	3 333	41	522
Janos	10 214	5 300	4 914	3 629	3 357	9 348	764	3 488	3 469	30	510
Juárez	1 218 817	612 799	606 018	414 044	413 226	717 819	421 401	483 469	338 153	3 698	72 902
Manuel Benavides	1 746	938	808	716	582	1 564	132	613	683	5	70
Ojinaga	24 307	12 329	11 978	9 068	8 796	21 098	2 787	8 599	9 203	140	1 609
Praxedis G. Guerrero	8 905	4 588	4 317	3 223	3 032	7 139	1 613	3 141	3 090	50	445
Suma	1 295 960	652 311	643 649	441 893	439 731	781 182	433 975	509 859	365 849	4 033	77 359
COAHUILA											
Guerrero	2 050	1 119	931	813	655	1 757	204	744	723	5	107
Hidalgo	1 441	753	688	554	460	700	696	461	551	5	88
Jiménez	9 724	4 954	4 770	3 495	3 362	8 778	816	3 324	3 521	13	511
Nava	23 019	11 741	11 278	7 975	7 660	19 719	3 072	7 658	7 929	65	1 989
Ocampo	12 053	6 355	5 698	4 409	3 786	10 138	1 497	3 563	4 456	36	1 005
Piedras Negras	128 130	63 587	64 543	43 943	45 329	102 601	22 444	46 527	42 036	517	9 426
Acu□a	110 487	56 567	53 920	39 138	37 408	81 819	26 615	45 662	30 487	448	6 192
Suma	286 904	145 076	141 828	100 327	98 660	225 512	55 344	107 939	89 703	1 089	19 318
NUEVO LEÓN											
Anáhuac	18 524	9 328	9 196	6 589	6 534	11 418	6 580	6 402	6 683	56	1 350

Cuadro 5 (Parte 2).

	Población de 12 años y más económicamente inactiva que se dedica a los quehaceres del hogar	*Población ocupada en el sector secundario*	*Población ocupada en el sector terciario*	*Población ocupada por cuenta propia*	*Población ocupada que no recibe ingreso por trabajo*	*Población ocupada que recibe menos de un salario mínimo mensual de ingreso por trabajo*	*Población ocupada que recibe 1 y hasta 2 salarios mínimos mensuales de ingreso por trabajo*	*Población ocupada con más de 2 y hasta 5 salarios mínimos mensuales de ingreso por trabajo*	*Población ocupada que recibe más de 5 salarios mínimos mensuales de ingreso por trabajo*
BAJA CALIFORNIA									
Mexicali	78 709	94 996	144 247	37 649	3 406	8 336	51 847	135 943	63 641
Tecate	8 715	13 127	11 253	3 782	341	741	5 874	12 944	5 035
Tijuana	115 589	181 763	234 478	62 705	4 470	10 445	67 248	226 982	106 748
Suma	203 013	289 886	389 978	104 136	8 417	19 522	124 969	375 869	175 424
SONORA									
Caborca	10 056	4 566	12 072	4 402	471	1 284	9 100	12 439	2 799
Cananea	5 764	4 801	5 574	1 970	211	696	2 900	4 976	1 843
Naco	807	742	812	386	11	48	629	686	229
Nogales	15 970	32 860	28 068	8 018	522	2 196	15 318	30 582	11 027
Puerto Peñasco	4 123	2 994	6 839	2 135	160	322	3 352	4 923	1 670
San Luis Río Colorado	19 592	16 843	25 280	7 776	851	2 641	16 527	20 083	11 168
Agua Prieta	7 839	10 182	11 266	3 785	301	785	8 243	9 181	3 343
Altar	977	376	1 057	448	70	84	826	1 147	185
Suma	65 128	73 364	90 968	28 920	2 397	8 056	56 895	84 017	32 264
TAMAULIPAS									
Guerrero	743	373	725	371	73	121	661	472	214
Gustavo Díaz Ordaz	3 091	2 200	2 713	933	272	535	2 707	1 494	578
Matamoros	50 991	79 245	73 352	22 478	2 531	7 630	51 660	71 202	20 878
Mier	1 170	709	1 359	498	64	180	969	844	297
Miguel Alemán	4 343	2 722	6 062	1 940	230	745	3 443	3 479	1 415
Nuevo Laredo	43 540	38 020	70 580	17 088	1 807	4 897	36 977	43 754	19 796
Reynosa	57 981	80 469	77 575	22 704	2 670	6 591	65 353	56 875	25 288
Río Bravo	17 967	13 664	17 740	5 849	1 353	2 622	16 501	10 400	3 731
Valle hermoso	10 183	7 708	9 591	3 444	738	1 519	9 276	5 671	2 083
Santa Cruz	366	125	130	191	56	36	205	151	34
Sáric	438	136	219	274	115	68	222	225	66
Gral. Plutarco Elías Calles	1 581	829	2 425	787	85	216	1 358	1 394	476
Camargo	2 934	2 519	2 596	1 133	198	445	2 486	2 157	575
Suma	195 328	228 719	265 067	77 690	10 192	25 605	191 818	198 118	75 431
CHIHUAHUA									
Ascensión	3 590	2 269	2 488	1 225	386	235	2 226	2 751	737
Guadalupe	1 625	1 828	1 050	488	74	166	1 791	1 051	361
Janos	2 012	682	895	1 116	691	227	1 006	1 127	275
Juárez	125 048	254 882	203 798	53 638	5 402	11 496	174 333	180 409	77 830
Manuel Benavides	325	77	184	270	144	68	188	107	33
Ojinaga	4 018	2 402	4 292	1 806	570	375	2 373	3 239	1 204
Praxedis G. Guerrero	1 246	1 589	800	407	45	142	1 738	788	212
Suma	137 864	263 729	213 507	58 950	7 312	12 709	183 655	18 9472	80 652
COAHUILA									
Guerrero	394	188	179	93	55	60	271	246	68
Hidalgo	284	97	192	56	9	30	161	217	20
Jiménez	1 850	1 846	595	511	417	137	952	1 527	185
Nava	3 918	4 668	2 252	737	133	275	1 826	4 155	975
Ocampo	2 384	1 690	1 011	940	199	379	1 071	1 354	413
Piedras Negras	16 930	21 497	22 284	5 725	565	1 590	8 608	23 247	9 003
Acuña	13 653	27 295	16 200	4 138	548	953	12 321	23 494	5 180
Suma	39 413	57 281	42 713	12 200	1 926	3 424	25 210	54 240	15 844
NUEVO LEON									
Anáhuac	3 330	2 237	2 503	1 121	184	432	2 591	1 964	794

Fuente: DEE. El Colegio de la Frontera Norte. Cálculos propios en base a INEGI. XI Censo General de Población y Vivienda 2000.

Cuadro 6. Actividades económicas por estado

Entidad federativa	*Descripción*	*Porcentaje a nivel frontera*
Baja California	Industria manufacturera incluyendo los establecimientos maquiladores	36.00%
	Comercio	35.22%
	Transporte y comunicaciones	33.37%
Coahuila	Industria manufacturera incluyendo los establecimientos maquiladores	4.27%
	Comercio	4.75%
	Transporte y comunicaciones	3.84%
Chihuahua	Industria manufacturera incluyendo los establecimientos maquiladores	22.60%
	Comercio	20.51%
	Transporte y comunicaciones	15.17%
Nuevo León	Industria manufacturera incluyendo los establecimientos maquiladores	0.37%
	Comercio	0.43%
	Transporte y comunicaciones	0.00%
Tampico	Industria manufacturera incluyendo los establecimientos maquiladores	24.71%
	Comercio	28.75%
	Transporte y comunicaciones	29.03%
Sonora	Industria manufacturera incluyendo los establecimientos maquiladores	12.02%
	Comercio	10.32%
	Transporte y comunicaciones	18.56%

Fuente: Censo Económico 2000.

DESIGUALDAD Y POBREZA EN LOS ESTADOS FRONTERIZOS DEL NORTE DE MÉXICO

Juan Noyola

Antecedentes

Uno de los temas más polémicos en México es quizás el relacionado a la distribución de los ingresos. La razón es que éste no sólo implica el análisis de la distribución misma, sino también la resultante concentración que afecta el nivel de vida de las familias y los individuos de una comunidad determinada. Este trabajo examina la desigualdad de los ingresos familiares y la pobreza en la región norte de México, específicamente en los estados fronterizos colindantes con Estados Unidos, en el contexto de las de una marcada desigualdad de los ingresos. Consideramos tres preguntas: 1. ¿Qué cambios en la distribución de los ingresos familiares han ocurrido en la región y en el país en la segunda mitad de la década de los años 90? 2. ¿Cuál es el grado de la desigualdad en los estados fronterizos comparada con el resto de México?, y 3. ¿Cómo la desigualdad ha impactado los niveles de pobreza si consideramos la relación entre ingresos y gastos familiares en la región en cuestión?

Utilizamos datos oficiales de tres encuestas nacionales (ENIGH), del INEGI de los años 1996, 1998 y 2000. Con dicha información desarrollamos varias medidas de distribución para contestar las preguntas que señalamos arriba. Entre las conclusiones alcanzadas encontramos que: 1. La desigualdad de los ingresos en los estados fronterizos del norte de México, aunque altamente inequitativa, en general es ligeramente más baja que en el resto de la nación, con excepción del año 2000, en donde se observa en general un aumento considerable de la desigualdad en todo el país y un aumento de la desigualdad mayor en los estados fronterizos; 2. No ha habido mejorías en la desigualdad de ingresos en los estados fronterizos del norte de México en la segunda mitad de la década de los años 90; además, el ingreso está altamente concentrado en el 30% más alto de la distribución, que se ha incrementado notablemente en 1998 y 2000, mostrando una concentración de tres cuartas partes del ingreso total; y 3. Los resultados revelaron elevados niveles de pobreza, entre las familias que se encuentran en los deciles más bajos de la distribución del ingreso familiar y consecuentemente una muy baja posición en la estructura de la distribución de los ingresos y gastos familiares durante los años 90.

La distribución del ingreso afecta casi cada etapa de la vida útil. La demanda por bienes y servicios (públicos y privados), las alternativas individuales de consumo, los precios y los impuestos pagados, oportunidades de inversión y empleo, y la tasa de crecimiento económico son sólo algunos ejemplos de las variables económicas que están condicionadas por la distribución de los ingresos; obviamente esta distribución también impacta los procesos políticos y sociales.

Las tendencias nacionales hacia una mayor desigualdad en los ingresos familiares en la frontera de Estados Unidos y México en las dos últimas décadas nos brindan el contexto para el presente trabajo. Específicamente, atendemos a las tres preguntas formuladas arriba, con respecto a la distribución de los ingresos y gastos familiares en la zona norte de nuestro país.

Las preguntas son más complejas de lo que parecen a primera vista. La desigualdad de los ingresos se puede medir de diferentes maneras (variación en los ingresos medios, cuartiles, Coeficiente de Gini, etcétera) usando diferentes unidades de análisis, tales como familias, hogares o individuos. La medición de los cambios en la distribución de ingresos a través del tiempo trae dificultades adicionales. Durante un período sustancial ha habido un cambio en los métodos de recolección de datos y conceptos de ingresos. Medidas de la distribución de ingresos que quizá se juzguen adecuadas para propósitos de análisis de sección cruzada, no pueden serlo para comparaciones de series de tiempo. No existe consenso general de cómo tratar estas dificultades (Peach, 1985). En este estudio, hemos elegido dos medidas comúnmente usadas, los ingresos medios y el Coeficiente de Gini, para examinar la distribución de los ingresos en los estados fronterizos del norte de México y de la nación en su conjunto.

Aquí nos referimos al término *distribución de los ingresos* con relación al tamaño de los ingresos familiares. La región estudiada incluye los seis estados que comparten frontera con Estados Unidos. Para tal propósito recurrimos a los datos de tres aplicaciones de la Encuesta Nacional de Ingresos y Gastos de los Hogares (ENIGH); sin embargo, los datos no pueden ser desagregados a nivel de las ciudades. Por tal motivo, no contamos con información específica sobre ingresos familiares para las ciudades fronterizas, lo que nos brindaría una imagen más clara de la región en cuestión.

El trabajo está organizado de la siguiente manera: en primer lugar, se discuten las fuentes y las limitaciones de los datos, seguido por una explicación de las medidas de distribución de los ingresos y gastos usada en las partes restantes del estudio. Posteriormente, examinamos las tendencias recientes en la distribución de los ingresos en el país. Culminamos, haciendo un análisis de la distribución familiar del ingreso y gasto familiar para la zona de interés y el impacto en los niveles de pobreza de la población en cuestión.

Los datos y sus limitaciones

Los datos de tres ENIGH (1996, 1998 y 2000) son la base para la mayor parte del análisis. Es necesario aclarar ciertas limitaciones de los datos de las ENIGH para este estudio. Por un lado, de las ENIGH se obtienen datos sobre los ingresos y gastos en base a una muestra. Las muestras, sin embargo, aunque son representativas a escala nacional, no lo son para todas las entidades. Por otro lado, los datos de los ingresos y gastos se refieren al trimestre o semestre anterior al levantamiento de la encuesta, mientras otros datos se refieren a las características de la familia en el día del levantamiento de la encuesta. Así que, pueden ocurrir errores cuando se usan datos de las muestras para calcular los ingresos o gastos por habitante, entre otros.

Por otra parte, la definición de ingresos de la ENIGH incluye las siguientes fuentes de ingresos: el dinero recibido de la venta de la propiedad; el valor de los ingresos de diversas fuentes tales como subsidios, servicios médicos, contribuciones de empleado para pensiones, etcétera; dinero obtenido en préstamo; devoluciones de impuestos; el intercambio de dinero entre parientes en la misma casa; obsequios y herencias recibidas, los pagos del seguro, y otros tipos de dinero recibido. Estos flujos de ingreso son difíciles de estimar.

Por razones obvias, los ingresos de actividades ilegales no son incluidos implícitamente en la definición de ingresos. Aunque estas exclusiones quizás afecten las medidas de la desigualdad, y puedan producir diferencias entre la región considerada y el resto de la nación, no hay método práctico para estimar su impacto.

Finalmente, hay 25 categorías de ingresos en 1996; 37 en 1998 y 48 en el año 2000. Las medidas de la distribución, tal como el Coeficiente de Gini, son sensibles al número y el tamaño de categorías y por tanto pueden verse afectadas. Los cambios en las categorías de ingresos reflejan el crecimiento en los ingresos reales así como también la inflación. Desgraciadamente, no hay un método lo suficientemente sensible para ajustar los datos agrupados, ni un índice de precios disponible para cada estado y ciudad fronteriza.

A pesar de estas limitaciones, los datos de la ENIGH proporcionan las medidas más comprensivas de la distribución de los ingresos disponible. Adicionalmente, los datos son generalmente consistentes con otras fuentes de datos, tales como las que se derivan de los archivos del IMSS y otras encuestas locales.

Las medidas de la distribución de los ingresos

No existe la medida ideal de la distribución de los ingresos. El principal problema es que las medidas alternativas de la distribución de ingresos miden diferentes aspectos de la distribución y, consecuentemente, puede conducir a obtener diferentes grados de la desigualdad. Las dificultades adicionales surgen debido a diferencias en el cálculo de algoritmos y problemas de cálculo asociados con el uso de datos agrupados (Levy y Mumane, 1992; Peach, 1985; Kakwani, 1980; Atkinson, 1976). En el presente trabajo se utilizan las siguientes medidas de la distribución de los ingresos: 1. El Coeficiente de Gini; y 2. Los ingresos medios. Se han escogido estas medidas porque son ampliamente usadas, fáciles de entender y relativamente fáciles de calcular.

Mientras que el Coeficiente de Gini ha sido objeto de mucha crítica, permanece como la medida de la distribución de los ingresos más comúnmente usada. El Coeficiente de Gini se puede definir como:

$$G = 2 / (N - 1) \sum i\, Yi - (N + 1) / (N - 1)$$

Siendo G el Coeficiente de Gini y Yi es la participación del ingreso de la i -ésima familia. Si todas las familias tienen el mismo nivel de ingreso, Yi sería igual para todas las familias e igual a 1 / N, donde N representa el número de observaciones. Así, G sería igual a cero (0). Por el contrario, si una sola familia posee todo el ingreso y el resto de las familias no poseyeran nada, entonces G tomaría el valor de uno (1).

El Coeficiente de Gini ofrece la ventaja de describir lo que está sucediendo en todos los niveles de la distribución de los ingresos. Por tanto, este índice no está limitado al decil más alto y podemos observar lo que sucede a todo el espectro de familias. Así, este Coeficiente de Gini es una medida frecuentemente usada para indicar el grado de desigualdad o igualdad en la distribución de los ingresos.

Gastwirth (1972) discute varias dificultades que surgen al calcular el Coeficiente de Gini. Cuando realizó cálculos del coeficiente para datos agrupados, el factor principal que afecta la precisión en el cálculo de este Coeficiente de Gini es el número de categorías. Kakwani (1980) comenta que 10 grupos son suficientes para asegurar la mínima distorsión al calcular el Coeficiente de Gini debido al error de aproximación. El número mínimo de categorías usadas en este estudio es 25.

Las tendencias recientes en la desigualdad en México

En la década de los noventa hubo una marcada desigualdad en la distribución de los ingresos familiares en México (Boltvinik y Hernández Laos, 1999; Lustig y Székely, 1999; y Székely, 1998). Esta inequidad se manifestó de manera más acentuada para el año 2000. El Coeficiente de Gini en los años 92, 94 y 96 para ingresos familiares permaneció alrededor de 0.56 Esto significó que el 30% más alto concentra más de 67% del ingreso total. Mientras que el 30% más bajo sólo obtiene alrededor de 7%. Otras medidas de la distribución de los ingresos, como el Índice de Theil, el de Atkinson y el de Pareto, entre otros, dicen esencialmente lo mismo (García Rocha, 1986). Por tanto, no importa cómo se mida la distribución de los ingresos, la tendencia en México en años recientes muestra una gran desigualdad.

Sin embargo, para 1998 y 2000 se observó en México de manera general, un incremento en la desigualdad de los ingresos familiares. Esos años muestran un Coeficiente de Gini de 0.64 y 0.67, respectivamente. Esto se tradujo en una alta concentración de los ingresos en 30% más alto, alcanzando a concentrar alrededor de 75% del ingreso total. Mientras que el 30% más bajo sólo alcanzó 4% de los ingresos familiares totales en 1998 y el 2% en el año 2000.

Hay una variedad de explicaciones para la tendencia nacional hacia la desigualdad (Lustig, 1993; Boltvinik, 1992; Levy, 1992, entre otros). Primero, los cambios en la estructura del empleo han tenido como resultado una pérdida de trabajos de sueldo alto y un aumento en trabajos de sueldo bajo, esto es lo que en general se puede observar en la industria maquiladora. Por ejemplo, entre 1994 y 1995, México perdió 1.1 millones de empleos, específicamente en el sector manufacturero, un sector tradicionalmente conocido por sus altos sueldos. Además, a partir del año 2000 y particularmente durante el reciente período recesivo que le siguió, el país experimentó una pérdida de empleos, igualmente significativa a la de mediados de la década pasada. Adicionalmente, la tasa de desempleo del país, durante los años noventa, promedió 3.7%, alcanzando su pico en 1995 con 6.2%. En todos los años de esa década se observa que la tasa de desempleo era mayor para las mujeres.

La marcada presencia de una población mayoritariamente de jóvenes en la distribución de la población por edades y una tendencia hacia la incorporación de las mujeres al mercado de trabajo formal durante 1980 y 1990 sugieren que un incremento en la proporción de la fuerza laboral era joven y, consecuentemente, con menos experiencia, lo que implica generalmente sueldos más bajos. Lo anterior ha traído como consecuencia un aumento en la proporción de la fuerza laboral con menos años de experiencia de trabajo. Este escenario apunta hacia una tendencia al aumento de la desigualdad, éste se confirma aún más cuando se mide la distribución de los ingresos sumando todos los ingresos recibidos por todos los miembros de las familias, puesto que muchos jóvenes y mujeres son miembros de múltiples familias.

Finalmente, la década de los noventa se caracterizó por ser un período con tasas de interés altas, y los intereses por ingresos altos se pueden considerar como una transferencia a grupos de ingresos en lo alto de la distribución.

Es de esperarse que algunas de las tendencias descritas no se puedan revertir en la presente década, con o sin política de intervención por parte del gobierno. Sobre todo, con la desaparición del régimen de la maquila y su incorporación a la estructura productiva y con la reiterada insistencia de buscar mayor flexibilidad del trabajo y de las leyes laborales. Esto podría generar un incremento de la tendencia a la inequidad observado durante los años noventa; aunque, por otra parte, las menores tasas de interés y un posible menor peso de las deudas de los consumidores y negocios podrían contribuir a una mayor equidad en la distribución de los ingresos en la presente década.

La distribución de ingresos en la frontera norte

Como ya mencionamos, la distribución del ingreso en México se encuentra altamente concentrada. La Tabla 1 muestra los ingresos medios por familia en 1996, 1998 y 2000 para los estados de la frontera norte de México; aquí se presenta la distribución por decil y es fácil advertir una muy alta y marcada concentración de los ingresos en el último decil y si sumamos los últimos tres deciles observamos que éstos concentran más del 67% de todos los ingresos para los años 1996 y 1998, y más del 80% para el año 2000, como se puede apreciar en los resultados de la tabla 3. Desgraciadamente, no existen estadísticas que nos permitan estimar el grado de concentración del ingreso para todas las ciudades de la frontera norte de México. Sin embargo, los datos que se muestran en la tabla 1 son consistentes con los de las muestras nacionales de la Encuesta Nacional de In-

Tabla 1. Ingreso medio familiar en los estados de la frontera norte a precios corrientes

Decil	*1996*	*1998*	*2000*
I	6 727.17	9 832.60	14 828.21
II	11 524.18	17 009.61	26 695.31
III	15 394.03	22 561.97	35 571.83
IV	19 072.09	28 480.80	44 724.29
V	23 498.39	34 890.80	55 387.61
VI	28 871.71	43 301.40	68 101.90
VII	35 915.92	53 023.60	86 443.30
VIII	46 500.19	69 858.61	120 296.07
IX	67 749.76	100 942.04	254 755.82
X	180 863.56	253 374.51	1 042 158.36
Total	436 116.99	633 275.94	1 748 962.69

Fuente: INEGI: ENIGH 1996, 1998 y 2000.

Tabla 2. Ingreso medio familiar en estados de la frontera norte a precios constantes (1994=100)

Decil	*1996*	*1998*	*2000*	*Tasa de Crecimiento* *1998/1996*	*2000/1998*
I	3 708.27	3 875.98	4 579.01	4.5	18.1
II	6 352.56	6 705.15	8 243.62	5.6	22.9
III	8 485.77	8 893.87	10 984.72	4.8	23.5
IV	10 513.25	11 227.06	13 811.04	6.8	23.0
V	12 953.19	13 753.86	17 103.92	6.2	24.4
VI	15 915.17	17 069.30	21 030.14	7.3	23.2
VII	19 798.20	20 901.76	26 694.04	5.6	27.7
VIII	25 632.65	27 538.08	37 147.91	7.4	34.9
IX	37 346.21	39 791.09	78 669.62	6.5	97.7
X	99 698.78	99 879.58	321 822.67	0.2	222.2

Fuente: INEGI: ENIGH 1996, 1998 y 2000.

Tabla 3. Distribución del ingreso familiar como proporción del ingreso total en los estados de la frontera norte

Decil	*1996*	*1998*	*2000*
I	1.5	1.6	0.8
II	2.6	2.7	1.5
III	3.5	3.6	2.0
IV	4.4	4.5	2.6
V	5.4	5.5	3.2
VI	6.6	6.8	3.9
VII	8.2	8.4	4.9
VIII	10.7	11.0	6.9
IX	15.5	15.9	14.6
X	41.5	40.0	59.6

Fuente: INEGI: ENIGH 1996, 1998 y 2000.

gresos y Gastos de los Hogares (ENIGH) para los años considerados. Lo anterior se puede constatar con los resultados presentados en la tabla 4. Aquí observamos los mismos patrones de concentración del ingreso familiar que se derivan de la ENIGH para los estados fronterizos. Es decir, que 30% más alto en la distribución concentra alrededor de 67% de todo el ingreso para los años 1992, 1994 y 1996. Sin embargo, para los años 1998

Tabla 4. Distribución del ingreso familiar como proporción del ingreso total por decil a escala nacional

Decil	*1992*	*1994*	*1996*	*1998*	*2000*
I	1.05	1.07	1.21	0.38	0.07
II	2.36	2.29	2.47	1.57	0.50
III	3.44	3.29	3.42	2.26	1.60
IV	4.43	4.29	4.4	3.53	3.29
V	5.57	5.39	5.5	4.43	4.77
VI	6.96	6.74	6.85	6.20	6.41
VII	8.8	8.47	8.57	7.19	8.34
VIII	11.46	11.16	11.19	11.18	11.18
IX	16.06	16.17	16.0	15.81	16.52
X	39.89	41.13	40.39	47.46	47.33

Fuente: *idem*, 1992, 1994, 1996, 1998 y 2000.

Tabla 5. Coeficiente de Gini total nacional y en estados de la frontera norte

	1992	*1994*	*1996*	*1998*	*2000*
Frontera Norte	0.55	0.55	0.54	0.54	0.72
Baja California	0.54	0.55	0.45	0.48	0.50
Sonora	0.51	0.50	0.51	0.55	0.73
Chihuahua	0.51	0.47	0.51	0.52	0.73
Coahuila	0.56	0.59	0.50	0.50	0.72
Nuevo León	0.56	0.53	0.50	0.54	0.78
Tamaulipas	0.53	0.48	0.74	0.64	0.72
Total Nacional	0.56	0.57	0.56	0.64	0.67

Fuente: *idem*, 1992, 1994, 1996, 1998 y 2000.

y 2000, la distribución del ingreso se polariza aún más, pues 30% más alto llega a concentrar tres cuartas partes del ingreso total.

Los resultados que aquí presentamos pueden diferir de otros estudios de distribución del ingreso. Por lo que hay que tomar en cuenta que el ingreso que aquí consideramos representa la suma de todos los ingresos que reciben cada uno de los miembros que habitan un hogar y eso es lo que definimos como ingreso familiar.

A pesar de la concordancia encontrada entre los datos nacionales y los datos para la región fronteriza, hay que mencionar que la muestra nacional sólo es representativa, al nivel de la proporción, para el estado de Coahuila. De ahí que haya que tomar con reserva los datos mostrados para el resto de la región. No obstante, es de esperarse que estudios estadísticamente representativos pudieran mostrar el mismo patrón de concentración del ingreso.

Lo anterior se desprende de nuestro análisis de los datos mostrados en la tabla 2, la cual presenta los ingresos medios de las familias por año en los estados contiguos a la frontera con Estados Unidos. Aquí encontramos que los ingresos reales (1994=100) de las familias no han variado significativamente durante la segunda mitad de la década de 1990; aunque hay dos estados, Baja California y Nuevo León, que muestran ingresos medios superiores al resto de la región. Sin embargo, si se comparan los datos para cada estado con las cifras de toda la región podemos observar que los ingresos medios del conjunto de éstos se concentran altamente en los deciles 9 y 10 de la distribución del ingreso.

Así tenemos que en 1996, de los seis estados contiguos a Estados Unidos, sólo Baja California tuvo ingresos medios por encima del valor promedio para el total de los deciles de la distribución de los ingresos mostrada en la tabla 6. En consecuencia, los demás estados fronterizos muestran resultados muy variados si los comparamos con la media para cada decil.

Los ingresos medios de los estados considerados durante 1998 y 2000, como una proporción de la cifra para cada decil de la distribución del ingreso para la región, muestran el comportamiento señalado arriba para Baja California y una mejora para el estado de Nuevo León para esos años en términos de su relación con los ingresos medios de la región. Para el resto de los estados, los ingresos medios mejoran entre 1996 y el año 2000, pero sin pasar, en general, el valor promedio para el decil considerado.

En general, los ingresos medios en la frontera han permanecido virtualmente iguales durante la década de los años noventa, por lo cual estos datos no presentan un panorama muy halagüeño para las familias de la frontera norte del país. Al contrario, comparados con los datos de la región, los beneficios que se han soslayado por diversas administraciones estatales y federales, la apertura de la economía mexicana ha producido efectos a nivel de generación de empleos, como es el caso de la maquila, pero hay que decirlo, empleos mal pagados si atendemos a las comparaciones que recién hemos hecho, que no han producido una mejora significativa en los niveles de ingreso y, consecuentemente, de los niveles de vida de las familias. La Tabla 2 muestra los ingresos medios familiares a precios constantes (1994=100) para la región fronteriza. Los datos muestran un crecimiento muy modesto de los ingresos medios para las familias, entre 1996 y 1998, de 5.5% en promedio regional, lo que representa un deterioro en el ingreso real. Sin embargo, entre 1998 y 2000, el ingreso medio familiar de la región fronteriza muestra una recuperación importante en términos de su tasa de crecimiento que alcanzó el promedio general de 52%. Aunque, hay que tomar en cuenta que el promedio de miembros por familia para la región es de 4 personas, eso nos deja ante un panorama de un ingreso per cápita de menos de 1 000 pesos mensuales, a precios corrientes, para cerca del 70% de toda la distribución del ingreso. Estos datos nos sugieren que quizás ése es el verdadero tamaño de la pobreza que experimenta la región y el país en general.

La Tabla 5 muestra los Coeficientes de Gini para los ingresos de los estados de la frontera norte de México considerados individualmente y por región y para el total nacional. Entre los años 1992, 1994, 1996, 1998 y 2000, el Coeficiente de Gini fue ligeramente más bajo para los estados fronterizos combinados que para todo el país. Con excepción del año 2000 que muestra una mayor inequidad en la distribución del ingreso familiar para la región fronteriza comparada con el coeficiente nacional.

Además, al calcular el Coeficiente de Gini para los estados de la frontera norte, Coahuila y Nuevo León tuvieron en 1992 un coeficiente igual al nacional. Mientras que el resto de los estados fronterizos mostraron al respecto valores por debajo de la cifra promedio. En ese mismo año, los estados que mostraron un menor Coeficiente de Gini fueron Sonora y Chihuahua.

En 1994, sólo Coahuila mostró un Coeficiente de Gini por encima de la cifra nacional. El resto de los estados de la frontera mostraron una ligera mejoría en la distribución del ingreso, aún así la distribución del ingreso fue muy inequitativa, como se puede apreciar en la tabla 5. En 1996 y 1998, solamente el estado de Tamaulipas tuvo un Coeficiente de Gini por encima de la cifra nacional. Hasta 1998 sólo tres de los estados tuvieron Ginis más altos que los nacionales, y en el año 2000 solamente Baja California se mantuvo abajo del coeficiente nacional, el resto de los estados mostraron una distribución más inequitativa que el país en su conjunto.

Si los estados fronterizos en particular son comparados con el conjunto de la región respectiva, observamos que en los cinco años considerados hasta 1998, la mayoría de ellos tuvieron Ginis más bajos que los mostrados para la región y para el país en general. Sin embargo, lo anterior no significa que existan mejores condiciones con relación a la distribución del ingreso. Para los cinco años considerados, como lo muestra la Tabla 4, decil 1 al decil 7, la participación del ingreso total por decil está por debajo de la distribución equitativa. En general, los deciles del 1 al 4 muestran un franco deterioro en términos de su participación del ingreso total. Estos cuatro deciles apenas si logran en promedio recibir un 11% del ingreso total y el 50% más bajo de la distribución logra alrededor de 17% del ingreso total. En este escenario de desigualdad que prevalece en el país, algo parecido refleja la región fronteriza como se muestra en la tabla 3, del decil 1 al 4 logran una participación promedio de 10.5% del ingreso total de la región entre los años 1996 y 2000. El 50% más bajo de la distribución participa del 13% del ingreso total.

Para resumir, las medidas de la distribución de ingresos sugieren que: 1. Existe una marcada desigualdad en la distribución de los ingresos familiares tanto en los estados fronterizos como en la nación; 2. Hay una desigualdad más grande en los estados de Coahuila, Nuevo León y Tamaulipas que en los otros tres estados fronterizos; 3. Hubo una ligera mejora en la distribución del ingreso en 1996; 4. Que estas ganancias en la igualdad no se han reflejado en los ingresos de las familias durante los años noventa; y finalmente; 5. Se debe notar, como se ha visto, que el panorama para los ingresos medios de las familias ha mostrado una pauperización más marcada entre aquellas familias en el 50% más bajo de la distribución y que alcanza en muchos casos hasta 70% de las familias.

El ingreso y el gasto, ¿qué queda disponible a las familias?

La distribución de los ingresos del individuo es generalmente menos inequitativa que la distribución de los ingresos de la familia. Debido a que cuando se considera a los individuos aisladamente, a diferencia de las familias, no contienen múltiples recipientes de ingresos como éstas últimas y es más probable que tengan ingresos medios más altos y Coeficientes de Gini más bajos que las familias. Como ya se discutió en la sección anterior. Sin embargo, hay que tomar en cuenta que se ha observado en las investigaciones sobre ingresos que los individuos tienden a subestimar las cantidades recibidas y el valor poseído de sus ingresos. Este patrón de comportamiento se ha observado desde el primer estudio empírico sobre la distribución de los ingresos, hecho por Pareto (1971) a finales del siglo XIX hasta nuestros días en estudios recientes de la distribución de ingresos. Aunque hay que señalar que este comportamiento se acentúa en los que se encuentran en la cima de la distribución. En todo caso hay que tomar con la reserva de estos antecedentes los resultados encontrados en las ENIGH consideradas en el presente trabajo.

Las Tablas 6, 7 y 8 presentan los ingresos medios familiares anuales para los estados fronterizos de México contiguos a los Estados Unidos durante la segunda mitad de la década de 1990. Se puede apuntar que los ingresos medios de las familias son generalmente bajos para el 50% de las familias que se encuentran en la parte inferior de la distribución, en la mayor parte de los estados fronterizos. Aunque no es difícil advertir que si consideramos que las familias que viven en el norte de México cuentan en promedio con cuatro miembros, sus ingresos per cápita son muy bajos, lo que refleja altos niveles de pobreza en términos de ingresos y que están altamente relacionados con la estructura de la distribución inequitativa que ha prevalecido en México (Boltvinik y Hernández Laos, 1999).

La mayor parte de las familias de los estados de la frontera norte (50% aproximadamente, y en algunos hasta 70%), poseen ingresos que se encuentran por abajo del ingreso medio general en cada decil respectivo, lo

Tabla 6. Ingreso medio familiar por decil en 1996
para los estados de la frontera norte

Decil	*Baja California*	*Coahuila*	*Chihuahua*	*Nuevo León*	*Sonora*	*Tamaulipas*
I	11 525.71	6 045.67	5 125.24	6 020.43	7 080.17	4 565.82
II	16 993.93	10 122.58	10 599.79	11 178.64	11 992.53	8 257.60
III	21 818.08	13 393.74	15 145.41	15 044.14	15 125.61	11 837.19
IV	26 086.67	16 349.33	18 980.64	18 521.16	18 774.16	15 720.55
V	30 688.76	19 590.11	23 639.27	22 648.13	23 843.29	20 580.77
VI	36 133.19	22 753.74	29 267.82	29 896.70	29 321.83	25 856.97
VII	42 625.78	27 844.50	36 057.42	37 556.72	35 829.85	35 581.23
VIII	52 890.52	38 180.45	45 512.71	48 475.50	46 425.00	47 516.95
IX	74 861.63	55 488.09	60 032.39	66 370.91	76 479.52	73 266.00
X	117 483.22	118 395.10	143 181.15	132 419.84	146 614.33	427 087.75

Fuente: INEGI: ENIGH 1996.

Tabla 7. Ingreso medio familiar por decil en 1998 para los estados de la frontera norte

Decil	*Baja California*	*Coahuila*	*Chihuahua*	*Nuevo León*	*Sonora*	*Tamaulipas*
I	15 478.63	8 410.00	10 673.82	11 120.38	8 747.17	4 565.60
II	24 541.28	16 517.28	15 018.30	19 972.85	15 745.86	10 262.11
III	33 629.35	22 722.82	18 999.23	26 083.94	18 902.57	15 033.92
IV	42 432.97	27 965.95	22 858.58	33 977.70	22 625.95	21 023.63
V	50 757.63	32 853.12	28 125.00	41 623.03	29 426.00	26 560.04
VI	62 765.15	39 126.27	33 422.34	51 830.20	36 818.63	35 845.81
VII	73 828.01	48 668.16	39 169.08	65 194.35	44 739.60	46 542.37
VIII	94 609.40	62 747.04	51 543.27	88 654.20	59 797.61	61 800.15
IX	121 278.21	85 639.12	79 782.16	140 563.00	87 556.00	90 833.73
X	292 634.44	198 579.17	195 255.92	294 998.24	225 099.23	313 680.07

Fuente: INEGI: ENIGH 1998.

Tabla 8. Ingreso medio familiar por decil en el año 2000 para los estados de la frontera norte

Decil	*Baja California*	*Coahuila*	*Chihuahua*	*Nuevo León*	*Sonora*	*Tamaulipas*
I	25 102.37	12 000.05	13 836.66	14 790.11	11 607.92	11 632.14
II	40 383.85	23 405.07	26 168.24	29 074.06	21 852.08	19 288.53
III	48 197.63	31 044.00	35 220.45	42 191.83	29 768.05	27 009.00
IV	59 912.04	38 207.02	45 747.04	51 439.78	37 637.04	35 402.85
V	71 500.00	45 832.09	54 828.08	62 811.62	50 758.88	46 595.00
VI	81 425.95	53 015.56	69 522.56	77 760.45	69 436.47	57 450.41
VII	94 455.08	67 331.52	89 492.32	104 249.50	90 486.59	72 644.76
VIII	125 586.35	89 470.92	116 473.25	172 521.14	125 307.60	92 417.17
IX	180 395.69	177 108.07	194 606.46	552 710.37	271 426.64	152 287.70
X	463 071.46	868 642.86	1 154 086.16	1 888 777.78	1 009 128.80	869 243.07

Fuente: INEGI: ENIGH 2000.

que nuevamente pone de manifiesto el alto grado de concentración del ingreso y la marcada desigualdad y altos niveles de pobreza que se derivan de esta situación.

El panorama se presenta igualmente difícil para las familias de la región si se consideran los gastos medios familiares como se presentan en las Tablas 9, 10 y 11 para los años 1996, 1998 y 2000, respectivamente. Éstos muestran, en general, para las familias que se encuentran en la mi-

Tabla 9. Gasto medio familiar por decil en 1996 para los estados de la frontera norte

Decil	*Baja California*	*Coahuila*	*Chihuahua*	*Nuevo León*	*Sonora*	*Tamaulipas*	*Zona Norte*
I	11 677.89	6 423.57	3 689.56	6 722.89	6 673.00	4 336.30	6 587.20
II	15 961.56	10 985.39	9 124.62	10 792.79	10 529.11	7 781.66	10 862.52
III	20 531.83	13 836.23	14 021.54	14 170.35	13 527.62	11 635.25	14 620.47
IV	23 592.71	16 828.45	17 838.15	16 812.45	16 668.16	15 941.92	17 946.97
V	27 512.57	19 772.43	22 402.88	19 916.34	20 438.35	20 491.28	21 755.64
VI	31 655.53	23 528.47	27 056.77	24 819.58	25 121.38	25 335.77	26 252.92
VII	37 335.26	28 077.40	32 464.32	30 350.49	30 095.60	32 040.51	31 727.26
VIII	46 414.61	36 123.15	40 074.84	37 001.48	37 065.76	40 118.69	39 466.42
IX	58 713.14	45 795.01	50 578.61	48 973.53	52 814.09	58 134.01	52 501.40
X	118 730.88	100 783.12	117 558.31	89 655.80	105 761.29	171 426.13	117 319.25

Fuente: INEGI: ENIGH 1996.

Tabla 10. Gasto medio familiar por decil en 1998 para los estados de la frontera norte

Decil	*Baja California*	*Coahuila*	*Chihuahua*	*Nuevo León*	*Sonora*	*Tamaulipas*	*Zona Norte*
I	15 843.55	6 362.12	6 189.00	10 848.77	6 766.31	4 012.61	8 337.06
II	27 458.84	15 512.97	12 568.76	18 103.96	12 241.42	9 564.60	15 908.43
III	33 283.66	20 764.01	15 449.67	22 919.05	16 005.89	14 081.31	20 417.27
IV	38 693.44	25 864.27	18 485.97	28 244.17	19 990.68	18 409.89	24 948.07
V	45 650.26	32 583.78	21 846.06	34 931.30	25 207.88	23 763.50	30 663.80
VI	54 625.04	37 241.90	26 391.60	43 572.89	30 063.97	29 945.65	36 973.51
VII	63 992.95	44 635.54	31 913.05	52 608.21	37 335.95	38 645.41	44 855.18
VIII	79 367.18	56 636.83	40 334.00	70 035.01	45 711.02	47 193.49	56 546.26
IX	97 950.08	77 540.69	58 186.89	100 986.80	62 744.97	64 640.55	77 008.33
X	196 795.76	164 852.00	108 061.44	214 444.83	110 064.69	183 035.54	162 875.71

Fuente: INEGI: ENIGH 1998.

Tabla 11. Gasto medio familiar por decil en el año 2000 para los estados de la frontera norte

Decil	*Baja California*	*Coahuila*	*Chihuahua*	*Nuevo León*	*Sonora*	*Tamaulipas*	*Zona Norte*
I	19 161.77	10 273.04	10 332.82	9 411.00	8 417.24	8 411.26	11 001.19
II	32 872.55	19 840.77	23 125.86	19 553.04	16 907.19	17 052.31	21 558.62
III	41 274.00	24 822.34	31 116.56	26 791.14	23 751.01	23 634.16	28 564.87
IV	47 842.44	30 716.89	37 798.38	34 934.14	29 550.44	30 880.54	35 287.14
V	54 201.70	36 108.45	43 098.84	42 393.72	35 964.14	38 656.37	41 737.20
VI	65 102.28	41 424.03	51 101.53	50 668.42	45 645.55	46 965.58	50 151.23
VII	76 608.04	50 120.07	60 168.40	59 731.97	59 298.70	56 619.70	60 424.48
VIII	89 055.23	59 747.17	70 763.32	74 241.66	76 168.06	69 128.59	73 184.00
IX	121 244.01	75 566.51	82 437.57	248 115.91	108 707.06	85 853.77	120 320.81
X	252 306.26	142 532.93	130 424.07	176 799.91	303 305.79	144 872.70	191 706.94

Fuente: INEGI: ENIGH 2000.

tad inferior de la distribución incrementos marginales reales muy bajos para la mayor parte de las familias de los estados fronterizos y niveles extremadamente bajos, si consideramos que estos gastos están destinados principalmente para el consumo de bienes y servicios de los hogares. Como lo observamos para los ingresos, para la mayor parte de las familias, el 50% y en algunos casos hasta el 70%, los gastos de esas familias se ubican por debajo del gasto promedio.

Finalmente, si comparamos los ingresos y los gastos familiares, obtenemos el balance económico que experimentaron las familias del norte de México; éste se consigue al restarle los gastos medios a los ingresos medios familiares. En general, los datos arrojan un balance positivo para la mayoría de las familias en todos los deciles de la distribución, con excepción del estado de Coahuila que presenta un balance negativo en los primeros siete deciles para 1996.

Ahora bien, si consideramos el balance por deciles, encontramos un patrón de distribución ligeramente diferente al observado en la distribución del ingreso familiar. Es decir, las diferencias entre deciles tiende a ser menor ingreso disponible. La diferencia más notoria es que los balances del decil 10 rebasan considerablemente al observado en el resto de los deciles. Sería interesante, en un estudio ulterior, documentar las diferencias encontradas.

Conclusiones

Es difícil hablar de la pobreza desde una sola perspectiva, por las implicaciones y niveles de análisis respecto a las condiciones de vida de los habitantes de la región fronteriza del norte de nuestro país. Sin embargo, sin pretender ser reduccionista, se ha tomado al factor económico, especialmente el relacionado con los ingresos como el eje de análisis de este trabajo. El análisis en este estudio es principalmente descriptivo. Ninguna tentativa se ha hecho para examinar los determinantes de la distribución de los ingresos en la frontera norte de México. Aún así, parece prudente sugerir algunas hipótesis plausibles con respecto a la estructura de la distribución de los ingresos, la desigualdad y la pobreza en la región en cuestión.

Primero; sorprende que los ingresos medios de las familias en los estados contiguos a Estados Unidos se encuentren en los niveles más bajos de

Tabla 12. Balance económico familiar por decil en 1996 en los estados de la frontera norte

Decil	*Baja California*	*Coahuila*	*Chihuahua*	*Nuevo León*	*Sonora*	*Tamaulipas*	*Zona Norte*
I	-152.18	-377.90	1 435.68	-702.46	407.18	229.53	139.97
II	1 032.37	-862.81	1 475.17	385.86	1 463.42	475.94	661.66
III	1 286.26	-442.49	1 123.87	873.79	1 597.99	201.94	773.56
IV	2 493.96	-479.12	1 142.49	1 708.71	2 106.00	-221.36	1 125.11
V	3 176.20	-182.32	1 236.39	2 731.79	3 404.94	89.48	1 742.75
VI	4 477.65	-774.74	2 211.05	5 077.12	4 200.44	521.20	2 618.79
VII	5 290.52	-232.90	3 593.11	7 206.23	5 734.25	3 540.73	4 188.66
VIII	6 475.91	2 057.30	5 437.87	11 474.02	9 359.24	7 398.26	7 033.77
IX	16 148.49	9 693.08	9 453.78	17 397.39	23 665.43	15 131.99	15 248.36
X	-1 247.66	17 611.98	25 622.84	42 764.04	40 853.04	255 661.62	63 544.31

Fuente: INEGI: ENIGH 1996.

Tabla 13. Balance económico familiar por decil en 1998 en los estados de la frontera norte

Decil	*Baja California*	*Coahuila*	*Chihuahua*	*Nuevo León*	*Sonora*	*Tamaulipas*	*Zona Norte*
I	-364.91	2 047.88	4 484.81	271.61	1 980.86	552.98	1 495.54
II	-2 917.57	1 004.31	2 449.54	1 868.88	3 504.44	697.52	1 101.19
III	345.69	1 958.80	3 549.56	3 164.89	2 896.68	952.61	2 144.71
IV	3 739.53	2 101.69	4 372.60	5 733.53	2 635.27	2 613.74	3 532.73
V	5 107.38	269.34	6 278.94	6 691.72	4 218.12	2 796.54	4 227.01
VI	8 140.10	1 884.38	7 030.74	8 257.31	6 754.66	5 900.16	6 327.89
VII	9 835.07	4 032.62	7 256.03	12 586.14	7 403.65	7 896.96	8 168.41
VIII	15 242.22	6 110.22	11 209.27	18 619.18	14 086.59	14 606.66	13 312.36
IX	23 328.12	8 098.43	21 595.27	39 576.20	24 811.03	26 193.18	23 933.71
X	95 838.69	33 727.16	87 194.48	80 553.42	115 034.54	130 644.53	90 498.80

Fuente: INEGI: ENIGH 1998.

Tabla 14. Balance económico familiar por decil en el año 2000 en los estados de la frontera norte

Decil	*Baja California*	*Coahuila*	*Chihuahua*	*Nuevo León*	*Sonora*	*Tamaulipas*	*Zona Norte*
I	5 940.60	1 727.01	3 503.84	5 379.11	3 190.68	3 220.88	3 827.02
II	7 511.31	3 564.31	3 042.38	9 521.03	4 944.89	2 236.22	5 136.69
III	6 923.63	6 221.66	4 103.89	15 400.70	6 017.04	3 374.84	7 006.96
IV	12 069.60	7 490.13	7 948.66	16 505.64	8 086.60	4 522.31	9 437.16
V	17 298.30	9 723.64	11 729.24	20 417.91	14 794.73	7 938.63	13 650.41
VI	16 323.67	11 591.53	18 421.03	27 092.02	23 790.92	10 484.83	17 950.67
VII	17 847.04	17 211.45	29 323.92	44 517.53	31 187.89	16 025.06	26 018.82
VIII	36 531.12	29 723.75	45 709.92	98 279.48	49 139.54	23 288.58	47 112.07
IX	59 151.68	101 541.56	112 168.90	304 594.46	162 719.57	66 433.94	134 435.02
X	210 765.20	726 109.93	1 023 662.09	1 711 977.87	705 823.01	724 370.37	850 451.41

Fuente: INEGI: ENIGH 2000.

la distribución de los ingresos de la región y del país en general. Dadas las características sociodemográficas y económicas de los trabajadores, eminentemente jóvenes y mujeres, los coloca en una posición de desigualdad más grande comparados con los promedios nacionales, pues los empleos a los que acceden los habitantes de la región se concentran en los niveles de sueldo bajo. Por otra parte, altos niveles de desempleo urbano, propician una disposición de la participación de la fuerza de trabajo aunque los salarios que ofrezca esta industria sean bajos, asociado lo anterior a las altas tasas de crecimiento demográfico en la región sur del país y la migración hacia el norte por la falta de oportunidades de empleo.

Segundo; surge una pregunta en relación con las tendencias observadas de la distribución del ingreso en la frontera norte de México: ¿Qué cambios estructurales, a escala nacional, regional y trasnacional, justifican la tendencia aparente hacia una menor desigualdad de la región con respecto al resto del país?

Los años setenta fueron excepcionalmente prósperos para la frontera entre México y Estados Unidos; durante esa época, la economía mexicana crecía rápidamente, la paridad del peso con respecto al dólar estaba sobrevaluada, y los precios de la energía eran altos. Entre otras cosas, estos factores propiciaron que la actividad económica aumentara y se produjera en la frontera un aumento de la actividad del comercio al por menor y al por mayor. Además, Molina y Cobb (1989) sugieren, por ejemplo, que el crecimiento de la industria maquiladora durante los años setenta era consistente con la disminución de la desigualdad en la región.

Durante la década de 1980, especialmente después de febrero de 1982, las condiciones económicas en la región fronteriza empeoraron. Los precios de la energía en el mundo se elevaron drásticamente. El peso se devaluó y el rápido crecimiento de la economía mexicana se detuvo, las ventas al por menor en la frontera cayeron dramáticamente después de 1982. Mientras las ventas al por menor se recuperaron (por lo menos hasta la devaluación del peso en 1994), el crecimiento del empleo y los ingresos fueron mucho más lentos en esa década.

La combinación de factores que han aumentado la desigualdad en el país, pueden haber producido mayores niveles de desigualdad en la frontera. No hay disponibilidad de datos para valorar sistemáticamente los cambios en la distribución de ingresos en las ciudades de la región de la frontera norte de México en la década de los noventa. Sin embargo, con la implementación del TLCAN en enero de 1994 y la devaluación de peso entre 1994 y 1995, México experimentó una crisis financiera y económica, y el crecimiento explosivo de la población en ambos lados de la frontera no deja la distribución de los ingresos de la región fronteriza sin alterar.

¿Por qué el grado de concentración del ingreso familiar es mucho mayor que el encontrado cuando las familias son ordenadas por ingresos de los individuos? Evidentemente, los ordenamientos por ingreso familiar o individual no corresponden muy de cerca el uno del otro y pueden estar reflejando dos niveles de análisis distintos del bienestar. Así que evaluar los niveles del bienestar de las familias solamente desde la perspectiva de los ingresos de los individuos no nos da una imagen completa de su situación económica. Aunque esto es lo que los estudios de la pobreza hacen. Según Wolff (1995), el ingreso en cualquier año es una medida de la posición económica de una familia. Sin embargo, puede variar grandemente de un año a otro.

Sin embargo, cuando vemos la composición de la distribución de los ingresos familiares, se observa que hay una alta concentración del ingreso entre las familias que se encuentran en lo alto de la distribución, los deciles 8, 9 y 10 que llegan a acumular hasta tres cuartas partes del ingreso total. Observamos también que, a medida que nos movemos hacia los deciles más bajos, el ingreso medio familiar disminuye drásticamente, colocando a las familias en una posición vulnerable en términos de sus posibilidades de ahorro.

En el análisis de los niveles de desigualdad en los ingresos familiares notamos que hay una disminución en la participación relativa de los ingresos para las familias en los grupos de ingresos de casi todos los deciles de la distribución para el año 2000, con excepción del decil 10 que muestra un aumento significativo en ese año particular. Esto ha significado que en la región fronteriza se transfieran ingresos, principalmente de los más pobres hacia los más ricos. A nivel nacional se ha observado en los deciles del 1 al 3, que los más pobres han perdido una participación relativamente importante de los ingresos totales. Sin embargo, estas disminuciones en el ingreso podrían estar relacionadas al incremento de la proporción de familias que reciben menos de dos salarios mínimos mensuales. En resumen, vemos un proceso general de aumento global de la desigualdad a favor de los grupos de ingresos en el 30% más alto y en contra del restante 70%. Esto significa que la pobreza ha aumentado.

Si los datos de la muestra son representativos de nuestras poblaciones objetivo, entonces los resultados de nuestro estudio muestran que hay una evidencia razonable para proponer que el ingreso familiar se distribuye de manera desigual entre las familias de la región fronteriza del norte del país. La distribución de los ingresos descrita previamente nos arroja evidencia razonablemente clara sobre los niveles de desigualdad. En las tres ENIGH (1996, 1998 Y 2000), los estados de la frontera en conjunto exhiben una menor desigualdad en los ingresos familiares que los observados en la nación. No obstante, el ingreso se encuentra altamente concentrado en el 30% más alto de la distribución por deciles, para los tres años considerados la concentración está alrededor del 67% del ingreso total.

Sin embargo, al observar los ingresos medios de los trabajadores de las maquiladoras encontramos que éstos están por debajo del promedio mostrado por el decil 1 de la distribución regional. Esto es si no se consideran los ingresos de los empleados, que empujan el promedio ligeramente hacia arriba. Finalmente, el empleo generado por la instalación de plantas maquiladoras en la región fronteriza, aunque necesario no ha sido suficiente, por los bajos salarios que paga, para generar mejores condiciones en relación a la distribución del ingreso.

Bibliografía

Atkinson, A. B. (1980), *Wealth, Income, and inequality*, Oxford University Press.

Bauer, John and Andrew Mason (1992), "The Distribution of Income and Wealth in Japan", en *The Review of Income and Wealth*, series 38, núm. 4, pp. 403-428.

Boltvinik, Julio y Enrique Hernández Laos (1999), *Pobreza y distribución del ingreso en México*, siglo XXI, México.

Boltvinik, J. (1992), "El método de medición integrada de la pobreza. Una propuesta para su desarrollo", en *Comercio Exterior*, vol. 42, núm. 4, pp. 345-365.

De la Torre, Rodolfo (1995), *Indicadores de desarrollo regional con información limitada*, ITAM, México.

García Rocha, A. (1986), *La desigualdad económica*, El Colegio de México. México.

Instituto Nacional de Estadística, Geografía e Informática. Encuesta Nacional de Ingresos y Gastos de los Hogares. 1992, 1994, 1996, 1998 y 2000, México.

Informe Sobre la Magnitud y Evolución de la Pobreza en México 1984-1992, ONU-CEPAL e INEGI, octubre, 1993.

Kakwani, N.C. (1980), *Income Inequality and Poverty: Methods of Estimation and Policy Applications*, Oxford University Press, Nueva York.

Levy, Santiago (1992), "La pobreza en México", en Vélez (comp.) *La pobreza en México*, FCE, México.

Lustig, N. y Székely (1999), *"Tendencias ocultas en la desigualdad y la pobreza en México"* en M. Cárdenas y N. Lustig, "Pobreza y desigualdad en América Latina" Tercer Mundo editores, Colombia.

Lustig, Nora (1993), "Poverty in Mexico: An Empirical Analysis", en *The Hellen Kellog Institute for International Studies. Working Paper 188*. Notre Dame, IN.

Molina, David J. and Steven L. Cobb (1989), "The Impact of Maquiladora Investment on the Size Distribution of Income Along the US-Mexico Border: The Case of Texas", en *Journal of Borderland Studies* 4 (2): pp. 100-118.

Pareto, Vilfredo (1971), *Manual of Political Economy*. A. M. Kelly, Nueva York.

Peach, James. (1985), "Income Distribution in the US-Mexico Borderlands", *In the USA and México: Borderland Development and the National Economies*, Lay James Gibson and Alfonso Rentería, (eds.) Westview Press. Boulder.

Székely, M. (1998), *The Economics of Poverty, Inequality and Wealth Accumulation in Mexico*, MacMillan, Londres.

Wolff, Edward N. (1995), *Top Heavy: The Increasing Inequality of Wealth in America and What Can be Done About It*, The new press, Nueva York.

Parte II
Estudios sectoriales

LA EDUCACIÓN EN LA FRONTERA NORTE

Marcos S. Reyes Santos

Introducción

Durante las últimas décadas, el Sistema Educativo Nacional (SEN) fue evolucionando progresivamente hacia una aguda centralización política y burocratización administrativa, como consecuencia de la propia lógica presidencialista y centralista con que funcionaban los sistemas político y federal mexicanos, en cuyo contexto se desarrolla el sistema educativo en el país. A fin de contrarrestar esta tendencia, desde finales de los años setenta, el gobierno federal inició un proceso de desconcentración-descentralización educativa, mediante el cual no sólo se han transferido los servicios federales de educación básica y normal a los estados, sino que el proceso también se ha extendido a otros niveles y ámbitos de la función educativa. Adicionalmente, a finales de los años noventa, también se reformó el Sistema Nacional de Coordinación Fiscal, por lo que a partir de entonces los recursos federales destinados a educación se asignan regularmente dentro del Presupuesto de Egresos de la Federación (PEF) y actualmente más del 70% de dichos recursos se ejercen de manera descentralizada en los estados.

En este contexto, sería relevante un análisis sobre la educación desde una perspectiva federalista, tanto porque el sector educativo ha ocupado un lugar destacado dentro de la política social de los gobiernos de la Federación mexicana como también porque recientemente su tarea educativa ha sido redefinida de manera importante entre sus funciones concurrentes. Por ejemplo, durante la década de los noventa, los gobiernos federal y estatal aportaron, en promedio, cerca del 86% del financiamiento educativo y la firma del Acuerdo Nacional para la Modernización de la Educación Básica (ANMEB) entre ellos y los representantes del Sindicato Nacional de Trabajadores de la Educación (SNTE) ha implicado una redefinición sustantiva del rol de los gobiernos dentro del federalismo educativo. El argumento general aquí desarrollado se ofrece bajo la premisa de que si bien los gobiernos de la federación han adoptado diversas acciones orientadas al fortalecimiento del federalismo educativo en el contexto de las relaciones intergubernamentales, la eficacia de tales acciones estaría condicionada finalmente, tanto a las restricciones impuestas por el propio SEN como por las dinámicas particulares que asumen los sistemas educativos en las entidades federativas. Particularmente, en el contexto de la frontera norte del país, donde se combinan elementos de gran dinamismo económico y demográfico con importantes niveles de desigualdad social, ofreciendo con ello importantes retos al diseño e implementación de una política educativa desde la perspectiva federalista.

En el presente capítulo, se analiza el sector educativo en los estados fronterizos del norte de México, básicamente hacia el intento por alcanzar los siguientes objetivos: *a*) identificar algunos de los elementos que conformarían la visión federalista del gobierno federal y de los estados fronterizos en el ámbito educativo; *b*) analizar las tendencias generales y algunas de las particularidades que asume el sector educativo en la frontera norte; y *c*) proponer elementos generales para el rediseño de la política educativa en la región. Para ello, se organiza en tres secciones. En la primera, se identifican algunos elementos que caracterizaran la visión federalista de los gobiernos federal y estatales en torno a la educación, como contexto general para el análisis de las especificidades que adopta el proceso educativo en cada entidad federativa. En la segunda sección, se analizan los principales elementos de un diagnóstico general sobre el sector educativo en los estados fronterizos, enfatizando las tendencias generales y algunas de las particularidades identificadas por temas y por niveles educativos en dichos estados. Y, a partir de los análisis anteriores, en la última sección se exponen algunas ideas que pudieran incluirse en una propuesta de regionalización de la política nacional en materia educativa en la frontera norte del país, a manera de conclusiones y recomendaciones generales.

La educación desde la perspectiva del federalismo

La dimensión nacional del federalismo educativo

Con la creación de la Secretaría de Educación Pública (SEP), en 1921, el gobierno mexicano dio inicio a un proceso de federalización educativa caracterizado por períodos de mayor peso de los gobiernos locales y por fases de predominio del gobierno federal dentro del federalismo educativo, lo que podría resumirse a grandes rasgos en las siguientes fases de su trayectoria contemporánea: 1. *La etapa del federalismo subsidiario*, durante la cual se celebraron convenios y contratos entre los gobiernos de la Federación para la asignación de recursos federales compensatorios a la acción educativa local; 2. *La fase de la acción federal complementaria*, que se caracterizó por la creación de sistemas educativos federales paralelos e independientes de los sistemas estatales y municipales para llenar las lagunas en la acción de éstos últimos; 3. *El período de la centralización aguda*, en donde el gobierno federal absorbió varios sistemas educativos estatales e incrementó significativamente sus atribuciones de planeación, supervisión y evaluación dentro del SEN, por lo que la SEP creció desproporcionadamente en personal y dependencias (Loyo, 1999); y 4. *La etapa de la federalización descentralizada*, que tuvo su antecedente en un proceso previo de desconcentración, en el cual se promovió el redimensionamiento administrativo de las oficinas centrales de la SEP, se crearon instancias locales de estudio y consulta para la descentralización educativa y se firmaron convenios de transferencia entre el gobierno federal y los estatales (Arnaut, 1998), lo que tendría su culminación en la firma del ANMEB, en 1992, iniciando con ello una nueva etapa en la historia contemporánea del SEN.

Derivado de la firma del ANMEB, se transfirió el personal docente y administrativo y la dirección de los establecimientos educativos desde el gobierno federal a los gobiernos estatales, mediante los cuales la SEP venía prestando los servicios de educación básica y normal en los estados (Arnaut, 1998: 278). Lo anterior, implicó el traspaso a los gobiernos estatales de 510 mil plazas docentes, 116 mil puestos administrativos y 3 924 millones de horas, lo que equivalía a 700 mil trabajadores de la educación, así como alrededor de 96 mil bienes inmuebles y 23 millones de bienes muebles (Barragán, 1993: 159). Asimismo, a fin de garantizar una *pista institucional* para la transferencia, en 26 estados del país se creó un número igual de organismos descentralizados de los gobiernos estatales, que se hicieron cargo del personal, los bienes inmuebles y los servicios transferidos; mientras que las oficinas que la SEP tenía en los cinco estados restantes fueron absorbidas directamente por los gobiernos estatales (Arnaut, 1998: 279), implicando cambios organizaciones y funcionales importantes en sus respectivas secretarías de educación. Por su parte, además de sustituir a las autoridades de la SEP en las relaciones jurídicas y laborales con los trabajadores federales que pasaban a formar parte de los sistemas educativos estatales, los gobiernos de los estados también se comprometieron a reconocer y proveer lo necesario para que se respetara íntegramente todos los derechos laborales de estos trabajadores (Arnaut, 1998: 278), así como garantizar la prestación efectiva y calidad de los servicios educativos transferidos. No obstante, si bien transfería las tareas operativas a los gobiernos estatales, el gobierno federal no se desprendía de sus funciones normativas, ya que en el proceso de descentralización reafirmó su obligación de garantizar el carácter nacional de los servicios educativos, mediante la vigilancia para el cumplimiento del Artículo 3º Constitucional, la Ley General de Educación y las disposiciones reglamentarias correspondientes. Además de seguir ejerciendo el resto de sus atribuciones en materia educativa, tales como: promover la extensión de los servicios educativos en el territorio nacional; formular planes y programas educativos y autorizar el uso de material didáctico para la educación básica y normal; elaborar y mantener actualizados los libros de texto gratuitos de primaria; establecer procedimientos de evaluación del SEN; y, promover la actualización, formación y mejoramiento profesional de los docentes.

Durante la administración salinista (1988-1994) también se reformó el Artículo 3º Constitucional, con lo que se redefinieron diversos aspectos de la función educativa del Estado mexicano, tales como: el establecimiento de su obligatoriedad constitucional de proveer los servicios de educación secundaria; el derecho de los particulares de contar con medios jurídicos de defensa contra actos de la autoridad educativa; la promoción de la participación social en la educación, entre otros (López, 1993: 205-206). Asimismo, en 1993, también se promulgó una nueva Ley General de Educación, la cual redefinió la estructura de derechos de los actores relevantes de la arena educativa nacional, principalmente para garantizar en una Ley reglamentaria las reformas mencionadas al Artículo 3º constitucional (Trejo, 1996: 173-174).

En resumen, la firma del ANMEB y las reformas al marco jurídico del quehacer educativo, realizadas durante la década de los noventa, así como sus implicaciones políticas e institucionales a nivel local, son algunos de los elementos que caracterizarían la nueva etapa del proceso de desconcentración-descentralización de largo plazo iniciado décadas atrás por el gobierno federal. En lo fundamental, la transferencia de los servicios de educación básica y normal propiciaría el fortalecimiento de las autoridades educativas locales, aunque cabe aclarar que la creación y consolidación de las capacidades de gestión educativa local sería un proceso más largo e incierto (Trejo, 1996: 177). Además, al sentarse las bases legales e institucionales para la promoción de la participación social en la educación en el marco del ANMEB, la función educativa estatal ha sido redefinida sustantivamente, pues a partir de ello, ésta ya no se concibe más como una tarea exclusiva del Estado, sino que también requerirá de la participación corresponsable de los padres de familia y de los actores sociales interesados en ello.

A fin de darle continuidad a este proceso, durante la administración zedillista (1994-2000) la descentralización se extendió más allá del ámbito de la educación básica y normal y a otras áreas del quehacer educativo, tales como: 1. *El fortalecimiento de la capacidad y autonomía local* en cuanto al financiamiento y uso de los recursos federales destinados a educación. Pues, derivado de las reformas de 1997 y 1998 a la Ley de Coordinación Fiscal, se ampliaron las atribuciones de los gobiernos estatales y municipales en el uso de los recursos federales, con lo que se precisaron las responsabilidades de cada orden de gobierno y se establecieron mecanismos para la rendición de cuentas sobre su ejercicio.[1] 2. *Se descentralizó el Comité Administrador del Programa Federal para la Construcción de Escuelas* (CAPFCE). Desde principios de 1995, la SEP comenzó a apoyar el desarrollo de capacidades locales necesarias para la descentralización del CAPFCE, al mismo tiempo de que cada gobierno estatal fue informado sobre los recursos que dispondría para la inversión en infraestructura en educación básica para ese año. En 1996, los fondos federales para la construcción, mantenimiento y equipamiento de planteles de educación básica fueron transferidos en su totalidad a los gobiernos estatales y, a partir de 1997, éstos comenzaron a incursionar en la construcción de espacios para la educación media superior y superior. 3. *Se descentralizó el Colegio Nacional de Educación Profesio-*

[1] Las adiciones a la Ley de Coordinación Fiscal llevaron a la creación del Ramo 33 en el Presupuesto de Egresos de la Federación, el cual se compone de los siguientes recursos para educación: 1. el *Fondo de Aportaciones para la Educación Básica y Normal* (FAEB) destinado a financiar la operación de estos servicios; 2. el *Fondo de Aportaciones para el Fortalecimiento de los Municipios* (FAFM), mediante el cual los ayuntamientos reciben recursos para el pago de sus obligaciones financieras y a la atención de las necesidades de seguridad pública de sus habitantes, aunque también pueden destinarlos a inversiones educativas, ya que no existen restricciones al respecto; 3. el *Fondo de Aportaciones Múltiples* (FAM), el cual incluye recursos para la construcción, equipamiento, mantenimiento y reparación de la infraestructura educativa y de las unidades públicas estatales; y 4. a partir de 1999, el *Fondo de Aportaciones para la Educación Tecnológica y de Adultos* (FAETA), en el cual se contemplan recursos a transferir hacia los estados para estos niveles educativos (PNF, 2000: 36-37).

nal Técnica (Conalep). A partir de 1998, inició la descentralización del Conalep, en donde la instancia nacional retuvo la atribución de evaluar el desempeño de los colegios estatales, la conducción de las líneas y contenidos de la capacitación docente y directiva y la definición de las políticas de adquisición de bienes y servicios y de mantenimiento. Por su parte, además de ser responsables de la operación y apertura de nuevos planteles, los colegios estatales debían buscar recursos adicionales y garantizar su ejercicio eficiente, contratar y capacitar al personal requerido, realizar la programación y presupuestación de actividades a nivel escuela y administrar los recursos transferidos. 4. *Se descentralizó el Instituto Nacional de Educación para Adultos* (INEA). Debido a que desde 1995, algunos gobiernos estatales comenzaron a aportar recursos e incursionar directamente en la oferta de opciones de educación para los adultos, el gobierno federal optó por transferir estos servicios a los estados para evitar duplicidad de actividades con las que ya venía realizando el INEA en tales entidades (PNF, 2000: 35-41).

A casi una década de haberse firmado el ANMEB, al inicio de la actual administración federal (2001-2006) se observaban algunos avances en la federalización educativa, tales como: *a*) los estados ya eran responsables de más del 70% de los alumnos y escuelas y de poco más del 60% del total de la plantilla de maestros del país; *b*) se había consolidado la transferencia de la educación básica y normal a los estados y se habían logrado avances en la descentralización del CAPFCE, el Conalep y el INEA; *c*) se crearon los Fondos de Aportaciones Federales a estados y municipios (FAEB, FAETA y FAM) para el financiamiento de los servicios educativos en el país, lo que dio por resultado que actualmente un poco más del 70% del gasto educativo nacional se maneje de manera descentralizada; y *d*) se puso énfasis en la participación social como elemento central para el logro y consolidación del desarrollo educativo (PEAF, 2002).

Sin embargo, también se identificaban limitaciones y algunas tareas pendientes en el ámbito educativo, a saber: *a*) seguía sin descentralizarse la educación básica y normal al gobierno del Distrito Federal, la transferencia de funciones hacia las entidades federativas aún no había producido una reasignación de atribuciones y las autoridades educativas locales todavía tenían márgenes mínimos de maniobra en los procesos de negociación laboral colectiva; *b*) la mayor parte de los recursos del sector educativo se destinaban al pago de la nómina, todavía persistían disparidades en la distribución del gasto educativo y los mecanismos para garantizar la correcta aplicación de los recursos eran insuficientes; *c*) aún prevalecían rezagos e inercias en la cobertura, calidad y equidad educativa en el SEN, pues se observaba una alta concentración territorial de algunos niveles educativos, ocasionando distintas oportunidades de acceso a los servicios; *d*) existían incipientes mecanismos de coordinación y planeación en la educación media superior y superior, así como la falta de homologación en los criterios utilizados por las instituciones y autoridades estatales y federales; y *e*) los Consejos de participación no respondían adecuadamente al reto de la participación social (PEAF, 2002).

En ese sentido, la administración foxista se había propuesto algunas de las siguientes metas y estrategias hacia el fortalecimiento del federalismo educativo y del SEN: 1. La búsqueda por consolidar un sistema educativo nacional federalizado, el cual deberá estar plenamente integrado por los sistemas educativos de las 32 entidades federativas, en donde la instancia federal –con una estructura orgánica redefinida y con dimensiones reducidas– deberá realizar las funciones de rectoría y coordinación, que permitieran garantizar la coherencia en la implementación de la política educativa; mientras que los sistemas estatales deberán fortalecer sus estructuras intermedias para la educación básica, asegurando el enlace de las estructuras superiores con las escuelas, así como la plena consolidación de los organismos de coordinación y planeación en educación media superior y superior. 2. La adopción de nuevos mecanismos de financiamiento educativo. Con base en esquemas tributarios modernos, el gasto público a educación deberá asignarse mediante mecanismos eficientes de distribución, que respondan a criterios de equidad y calidad y que tomen en cuenta la evolución específica de los sistemas educativos estatales. 3. La construcción de redes de coordinación, consulta y participación dentro del SEN. El trabajo colegiado entre las autoridades educativas nacional y estatales deberá volverse habitual, de tal modo que los propósitos de equidad y calidad, así como la responsabilidad de las decisiones fundamentales del sistema sean compartidas entre los gobiernos de la Federación. 4. la actualización del marco jurídico. El SEN deberá contar con un marco jurídico actualizado, que garantice su funcionamiento eficiente y permita las transformaciones que exige su desarrollo, de ahí que las atribuciones normativas y operativas de los gobiernos federal y estatales se precisen de tal forma que cada uno las ejerza de manera corresponsable y articulada (PEAF, 2002: 68-69).

A partir de lo anterior, la descentralización educativa puede asumirse como una estrategia de largo plazo adoptada por el gobierno federal hacia el fortalecimiento gradual del federalismo, principalmente porque durante las últimas décadas pueden visualizarse claramente diversas acciones de este orden de gobierno al respecto, tales como: la transferencia de la operación de los servicios en varios niveles educativos dentro del SEN; la descentralización de funciones en las áreas de construcción, mantenimiento y rehabilitación de la infraestructura educativa; y las modificaciones a la Ley de Coordinación Fiscal, a fin de garantizar la transferencia regular de recursos federales destinados a educación hacia los estados dentro del Presupuesto de Egresos de la Federación. De esta manera, aunque forman parte de un proceso en marcha y, por ello, inacabado y sometido a tensiones y restricciones de diversa índole, estas acciones traducen en concreto los propósitos del gobierno federal de contribuir al fortalecimiento del federalismo por la vía de la descentralización educativa, las cuales deberían tener su réplica en acciones correspondientes de los gobiernos locales (estatales y municipales), como expectativa razonable acerca del funcionamiento real del arreglo federalista en México. Pues, aún cuando la inercia centralista y presidencialista que sigue permeando al sistema federal mexicano en muchos aspectos deje poco margen a las expectativas sobre gobiernos locales con capacidad de interlocución y de réplica al gobierno federal, tan sólo la alternancia política en el poder Ejecutivo federal en el año 2000 debería inducir a una renovación sustantiva del Pacto Federal.

La dimensión local del federalismo educativo

A una década de haberse promovido la última etapa de la descentralización educativa, mediante la firma del ANMEB, ésta sigue siendo un proceso en gran parte inacabado en la frontera norte del país, al igual que en otros estados, principalmente al enfrentarse a diversas limitaciones, tensiones y conflictos en su *aterrizaje* regional, entre los que cabe mencionar: 1. La fusión de los subsistemas educativos estatales y federales muestra diversos grados de avance en los estados fronterizos. Si bien en los seis estados los subsistemas ya se encuentran bajo la responsabilidad de una sola persona –Secretario de Educación–, sólo en cuatro de ellos la planeación y administración educativa se realizan de manera conjunta; y en tres, los subsistemas aún no se fusionan ni jurídica ni operativamente. 2. Si bien el gasto educativo de los estados fronterizos en su conjunto fue un poco más del 20% del total del gasto federal respectivo en el año 2000, lo preocupante es que un alto porcentaje de estos recursos se destine a sueldos y salarios del personal docente y administrativo (Barba, 2000), dejando una proporción mínima de los recursos para la inversión en infraestructura y para el mantenimiento de las instalaciones educativas. 3. En las relaciones laborales entre las autoridades educativas estatales y los trabajadores transferidos en la descentralización, se presentaron los primeros conflictos cuando los gobiernos de Baja California y Chihuahua –ambos surgidos del PAN– quisieron recuperar el control del sistema educativo estatal que estaba virtualmente en manos del SNTE, pero también porque no se ha podido solventar el costo financiero que implican los acuerdos previos sobre prestaciones económicas y sociales que habían pactado los líderes estatales del SNTE con los gobiernos estatales anteriores, lo que se ha convertido en algunas de las limitantes más fuertes para que se dé por terminado el proceso de descentralización en estos estados, al menos en Baja California y Chihuahua (Reyes, 2003).

Ante esta situación, los gobiernos de los estados fronterizos se han propuesto contribuir a la reforma política e institucional del federalismo, ya que en su opinión un nuevo federalismo requiere extender y completar la reforma del sistema actual de competencias y de distribución de recursos entre la Federación y los tres órdenes de gobierno, así como plantear de manera clara, responsable y con espíritu solidario la distribución de los recursos fiscales. En ese sentido, hacia el fortalecimiento del federalismo, las autoridades fronterizas reclaman una redefinición de funciones y responsabilidades entre niveles de gobierno, de tal modo que el gobierno federal tome un papel más normativo y estratégico dentro de las relaciones intergubernamentales, particularmente en materia de seguridad pública, programas compensatorios, desarrollo económico y seguridad nacional (PEDEC, 2000: 196). Asimismo, también proponen coordinar planes, programas y convenios entre los gobiernos federal, estatal y municipal, a fin de ampliar su cobertura y propiciar la participación social en ellos, así como operar mecanismos de coordinación, gestión y evaluación con las instancias federales para eficientar el ejercicio de los programas y optimizar el uso de los recursos destinados a las entidades (PEDET, 1999: 52).

Desde la perspectiva de los gobiernos de los estados fronterizos, la expresión financiera del nuevo federalismo debe reflejarse en que los impuestos y gravámenes que en el pasado fueron transferidos al ámbito federal retornen ahora a los gobiernos estatales y municipales, de tal forma que los beneficios derivados de la recaudación tributaria tengan efectos más inmediatos en los estados y municipios de la región (PEDES, 1998: 12-14). Al respecto, los gobiernos estatales buscarán promover una revisión integral del Sistema Nacional de Coordinación Fiscal y de toda la legislación que actualmente concentra facultades excesivas en la Federación al respecto (PEDENL, 1997: 22), a fin de lograr: *a*) un nuevo acuerdo fiscal que lleve a un equilibrio financiero basado en el fortalecimiento de las bases de tributación de los estados y municipios fronterizos y el acercamiento entre fuentes de recaudación y destino de los recursos; *b*) una mayor capacidad de decisión en el ámbito local sobre los recursos de los programas de desarrollo, principalmente en materia de agua, salud, agricultura, ganadería, seguridad pública y comunicaciones (PEDEC, 2000: 196); y *c*) la concertación con el gobierno federal para un incremento de las participaciones federales y una mayor inversión directa en los estados (PEDECH, 1999: 129).

En cuanto al rol específico de la descentralización en el fortalecimiento del Pacto federal, de acuerdo a los gobiernos de los estados fronterizos, ésta deberá formar parte de las nuevas formas de gestión y conducción gubernamental, tanto en el nivel federal como en el estatal y municipal, a fin de que contribuya al fortalecimiento de los esquemas de coordinación intergubernamental, así como extenderla de los gobiernos estatales hacia los municipios, mediante la transferencia de mayores recursos y de atribuciones (PEDES, 1998: 40; PEDECH, 1999: 8). Por ello, se deberá promover una verdadera descentralización –con sus respectivos recursos– de aquellas funciones que los gobiernos estatales puedan realizar de manera más eficiente que el gobierno federal, atendiendo al principio de subsidiariedad, así como gestionar a través del Congreso Federal la modificación de los criterios de distribución de los recursos federales para lograr una asignación más justa y equitativa para los estados y municipios (PEDENL, 1997).

En resumen, hacia el intento por identificar los elementos que sustentaran una visión federalista de los gobiernos de la frontera norte en torno a la función educativa, la revisión de sus documentos básicos permite inferir que, salvo los planteamientos generales descritos sobre las intenciones de los gobiernos estatales de contribuir al fortalecimiento del federalismo, no hay una visión de conjunto en los estados fronterizos acerca de funciones concurrentes dentro del federalismo educativo ni planteamientos que permitan pensar en una coordinación horizontal entre los gobiernos de los estados fronterizos al respecto. Además, existe una desarticulación entre las propuestas del gobierno federal y las de los gobiernos estatales en torno al federalismo educativo, pues la mayoría de los gobiernos estatales ni siquiera incluyen un apartado específico en sus programas educativos al respecto, salvo en Tamaulipas. Aunque en este último caso, ello se reduce a una referencia mínima sobre la necesidad de adoptar un nuevo enfoque hacia la consolidación de un verdadero proceso de descentralización, en el que los estados y municipios sean protagonistas del desarrollo e investigación educativa (PEDET, 1999: 15-16).

Diagnóstico educativo en la frontera norte

Diagnóstico por temas educativos

Además de que en el nivel general de las relaciones intergubernamentales se observa una notable desvinculación entre las visiones de los gobiernos federal y de los estados fronterizos, en un diagnóstico por temas educativos también se detectan algunas diferencias y limitaciones en los sistemas educativos de los estados fronterizos que adicionalmente podrían dificultar la estructuración de una plataforma común de acciones coordinadas entre los gobiernos de la Federación en el ámbito del federalismo educativo, además de mostrar las especificidades que caracterizan a cada entidad federativa al respecto. En ese sentido, a partir de los diagnósticos institucionales contenidos en los planes estatales de desarrollo sobre educación y en los respectivos programas educativos en los estados fronterizos, pueden resumirse algunos elementos que de manera general describen los temas más recurrentes en dichos diagnósticos, tales como: la planeación educativa, la participación social, la investigación científica y tecnológica, la infraestructura física e institucional y el desempeño docente, lo que se describe de manera resumida en las siguientes líneas.

Desde la perspectiva de su integración geográfica horizontal, en la frontera norte del país haría falta una especie de Plan Educativo Integral, que sirviera de marco de referencia para la estructuración de visiones compartidas y orientación de estrategias y acciones específicas en cada entidad fronteriza, para la definición y clarificación de metas y objetivos en el sector educativo, a partir de lo cual se promoviera un uso más racional de los recursos humanos, financieros y materiales, para guiar el desarrollo de la investigación científica y tecnológica, etcétera. Si bien cabe mencionar que los gobiernos estatales elaboran periódicamente sus programas estatales de educación, en muchos casos, ello se hace más para cumplir con una formalidad que para obtener un diagnóstico exhaustivo y metodológicamente riguroso de problemas, además de que los productos de la planeación estatal difícilmente trascienden el horizonte de los seis años de gobierno. Si bien lo anterior puede explicarse en gran medida por la ausencia de una visión macroregional compartida entre los gobiernos federal y estatales sobre la problemática educativa en la frontera norte, tanto en perspectiva vertical como horizontal, ello también se debe, por lo general, a la falta de un proceso de planeación independiente de los ciclos de gobierno, que no sólo aproveche la infraestructura institucional existente, sino que también recupere al capital humano que durante las administraciones anteriores acumularon una experiencia importante al respecto. En ese sentido, aunque no puede hablarse propiamente de una ausencia de planeación educativa en los estados fronterizos, ésta se caracteriza no sólo por iniciarse en cada período de gobierno, sino que también se reinventa cada vez (Guillén y Ordóñez, 1992), sobre todo en lo referente a la contratación de personal calificado y a la adopción de visiones y metodologías.

Pese a que comparten una condición geográfica común, los gobiernos de los estados fronterizos del norte no adoptan enfoques metodológicos comunes en la elaboración de sus programas educativos y, consecuentemente, tampoco una visión común sobre el desarrollo de sus respectivos sistemas educativos. Pues, mientras que en Baja California, la adopción del enfoque de la planeación estratégica permitió diseñar proyectos específicos de desarrollo educativo en la entidad, durante la actual administración estatal (2001-2006), en Nuevo León, sobre la base de la planeación prospectiva, se diseñó un programa educativo estatal proyectado al año 2025, que al conformarse de un extenso temario de 18 puntos, más bien parece una carta de buenas intenciones que un documento focalizado en aspectos específicos y medulares de la problemática educativa en la entidad. Por su parte, Chihuahua publicó un extenso documento que además de tener como marco de referencia una breve descripción de los elementos del contexto estatal, también incluye programas específicos para el desarrollo educativo, como es el caso de un subprograma orientado al fortalecimiento de la educación en la zona fronteriza del estado, lo que puede considerarse como un indicador de su visión regional al respecto, como complemento a la visión sectorial general y por modalidades educativas que se adopta en el resto de los documentos estatales. Por otro lado, aunque en general las leyes estatales de educación se adecuan a la Ley General de Educación (LGE), las primeras difieren entre sí por el tiempo en que demoraron en aprobarse desde la publicación de la Ley General, que fue en 1993, lo que se explicaría por las distintas dinámicas legislativas y procesos políticos y educativos a que se sometieron dichas legislaciones en cada entidad. Al respecto, cabe citar como un caso extremo a la Ley de Educación de Nuevo León, que tardó en aprobarse casi siete años después de la aprobación de la LGE, aunque la tardanza no redundó necesariamente en una mayor riqueza regional en cuanto a su contenido, pues dicha Ley quedó casi igual que la Ley General. En el otro extremo, se puede mencionar el caso de Coahuila, donde la Ley de Educación tardó menos de tres años en aprobarse, pero está tan plagada de detalles que la hacen un extensísimo documento de cuatro títulos y 27 capítulos, superando en tres veces el tamaño de la LGE, que sólo tiene ocho capítulos.

Por el tipo de temas tratados y el orden de prioridad que se les otorga, tanto los programas educativos como las leyes de educación de los estados fronterizos también difieren entre sí, lo que si bien muestra la diversidad política, social y cultural de los contextos estatales en que fueron elaborados, también puede evidenciar las dificultades por articular una plataforma común de enfoques y prioridades de los gobiernos fronterizos en su interlocución con el gobierno federal en el marco del federalismo educativo. Por ejemplo, aunque la participación social en la educación es un tema común en los programas educativos de los estados fronterizos, en cada entidad federativa éste recibe un trato diferente: mientras que en Baja California se plantea como una de las estrategias de acción y como proyecto educativo de participación social y formación ciudadana en el marco del programa estatal de educación (PSEFI, 2002); en Sonora, sólo se menciona entre los compromisos a promover en apoyo a la educación, sin que se considere un diagnóstico por separado al respecto ni se plantee como una estrategia específica de acción (PDE, 1999). Siguiendo con el tema de la participación social, aunque todos los gobiernos de los estados fronterizos buscaron adecuar sus leyes estatales de educación a la Ley General de Educación, no se dio una compaginación total entre un documento y otro y el orden de prioridad otorgado a los temas que denominan sus respectivos capítulos es diferente, tanto entre la LGE y las leyes estatales, como entre éstas mismas. Por ejemplo, en Nuevo León, Chihuahua y Tamaulipas, cuyas respectivas leyes estatales sólo excluyen un tema tratado en la LGE en su estructura temática, el tema de la participación social se trata de manera distinta en dichos documentos. En el caso extremo de Sonora, cuya Ley de Educación no coincide en la denominación de cuatro de sus capítulos con la LGE y el tema de la participación social ni siquiera se considera en un capítulo específico; en cambio, destaca la importancia que se le da en la Ley Estatal a la educación superior, que se trata hasta en dos de sus capítulos.

En la frontera norte del país, la participación social en la educación es muy limitada, aún existen notables rezagos en la conformación de los Consejos de Participación y, en aquellos casos en que ya se han constituido, no funcionan adecuadamente, lo que podría indicar su falta de institucionalización y legitimación social como instancias formales de participación, pero sobre todo, la ausencia de una cultura de corresponsabilidad y vigilancia social sobre los bienes y recursos públicos del sector educativo. Por ello, algunos gobiernos estatales se proponen mejorar el funcionamiento de las escuelas, mediante una mayor participación de los padres de familia y de la comunidad en general, promover una cultura de la participación y un sentido de pertenencia, que respalde acciones de respeto, cuidado y mantenimiento de las instalaciones y equipo de las escuelas, reforzar los Consejos educativos y las asociaciones de padres de familia, entre otras acciones. Algunos de los factores que inhiben o dificultan de manera importante la participación social en la educación en la frontera norte son: *a*) el rechazo de algunos directores, al creer que los Consejos duplicarían las funciones de las asociaciones de padres de familia, además de que pudieran incrementar su carga de trabajo; *b*) el rechazo de algunos maestros, pues éstos piensan que los Consejos Escolares podrían interferir o condicionar los aspectos educativos de su labor docente; y *c*) la ausencia de una participación amplia en los Consejos, sobre todo porque los padres de familia se habían acostumbrado a descargar en la escuela su responsabilidad sobre la educación de sus hijos, colaborando sólo con la cuota escolar e involucrándose en actividades marginales, por ejemplo, en la realización de kerméses y otras festividades. Por su parte, las asociaciones de padres de familia también se enfrentan a diversas limitaciones en su conformación y funcionamiento, tales como: *a*) la tendencia de algunos directores de escuela a intervenir en su gestión y desarrollo, lo que no sólo distorsiona las funciones de la autoridad educativa, sino que además despierta el natural recelo de los padres de familia en cuanto a su carácter no gubernamental; y *b*) la confusión de la mayoría de los padres de familia respecto a las funciones y obligaciones de las asociaciones y los Consejos de Participación, lo que lleva al desinterés de muchos de ellos a colaborar y comprometerse más activamente con la escuela.

Entre algunas de las características relevantes de la frontera norte, cabe mencionar que su ubicación geográfica y el dinamismo económico de sus principales ciudades brindan grandes desafíos al desarrollo de la investigación científica y tecnológica, lo que debiera incitar a una revaloración social y gubernamental acerca de la importancia estratégica de las instituciones dedicadas a ello, principalmente para determinar el grado de su contribución al desarrollo regional, así como la propia pertinencia social de sus líneas temáticas de investigación y docencia. No obstante, estas instituciones se enfrentan a diversas dificultades y limitaciones, tanto en la realización de sus tareas sustantivas, como en su interacción con el cambiante entorno socioeconómico regional. Así, de manera evidente se observa la ausencia de un Plan Rector sobre investigación científica y desarrollo tecnológico en la frontera norte, que sea apoyado con personal especializado, presupuesto e infraestructura por las instituciones de educación superior, tanto públicas como privadas. También se detecta la insuficiencia de investigadores que permitan conformar, en el mediano plazo, un padrón de profesionales especializados en el estudio de las distintas dimensiones de la compleja realidad regional, con reconocimiento nacional e internacional. En otras palabras, hace falta una planeación integral de las actividades científicas y tecnológicas, con el fin de procurar un balance entre la investigación básica y la aplicada, así como su mayor vinculación con los requerimientos del desarrollo local. Pues, por ejemplo, algunas de las dificultades que enfrentan los estados fronterizos para lograr competitividad en el escenario internacional radican en la desvinculación existente entre las empresas y las instituciones dedicadas a la investigación y desarrollo tecnológico. Así como también se ha detectado la carencia de una vinculación específica entre la actividad científica y tecnológica con los sectores productivos y de servicios, además de que los productos científicos y tecnológicos no se incorporan ni se adoptan de manera inmediata en los distintos niveles educativos y en la capacitación para el trabajo.

En ese sentido, ante los retos de la globalización económica, que se acentúan en la frontera norte, las actividades de investigación científica, tecnológica y cultural son más bien escasas e insuficientes en la frontera norte, además de que se observa la escasez de proyectos de investigación y de desarrollo tecnológico multidisciplinarios e interinstitucionales, principalmente porque la mayoría de las instituciones de educación superior han priorizado a la docencia sobre la investigación dentro de sus actividades sustantivas y, en muchos casos, acciones individualizadas en la competencia por recursos que acciones conjuntas y de coordinación. Si bien se han dado algunos pasos en cuanto a la cooperación binacional, tanto en el apoyo a proyectos de investigación con enfoque binacional como en la realización conjunta de actividades de investigación entre las instituciones fronterizas, la interacción sólo se da esporádicamente y entre las ciudades más grandes y de mayor contacto entre ambos lados de la frontera (Marmolejo y León, 2000). Adicionalmente, las instituciones que ofrecen programas de posgrado orientados a la formación en investigación son escasas, además de que los existentes no contemplan entre sus funciones sustantivas retener en la región a los estudiantes que vienen del interior del país o de otros países, no sólo por la carencia de recursos para ello, sino también porque su labor se limita a otorgarles el grado, sin emprender esfuerzos adicionales por contribuir a su incorporación al mercado de trabajo regional, con lo que éstos pudieran contribuir al desarrollo de la región, aportando sus conocimientos especializados en ello.

A lo largo de la frontera norte existen graves situaciones de deterioro de las instalaciones físicas, hidráulicas, eléctricas y sanitarias en las escuelas públicas, así como condiciones desfavorables en los talleres, laboratorios y equipos. Asimismo, también se ha detectado la carencia de equipamiento en cómputo y laboratorios, y donde existen equipos de cómputo, éstos ya se encuentran obsoletos. También la insuficiencia de los recursos disponibles impide el adecuado mantenimiento y rehabilitación de la infraestructura existente, principalmente porque la mayor parte de los recursos se destinan a sueldos y salarios en el sector educativo. Finalmente, los recursos con que cuentan los gobiernos estatales resultan insuficientes para atender la creciente demanda educativa, lo que ha imposibilitado el financiamiento de cursos extracurriculares, como del idioma inglés y de computación, pese a su gran demanda. Por su parte, entre algunos de los problemas detectados en cuanto al marco institucional de la acción educativa en la frontera norte, cabe mencionar: *a*) la estructura organizativa y funcional de las instituciones educativas no responde a las necesidades del sector educativo; *b*) la carencia de mecanismos institucionalmente reconocidos para la fiscalización y control social sobre la asignación y uso de los recursos financieros; *c*) la limitada evaluación y seguimiento de los programas y de los servicios educativos, lo que dificulta su mejoramiento continuo; y *d*) en la mayoría de los casos, persiste una cultura centralista en la toma de decisiones en el sector educativo, tanto a nivel federal como en el estatal, distorsionando con ello el sentido de la coordinación intergubernamental dentro del federalismo.

A pesar de que los elementos mencionados pueden incidir negativamente en el quehacer educativo, la eficacia de las políticas y acciones de gobierno sigue descansando fundamentalmente en la iniciativa, compromiso y profesionalización del docente, en donde después del análisis de la información disponible se pueden identificar varias deficiencias y restricciones. Así, en algunos casos, se ha detectado la falta de profesionalismo y dedicación en la actividad docente, principalmente en cuanto a una debida preparación de clases frente a grupo, al dominio de contenidos de los planes y programas de estudio y a la utilización de la investigación como base para la generación de nuevos conocimientos impartidos a los educandos. Igualmente, en muchos casos también se observa el desinterés de los docentes por asumir cabalmente el compromiso social que entraña su profesión, sobre todo en lo referente a la orientación y sensibilización de los padres de familia a que se involucren más activamente en la educación de sus hijos, así como una mayor preocupación por el desarrollo cognitivo y afectivo del niño. También se observa la falta de interés de muchos docentes de enrolarse en los programas de capacitación y actualización, y cuando ello ha ocurrido, la mayoría de los asistentes lo hacen más por acumular puntajes, que por la convicción de que sea realmente la vía para su mejoramiento profesional y de adquisición de nuevos conocimientos.

Si bien muchos docentes pueden optar en lo personal por la adopción de algunas de las conductas mencionadas, lo cierto es que también existen problemas más de tipo estructural que inciden en ello, tales como: *a*) la precariedad salarial y de las condiciones de apoyo a la labor docente, lo que ha llevado al magisterio a manifestarse públicamente en forma recurrente ante las autoridades, cuya ausencia en el salón de clases implica costos para las instituciones educativas y perjudica en última instancia a los educandos. Asimismo, la lucha por mejorar las condiciones de trabajo ha provocado constantes enfrentamientos entre las representaciones sindicales y las autoridades educativas, lo que proyecta socialmente la percepción de que se trata más de una batalla en donde se ponen en juego intereses políticos y poder de negociación, que como espacios de oportunidad para discutir y lograr consensos sobre aspectos sustantivos del quehacer educativo: contenidos de planes y programas educativos, evaluación de la actividad docente, desempeño institucional, etc.; *b*) la insuficiencia salarial también lleva a los docentes a buscar dobles plazas o simplemente a buscar otro empleo fuera del sector educativo, lo que incide en la improvisación de las clases, la falta de tiempo para la investigación y, sobre todo, una paulatina desvalorización del propio docente acerca de la importancia social de su profesión; *c*) la constante distracción de sus actividades sustantivas, debido a que, además de la docencia, los maestros frente al grupo también tienen que atender a excesivas tareas administrativas; y *d*) los obstáculos impuestos por el hecho de que la movilidad de personal de apoyo dependa de mecanismos de escalafón y de jubilación, impidiendo con ello su distribución racional dentro del sector educativo. Asimismo, si bien desde 1992 funciona el Programa de Carrera Magisterial en el país ésta ha sido insuficiente, ya que la actividad docente carece de proyectos y programas específicos de capacitación y actualización eficaces, tanto para la formación profesional del docente como para su trabajo cotidiano, tales como: la falta de alternativas y apoyo a la investigación como actividad complementaria y de retroalimentación a la docencia, la ausencia de programas de capacitación para los docentes que asumen cargos de dirección, de inspección y de supervisión, entre otras acciones.

Diagnóstico por niveles educativos

En general, la cobertura en la prestación de los servicios de educación básica ha sido alta en los estados de la frontera norte, promediando hasta un poco más del 97% de la población demandante en la región, durante el ciclo 1998-1999, además de que los porcentajes han sido más altos que en el país, ya que el promedio nacional fue del 95.5%, en ese ciclo. No obstante, entre los estados de la frontera se observan diferencias en el nivel de cobertura, ya que mientras que en Coahuila ésta fue de hasta 98.8%; en Nuevo León fue del 94.9% (Barba, 2000). Asimismo, si bien en la frontera norte se concentró un poco más del 15% de la matrícula en educación básica del país, en el ciclo 1999-2000, entre los estados fronterizos también hubo diferencias al respecto. Así, mientras que Nuevo León concentró el 21.8% de la matrícula en este nivel educativo de los estados fronterizos en ese ciclo; en Sonora dicha matrícula representó sólo 13.8%, durante el mismo ciclo, como se puede observar en el siguiente cuadro:

Cuadro 1. Matrícula, docentes y escuelas en educación básica en el país y en los estados de la frontera norte, 1999-2000 (Porcentajes)

Concepto:	*Total nal.*	*Total e. fronterizos*	*B. C.*	*Son.*	*Chih.*	*Coah.*	*N. León*	*Tamps.*
Matrícula	100.00	15.44	14.78	13.83	18.81	14.51	21.79	16.29
Docentes	100.00	15.63	14.30	13.70	18.10	14.90	22.99	16.02
Escuelas	100.00	12.61	10.58	15.74	21.80	14.09	19.81	17.98

Fuente: Vicente Fox Quesada, *Primer Informe de Gobierno*, Presidencia de la República, 2001.

En el cuadro 1, también se puede observar que los estados fronterizos concentraron cerca del 16% de los docentes de educación básica en el país durante el ciclo 1999-2000, aunque entre los estados fronterizos nuevamente se observan diferencias, ya que mientras que en Sonora se concentró el 13.7%; en Nuevo León, la proporción fue de cerca del 23%. Asimismo, en promedio alrededor del 13% de las escuelas de educación básica del país se localizaban en la frontera norte en el ciclo 1999-2000, destacando los casos extremos de Baja California y de Chihuahua, con el 10.6% y con cerca del 22%, respectivamente.

Durante la década de los noventa, la matrícula en educación básica en los estados fronterizos en promedio creció 1.16%, siendo ligeramente superior a la matrícula nacional, que fue de 1.02%. No obstante, tanto el número de docentes como de las escuelas creció menos en los estados fronterizos que a nivel nacional. Pues, mientras que los docentes de la frontera norte crecieron en promedio en un 1.87%, a nivel nacional éstos crecieron en un 2.31%. Por su parte, mientras que la escuelas fronterizas crecieron en 1.99%; las escuelas del país crecieron en promedio 3.15% (véase Anexo 1). En ese sentido, cabe destacar que pese a que los docentes y las escuelas crecieron menos en los estados fronterizos que a nivel nacional, la matrícula creció ligeramente más en la frontera norte que en el resto del país, lo que puede indicar que en la frontera norte hay un desempeño institucional ligeramente más alto.

Esto último parece ser congruente con el hecho de que en la frontera norte los tres principales indicadores de desempeño –eficiencia terminal, reprobación y deserción– en educación primaria y secundaria siempre fueron mejores que los del país durante la década de los noventa. Así, mientras que la eficiencia terminal en primaria en la frontera norte fue del

86.1%, durante esa década; en el país, la eficiencia fue de 78.5%, donde sobresale Baja California con arriba del 93%, aunque también cabe mencionar a Chihuahua, que estuvo por debajo de la media nacional, con el 77.5%. Asimismo, mientras que la eficiencia terminal en secundaria en la frontera norte fue de 76.2% en promedio durante la década de los noventa; a nivel nacional fue del 75.5%. En este caso, destaca Nuevo León con una eficiencia terminal del 85% y nuevamente Chihuahua que estuvo muy por debajo de la media nacional, con el 71% (véase Anexo 2).

El índice de reprobación en primaria en la frontera norte estuvo relativamente por debajo de la media nacional, con el 5.6% y 8.1%, respectivamente. En este caso, de nuevo destaca Chihuahua con un índice relativamente alto del 7.2% y Coahuila y Nuevo León con los índices más bajos de reprobación, ya que en ambos fue de un 4.1%. En secundaria, la frontera norte se encontraba en una situación bastante similar respecto a la media nacional en cuanto a este índice, ya que mientras que en el país el índice de reprobación en secundaria en promedio fue del 23.8%, en la frontera fue 23.2%. No obstante, también hay que destacar que hay diferencias entre los estados fronterizos al respecto. Pues, mientras que en Nuevo León se observó un índice bajo del 16.1%, nuevamente en Chihuahua el índice fue de casi 30% (véase Anexo 2).

Finalmente, el índice de deserción en la frontera norte fue relativamente menor que en el país, durante la década de los noventa, ya que, mientras en los estados fronterizos dicho índice en primaria fue del 2.2% en promedio, la media nacional fue de 3.2%. En este caso sobresalen Baja California con el índice más bajo del 1.2% y de nuevo Chihuahua con el índice más alto del 3.6%, incluso por arriba del promedio en el país. Nuevamente en secundaria la deserción presenta índices bastante similares, tanto en la frontera norte como en el conjunto del país, con el 8.5% a nivel nacional y 8.3% en la frontera norte. En este caso, otra vez destaca Chihuahua con un índice alto de un poco más del 10% y Nuevo León con el índice más bajo de un 5.2% (véase Anexo 2).

Como se observa en el cuadro 2, en promedio el 16.71% de la matrícula nacional en educación media se concentró en la frontera norte del país, durante el ciclo 1999-2000, de donde cabe destacar que mientras que en Nuevo León se concentró el 23.99% de dicha matrícula; en Baja California se concentró el porcentaje más bajo, que fue del 12.60 por ciento.

En el mismo cuadro 2, también se puede observar que el 16.67% de los docentes de educación media del país se concentró en la frontera norte, en el ciclo 1999-2000. En este caso, sobresalen Chihuahua, con el porcentaje más alto del 23.11% y Baja California con el porcentaje más bajo de 12.99%. Asimismo, el 17.83% de las escuelas de este nivel educativo se localizaron en la frontera norte del país en el mismo ciclo. Al respecto, cabe destacar que nuevamente fueron los estados de Nuevo León y Baja California los que muestran los porcentajes extremos de la matrícula, con el 20.75% y 9.58%, respectivamente.

En la frontera norte, la matrícula en educación media superior creció por debajo de la media nacional, durante la década de los noventa. Pues, mientras que a nivel nacional la tasa de crecimiento de la educación media superior fue del 3.63% en promedio; en la frontera norte, ésta fue del 3.18%, destacando los casos de Chihuahua, con el 4.7%, y de Nuevo León con 2.27%. Esta situación quizás se explique por el bajo crecimiento del número de docentes y de escuelas en educación media en la frontera norte respecto a la media nacional, durante la misma década. Pues, mientras que a nivel nacional los docentes en educación media superior crecieron a una tasa del 3.84%; en la frontera norte, éstos crecieron en un 3.32 por ciento, destacando Chihuahua, con el 4.39%, aunque en Tamaulipas los docentes crecieron solamente en un 2.05%. Por su parte, mientras que en el país las escuelas de educación media superior crecieron a una tasa promedio del 4.87%; en la frontera norte, éstas crecieron en promedio en un 4.08%. En este caso, destacan Chihuahua, con un crecimiento promedio de hasta un 8.08%, y Sonora, con un 2.49% (véase Anexo 1).

En cuanto al índice de eficiencia terminal, la educación profesional técnica se encontró ligeramente por debajo de la media nacional, pues mientras que en el país, dicho índice fue en promedio del 40% durante la década de los noventa; en los estados de la frontera norte, fue de 37.9%. En este rubro, cabe destacar los casos de Tamaulipas, donde se observó el índice

Cuadro 2. Matrícula, docentes y escuelas en educación media en el país y en los estados de la frontera norte, 1999-2000 (Porcentajes)

Concepto:	*Total nal.*	*Total e. fronterizos*	*B. C.*	*Son.*	*Chih.*	*Coah.*	*N. León*	*Tamps.*
Matrícula	100.00	16.71	12.60	16.69	16.65	14.00	23.99	16.07
Docentes	100.00	16.67	12.99	15.97	15.36	16.61	23.11	15.96
Escuelas	100.00	17.83	9.58	16.23	19.75	18.64	20.75	15.05

Fuente: Vicente Fox Quesada, *Primer Informe de Gobierno*, Presidencia de la República, 2001.

más alto, que fue del 46.1%, y de Baja California, con el índice más bajo, de 26.9%. La deserción en este nivel educativo fue ligeramente más alta en la frontera norte que en el resto del país durante la misma década, pues mientras que la media nacional fue del 28.8%; en los estados fronterizos fue del 32.2%. En este caso, se revierten las posiciones entre Baja California y Chihuahua, ya que mientras que en el primero se presentó el índice más alto de deserción, con el 39.9%; en el segundo, se dio un índice más bien bajo, del 34.3%; siendo el más bajo de todos Tamaulipas, con el 26%. En contraste, el índice de reprobación en la frontera norte ha sido notablemente menor en este nivel educativo que en el resto del país. Pues, mientras que dicho índice en el país fue del 29.3% en promedio; en la frontera norte fue 25.4%. Cabe mencionar que en este caso, destacan Nuevo León con el índice más bajo, que fue del 16% y Chihuahua, con el índice más alto del 31.4% en promedio, durante la década de los noventa (véase Anexo 2).

A partir de estos datos, se puede proponer de manera general que la frontera norte se encuentra en una situación relativamente más favorable que el resto del país en educación básica, sobre todo porque la matrícula de este nivel educativo creció más en la región que en el país, inclusive en situaciones de menores recursos docentes y de escuelas. Sin embargo, la situación de la frontera norte respecto al conjunto del país es desfavorable en educación media y profesional técnica, lo que podría explicarse en parte por el bajo crecimiento del número de docentes y de escuelas en la región respecto a la media nacional. Aunque la deserción también podría contribuir a ello, ya que en la frontera norte se observó un índice promedio de deserción más alto que en el resto del país. Adicionalmente, también se puede destacar que entre los estados de la frontera norte se observan grandes diferencias al respecto, donde sobresalen algunos estados como Nuevo León que muestra una situación favorable, pero también otros estados como Chihuahua, que exhibe situaciones desfavorables.

Otra forma de distinguir las diferencias entre los estados fronterizos es observando los datos disponibles por municipios, aunque en este caso sólo se cuenta con información sobre la distribución de docentes y escuelas a nivel municipal en tres niveles educativos: educación básica, profesional medio y bachillerato. A partir de ello, se puede detectar que las diferencias entre los estados fronterizos también se reproducen entre sus municipios fronterizos y no fronterizos y entre los propios municipios localizados a lo largo de la franja fronteriza. En ese sentido, aunque Nuevo León concentró el porcentaje más alto de los docentes de los tres niveles educativos en la frontera norte, con el 23.51%, éstos representaron tan sólo un pequeñísimo 2.42% de docentes de los municipios fronterizos; contrariamente a Baja California, donde si bien se concentró el 13.72% del total de docentes de los tres niveles educativos, éstos representaron un poco más del 41.67% de los docentes de los municipios fronterizos, durante el ciclo 1998-1999 (véase Anexo 3). Estas grandes diferencias entre las proporciones de docentes en ambos estados, tanto en el contexto de los estados fronterizos como de los municipios fronterizos, se explica por el hecho de que mientras que casi la totalidad de la población bajacaliforniana se considera fronteriza, en Nuevo León sólo un porcentaje mínimo del 3.04 % de su población habita en dicha franja (INEGI, 2000).

De los tres niveles educativos, un poco más del 82% de los docentes de los estados fronterizos eran de educación básica, el 13.12% de bachillerato y 4.59% de educación profesional medio en el ciclo 1998-1999. Del total de docentes de educación básica, nuevamente una alta proporción se concentró en Nuevo León, con el 19.23%, aunque también cabe aclarar que éstos representaron sólo un 2.08% de los docentes de los municipios fronterizos en ese ciclo. Una situación similar se observa en Coahuila, donde si bien se concentró el 12.88% de los docentes de educación básica de los estados fronterizos, éstos representaron sólo el 5.64% del total de docentes fronterizos. Lo contrario se observa en Baja California, que si bien concentró solamente el 11.43% de los docentes de educación básica, éstos representaron cerca del 35% del total de docentes de los tres niveles educativos en la frontera norte; al igual que en Tamaulipas, donde se concentró el 13.46% de los docentes de este nivel educativo, que representaron a su vez un 18.14% del total de los docentes mencionados (véase Anexo 3).

La situación mejora un poco cuando se analizan los datos sólo en el contexto de educación básica. Aunque nuevamente, Nuevo León y Coahuila siguen presentando diferencias extremas al respecto, ya que mientras que la proporción de docentes se incrementó al 23.37%, éstos apenas representaron el 2.49% de los docentes de educación básica, en el ciclo 1998-1999. Lo mismo se observa en Coahuila, donde la proporción de docentes de este nivel educativo fue del 16.36%, pero que representaron tan sólo el 7.05% de los docentes de educación básica de los municipios fronterizos. Por su parte, los estados de Baja California y Tamaulipas, nuevamente se colocaron en la situación contraria, ya que si bien el primero concentró el 13.89% de los docentes de educación básica en la frontera norte, éstos representaron el 41.67% de los docentes de este nivel educativo de los municipios fronterizos; en el segundo, las proporciones fueron del 16.35% y 21.67%, respectivamente. Una situación relativamente paralela se observó en Chihuahua, donde ambas proporciones fueron de alrededor del 18% (véase Anexo 3).

En educación de nivel bachillerato, se observan situaciones más contrastantes. En este caso, nuevamente destacan Nuevo León y Coahuila, pues si bien el primero concentró un poco más del 3% del total de docentes de los tres niveles, éstos representaron un insignificante 0.23% de los docentes de los municipios fronterizos. Una situación similar se puede observar en Coahuila, donde las proporciones fueron del 2.12% y 0.65%, respectivamente. En el otro extremo, ya sólo destaca el caso de Baja California, donde las proporciones correspondientes fueron del 1.69% y 5.14%, en cada caso. Asimismo, en el caso de educación en bachillerato, la situación mejora un poco, aunque las posiciones extremas se las siguen disputando Nuevo León y Coahuila, por un lado, con las proporciones más altas de docentes de este nivel educativo a nivel de estados fronterizos, pero con las más bajas a nivel de municipios de la frontera norte; y por el otro, Baja California y Tamaulipas, con proporciones menos altas de docentes en bachillerato a nivel de estados, pero son las proporciones más altas a nivel municipal (véase Anexo 3).

En la distribución de escuelas por municipios de la frontera norte, se observan situaciones similares a las encontradas en la distribución de docentes, confirmando con ello que algunos estados de la frontera norte son "más fronterizos" y que otros son "menos fronterizos", con lo que se quiere decir en el primer caso que la proporción de su población fronteriza es mayor que la no fronteriza y, por lo mismo, que los docentes y escuelas se localizan en su mayor proporción en la zona fronteriza que en la no fronteriza de estos estados y, en el segundo caso, que una proporción mínima de su población, y por tanto los docentes y escuelas, se localizan en la zona fronteriza de dichos estados, por lo menos en lo que respecta a los tres niveles de educación analizados: básica, bachillerato y profesional media.

En este caso, lás diferencias también se repiten a nivel de estados y a nivel de municipios fronterizos. Pues, mientras que Nuevo León concentró el 19.24% de las escuelas de los tres niveles educativos, éstas sólo representaron un 4.13% de las escuelas localizadas en los municipios de la franja fronteriza. Por su parte, si bien Baja California concentró el menor porcentaje de las escuelas a nivel de estados fronterizos, éstas representaron cerca del 36% de las escuelas a nivel de municipios fronterizos. En educación básica, sin embargo, fue Chihuahua el que concentró el mayor porcentaje de escuelas a nivel de estados, con el 20.73%, siguiéndole Nuevo León y Tamaulipas, con porcentajes similares de un poco más del 17%. Sin embargo, en cuanto a la proporción que dichos porcentajes representaron en el contexto municipal fronterizo, las situaciones en cada uno de estos estados cambia. Pues, mientras que el porcentaje de Chihuahua disminuye al 15.16% de las escuelas localizadas en los municipios fronterizos, el de Nuevo León se reduce a un pequeñísimo 3.83%, aunque cabe mencionar que el porcentaje correspondiente de Tamaulipas se incrementó hasta en 21.41% de las escuelas municipales fronterizas. Por su parte, si bien Baja California concentró el porcentaje más bajo de las escuelas de los tres niveles educativos, éstos representaron un poco más del 33% de las escuelas a nivel municipal en la franja fronteriza (véase Anexo 4).

En el caso particular de educación profesional técnica y de capacitación para el trabajo, cabe mencionar adicionalmente que existe una relativa desvinculación entre las estructuras de educación formal con los diferentes sectores sociales y productivos y entre las propias instituciones educativas, lo que impide una congruencia entre la oferta y la demanda educativa, principalmente en lo que atañe a la capacitación y certificación de estudios y demanda de la actividad industrial de personal calificado. En los pocos casos en que se ha dado alguna vinculación entre las instituciones educativas y el sector productivo, ésta es frágil y las formas de participación no transcienden el ámbito formal. Entre las problemáticas más notorias en este ámbito, se puede mencionar: *a*) la vinculación entre las instituciones educativas y las empresas usuarias de sus servicios se limitan a la firma de convenios con las plantas maquiladoras más grandes, que son las únicas que mantienen una relación regular con estos centros educativos; *b*) debido a que las empresas maquiladoras tienen que cumplir con criterios de competitividad internacional muy exigentes, ello condiciona el tipo de cursos de capacitación que les demandan a los centros educativos, por lo que la demanda se vuelve muy especializada; y *c*) la vinculación entre el sector productivo y las instituciones educativas de capacitación para el trabajo, todavía se circunscribe al ámbito de la relación entre alguna empresa en particular y la escuela, resultando difícil extenderla a un rango más amplio de actividades de vinculación (Hualde, 2001).

Una de las características sobresalientes de la educación superior es que pese al pequeño porcentaje que representa respecto a los otros niveles educativos, siendo apenas el 6.88% de la matrícula de educación básica en el ciclo 1999-2000, en la frontera norte se concentra un poco más de 22% de la matrícula nacional en esta modalidad educativa, lo que se explica por el alto porcentaje concentrado en Nuevo León, que en promedio representó el 6.42% de la matrícula nacional y 29.4% de la matrícula total de los estados fronterizos. Asimismo, en los estados fronterizos se concentró en promedio cerca de 20% del total de docentes de educación superior en el país, destacando también el caso de Nuevo León, que concentró 25.23% de los docentes entre los estados fronterizos. Finalmente, en la frontera norte se localiza en promedio 21.97% de las instituciones de educación superior del país, destacando nuevamente el caso de Nuevo León entre los estados fronterizos, que acaparó el mayor porcentaje de instituciones de este tipo con el 21.48% (INEGI, 2000).

Aunque un poco menos dinámico que los niveles educativos anteriores, las tasas de crecimiento de la matrícula, los docentes y las escuelas de educación superior han sido ligeramente mayores que la media nacional. En este caso, cabe mencionar los casos de Sonora, con la tasa de crecimiento más alto en su matrícula, que fue de 7.94%, y de Nuevo León que tuvo un crecimiento mínimo de 2.85%. Contrariamente, el número de docentes y de escuelas ha crecido ligeramente menos en la frontera norte que en el país, pues mientras que a nivel nacional los docentes crecieron a una tasa promedio de 4.63%; en los estados fronterizos dicha tasa fue de 4.23% en promedio durante la década de los noventa; en este caso, Baja California superó a Sonora, al tener una tasa de crecimiento de 8.95% en promedio, y Tamaulipas se ubicó en el último lugar, con 3.03%. También el crecimiento de las instituciones de educación superior en la frontera norte estuvo muy por debajo de la media nacional, ya que mientras que la tasa de crecimiento promedio en el país fue de 6.81%; en los estados fronterizos, fue de tan sólo 4.61%. En este caso, sobresalen Baja California con 6.93%, que fue la tasa más alta, y Coahuila, con 3.3%, que fue la más baja (véase Anexo 1).

Al igual que en el resto de los niveles educativos analizados, las instituciones de educación superior también se distribuyen de manera muy desigual en la frontera norte, pues de las aproximadamente 112 instituciones de este tipo que existían en 1999, tanto públicas como privadas, un alto porcentaje se concentraba en Nuevo León, con 31.25%; mientras que en Baja California solamente había 5.35%. Sin embargo, el porcentaje de escuelas de educación superior no necesariamente tiene correspondencia con el porcentaje de la matrícula, pues pese al bajísimo porcentaje de instituciones localizadas en Baja California, en esta entidad se atendió a 11.76% del total de alumnos inscritos en los estados fronterizos; contrariamente al caso de Chihuahua, que pese a que concentraba a 26.78% del total de instituciones, sólo atendió a 18.61% del total de los alumnos inscritos en 1999. Sólo en Nuevo León, coincidentemente con el hecho de concentrar el porcentaje más alto de las instituciones, que fue de 31.53%, se atendió también a una proporción similar del total de los alumnos de educación superior en la frontera norte, que fue del 32.7% (INEGI, 2000).

Por su parte, el análisis por estados permite observar la siguiente situación, en lo que respecta a la eficiencia terminal en las instituciones de educación superior: *a*) en general, los porcentajes de egresados respecto a los inscritos en los estados son bajos, pues mientras que en Baja California, los egresados en 1999, sólo representaron 8.37% de los alumnos que se inscribieron en ese año; y aunque Nuevo León concentró el 29.4% de los alumnos inscritos en la frontera norte, en el ciclo 1998-1999, sólo egresó un poco más de 15% de los alumnos inscritos; *b*) los porcentajes de los alumnos titulados respecto al total de los inscritos en los estados fronterizos también fueron mínimos en ese ciclo pues, en Baja California, dicho porcentaje fue sólo del 3.52%, al igual que en Nuevo León, donde el porcentaje fue de 11.2%; la misma situación se presentó en Coahuila, aquí fue de 4.47%; y *c*) respecto al total de egresados, el porcentaje de titulados muestra niveles bastante más aceptables pues, por ejemplo en Nuevo León, fue de 73.56%. Incluso, en Baja California se presenta una situación mucho más favorable, ya que en esta entidad el porcentaje de egresados fue de 42.08%, también Coahuila, mejora su posición, con 34.49% (véase Anexo 5).

Conclusiones

Desde finales de los años setenta, se observa un proceso en marcha de desconcentración-descentralización de funciones y recursos desde el gobierno federal a los gobiernos estatales en México, caracterizado por su larga duración y por las dificultades que ha enfrentado en las distintas fases de su implementación pero, sobre todo, ha respondido predominantemente a iniciativas del gobierno federal, ya que dicho proceso no ha encontrado eco significativo entre las preocupaciones de los gobiernos estatales en la frontera norte. En ese sentido, si bien los gobiernos de los estados fronterizos suscriben una preocupación común hacia la reforma de los esquemas de repartición de los ingresos federales participables a los estados y municipios y por la redistribución de competencias entre los gobiernos de la Federación, en cada entidad federativa no existe una propuesta específica que muestre, por un lado, la importancia del tema del federalismo educativo dentro de las metas y objetivos de gobierno y, por el otro, que sirva de base para la elaboración de una propuesta común de los gobiernos fronterizos al respecto. Aunque, en general, todos se comprometen a contribuir al fortalecimiento del federalismo mediante el diseño de políticas pertinentes a ello, y el apoyo a las acciones y programas que el gobierno federal promueva al respecto. En síntesis, lo que se desprende del análisis de los documentos básicos de los gobiernos estatales es la ausencia de una plataforma institucional y política común respecto al federalismo educativo que, de manera sólida y permanente, sirva de sustento a la interlocución entre los gobiernos de la región y su contraparte federal, tanto en la definición y adopción de políticas y acciones coordinadas de gobierno, como en la negociación política entre ellos.

Además de la evidente desconexión entre las visiones del gobierno federal y las de los gobiernos de los estados fronterizos, en torno al federalismo educativo, un análisis por temas recurrentes y por niveles educativos permite identificar otros elementos de orden más estructural que –eventualmente– podrían dificultar la estructuración de acciones comunes entre los gobiernos estatales o, en su caso, requerirían de acciones compensatorias previas para homologar una base común de acciones al respecto, los cuales se refieren básicamente a la presencia de disparidades en la distribución de los servicios educativos, distintos grados de desempeño institucional en el sector educativo y dificultades en la promoción de la participación social en la educación en la frontera norte. Por ejemplo, a reserva de profundizar en el análisis de casos concretos y de adoptar mecanismos de monitoreo y evaluación al respecto, cabe destacar que, si bien el ejercicio de planeación para el desarrollo regional y educativo no está ausente en los gobiernos estatales y municipales fronterizos, sus productos –los planes estatales y municipales de desarrollo, los programas estatales de educación, etc.– son documentos aislados entre sí, lo que impide considerarlos como base de una planeación regional desde la perspectiva de la coordinación horizontal entre los gobiernos de los estados fronterizos, tanto en el ámbito del desarrollo en general como del desarrollo educativo en particular.

Por su parte, la participación social en la frontera norte aún no encuentra estímulo suficiente en las acciones que, desde el gobierno, se promueven al respecto para generalizarse de manera importante en los estados fronterizos, pues mientras que en algunos estados apenas se está avanzado en la conformación de los Consejos de Participación Social, en aquellos estados donde ya existen, dichos comités no funcionan adecuadamente debido, principalmente, a las diversas restricciones impuestas por el marco institucional de la acción educativa para ello. A partir de lo anterior, algunas de las recomendaciones que pueden hacerse al respecto serían: *a*) hace falta que los distintos actores educativos asuman cabalmente el rol que les corresponde en la educación para hacer más eficiente el proceso de enseñanza-aprendizaje; *b*) se requiere de una mayor promoción de la organización y participación social en la educación y fomentar una mejor comunicación entre maestros, alumnos y padres de familia; y *c*) impulsar un proceso de renovación institucional, que incluya tanto acciones de mejoramiento de la imagen física de las instalaciones, como una mayor eficiencia y eficacia de la gestión educativa y una revaloración institucional sustantiva de la labor docente, entre otras acciones.

En el diagnóstico por niveles educativos se han detectado diversas desigualdades, grados de eficiencia y limitaciones institucionales pues, por ejemplo pese a que como tendencia general los indicadores muestran situaciones relativamente favorables en educación básica, existen notables diferencias en el grado de cobertura entre los municipios. Asimismo, también se observan graves índices de reprobación y de deserción en educación básica en algunos estados fronterizos, principalmente en secundaria. Los docentes y escuelas de educación básica se distribuyen de manera diferenciada, tanto entre los estados como entre los municipios fronterizos y no fronterizos de los estados de la región, lo que puede constituir un factor de retroalimentación de las situaciones de diferenciación entre los municipios fronterizos y no fronterizos de la región. Pese a que los docentes y escuelas han crecido menos en la frontera norte que en el resto del país durante la década de los noventa, la matrícula en educación básica de la región ha crecido más que la media nacional, lo que puede ser un indicador de mayor eficiencia institucional, aunque la alta migración del interior del país hacia la frontera norte también puede explicar el crecimiento de la demanda.

Del análisis del nivel de educación media superior, se desprende que: *a*) los servicios educativos de profesional medio y bachillerato se ofrecen de manera insuficiente en los municipios fronterizos pues, comparados con los indicadores de educación básica, éstos representan porcentajes insignificantes, tanto de la demanda atendida como de escuelas existentes; *b*) estos servicios se ofrecen en forma desigual entre los estados, ya que mientras uno solo de los cinco municipios bajacalifornianos no presta los servicios de educación media superior; en Nuevo León, sólo en cinco de sus 18 municipios fronterizos se ofrecen servicios de bachillerato y en seis de ellos se enseña alguna carrera de profesional medio; y *c*) además de lo anterior, también existen diferencias significativas entre los municipios de un mismo estado, tanto entre el total de los municipios, como entre los municipios fronterizos y los no fronterizos, en cuanto a la prestación de los servicios de educación media superior (INEGI, 2000).

En el caso de las instituciones de educación superior, un análisis preliminar de los datos disponibles permite identificar que en cada estado existen diferencias en cuanto al porcentaje de la matrícula, distribución de instituciones y de eficiencia terminal. Además, también existe la necesidad de emprender un serio proceso de evaluación de su funcionamiento, no sólo para identificar sus fortalezas y debilidades sino, fundamentalmente, para encontrar puntos de equilibrio entre la pertinencia social de sus programas de estudio y su eficiencia terminal, lo que debe llevar inevitablemente a una depuración de su padrón, pues mientras que aproximadamente 70% de las instituciones de educación superior en Nuevo León absorbieron tan solo 7.78% de la demanda atendida; el restante 29% atendió a un poco más de 92% del total de los alumnos inscritos en educación superior. Al respecto, cabe destacar que, tan solo entre la Universidad Autónoma de Nuevo León y el Instituto Tecnológico y de Estudios Superiores de Monterrey se atendió a poco más del 72% de los alumnos que se inscribieron en educación superior en el ciclo 1998-1999 en esta entidad (INEGI, 2000). Además, también se deben revisar los programas de estudio de las instituciones existentes, a fin de garantizar que los egresados adquieran los conocimientos que les permita competir adecuadamente en el marco de la globalización económica y que las carreras que se ofrecen sean pertinentes a las necesidades sociales, culturales y productivas de la región.

Ante las diferencias identificadas en el sector educativo de los estados fronterizos se requiere de acciones generales de política pública, orientadas principalmente a su integración horizontal como región, en donde se comprometan esfuerzos y recursos de los gobiernos de la federación para el fortalecimiento del marco institucional de la acción educativa, la difusión de la cultura de lo fronterizo como experiencia común de las sociedades fronterizas y el diseño de programas integrales de desarrollo educativo, tanto en los niveles de formación básica como en educación superior. Las diferencias interestatales e intermunicipales en la frontera norte también debieran concitar a la acción específica de los gobiernos de cada una de esas entidades, tanto para complementar las acciones de una política educativa fronteriza integral, como para fortalecer los aspectos que en lo particular constituyen su fortaleza, así como poner mayor atención en aquéllos donde se encuentran en desventaja respecto a la media nacional y al interior de los propios estados fronterizos. Los actores involucrados debieran revalorar su rol dentro de los procesos educativos, tanto hacia el fortalecimiento de las acciones propuestas para el desarrollo educativo como en lo relativo al potencial de la participación social, sobre todo en lo concerniente a la contraloría social en el sector educativo.

Anexo 1

Crecimiento promedio de la matrícula, docentes y escuelas por niveles educativos en el país y en los estados de la frontera norte, 1990-2000

Indicadores	*Nal.*	*Est. front.*	*B.C.*	*Son.*	*Chih.*	*Coah.*	*N. León*	*Tamps.*
Matrícula:								
Tasas de crecimiento prom. en educación básica	1.02	1.16	3.59	0.48	0.21	0.58	1.59	1.20
Tasas de crecimiento prom. en educación media superior	3.63	3.18	3.00	3.49	4.70	2.88	2.27	3.41
Tasas de crecimiento prom. en educación para el trabajo	11.21	5.28	2.01	13.53	5.60	7.09	6.32	4.95
Tasas de crecimiento prom. en educación superior	5.15	5.16	7.86	7.94	4.89	4.86	2.85	6.06
Docentes:								
Tasas de crecimiento prom. en educación básica	2.31	1.87	3.83	1.55	1.11	1.38	2.17	1.85
Tasas de crecimiento prom. en educación media superior	3.84	3.32	3.15	3.29	4.39	3.81	3.63	2.05
Tasas de crecimiento prom. en educación para el trabajo	4.60	(0.57)	(1.84)	6.42	1.89	(2.68)	3.73	0.22
Tasas de crecimiento prom. en educación superior	4.63	4.23	8.95	5.34	4.25	3.31	3.21	3.03
Escuelas:								
Tasas de crecimiento prom. en educación básica	3.15	1.99	3.88	2.00	1.35	1.16	2.58	1.75
Tasas de crecimiento prom. en educación media superior	4.87	4.08	4.57	2.49	8.08	5.13	3.71	2.85
Tasas de crecimiento prom. en educación para el trabajo	3.91	(0.54)	1.26	6.76	4.99	(5.50)	0.82	(1.74)
Tasas de crecimiento prom. en educación superior	6.81	4.61	6.93	5.10	4.10	3.30	3.65	6.04

Fuente: Vicente Fox Quesada, *Primer Informe de Gobierno*, México, Presidencia de la República, 2001.

Anexo 2

Principales indicadores de desempeño en tres niveles educativos en la frontera norte, (1990-2000)

Indicadores	*Nal.*	*Est. front.*	*B.C.*	*Son.*	*Chih.*	*Coah.*	*N. León*	*Tamps.*
Eficiencia terminal:								
Promedio en educación primaria	78.5	86.1	93.1	82.6	77.5	89.4	88.9	85.3
Promedio en educación secundaria	75.5	76.2	76.0	72.6	71.0	76.4	85.0	76.3
Promedio en educación profesional técnica	40.0	37.9	26.9	33.7	33.6	45.3	41.7	46.1
Reprobación:								
Promedio en educación primaria	8.1	5.6	5.9	6.4	7.2	4.1	4.1	6.1
Promedio en educación secundaria	23.8	23.2	26.9	23.9	29.6	22.0	16.1	20.8
Promedio en educación profesional técnica	29.3	25.4	25.3	23.8	31.4	28.2	16.0	27.6
Deserción:								
Promedio en educación primaria	3.2	2.2	1.2	2.7	3.6	1.7	1.7	2.2
Promedio en educación secundaria	8.5	8.3	8.4	9.5	10.4	8.1	5.2	8.2
Promedio en educación profesional técnica	28.8	32.2	39.9	35.6	34.3	27.8	29.9	26.0

Fuente: Vicente Fox Quesada, *Primer Informe de Gobierno*, México, Presidencia de la República, 2001.

Anexo 3

Distribución de docentes en los estados y municipios de la frontera norte en tres niveles educativos (ciclo 1998 - 1999)

Indicadores	*B. C.*	*Son.*	*Chih.*	*Coah.*	*N. León*	*Tamps.*	*TEF*	*TMF*
Porcentaje respecto al total de EF	13.72	12.76	17.78	15.86	23.51	16.37	100.00	
Porcentaje respecto al total de MF	41.67	9.76	17.55	6.60	2.42	21.99		100.00
Educación básica:								
Porcentaje respecto al total de EF	11.43	10.30	14.98	12.88	19.23	13.46	82.28	
Porcentaje respecto al total de MF	34.73	7.82	15.01	5.64	2.08	18.05		83.33
Porcentaje respecto al total de EB de EF	13.89	12.52	18.21	15.65	23.37	16.35	100.00	
Porcentaje respecto al total de EB de MF	41.67	9.39	18.02	6.76	2.49	21.67		100.00
Bachillerato:								
Porcentaje respecto al total de EF	1.69	1.81	2.25	2.12	3.05	2.20	13.12	
Porcentaje respecto al total de MF	5.14	1.24	2.13	0.65	0.23	2.56		11.94
Porcentaje respecto al total de bachiller en EF	12.88	3.81	17.15	16.14	23.22	16.80	100.00	
Porcentaje respecto al total de bachiller en MF	43.00	10.38	17.87	5.43	1.90	21.42		100.00
Educación profesional media:								
Porcentaje respecto al total de EF	0.60	0.64	0.55	0.86	1.23	0.71	4.59	
Porcentaje respecto al total de MF	1.81	0.69	0.41	0.32	0.12	1.38		4.73
Porcentaje respecto al total de EPM en EF	12.98	14.02	11.99	18.80	26.68	15.54	100.00	
Porcentaje respecto al total de EPM en MF	38.33	14.68	8.58	6.69	2.48	29.23		100.00

Abreviaturas:

EF = Estados fronterizos
MF= Municipios fronterizos
TEF= Total estados fronterizos
TMF = Total municipios fronterizos
EB = Educación básica
EPM = Educación profesional media

Fuente: Anuarios estadísticos de Baja California, Sonora, Chihuahua, Coahuila, Nuevo León y Tamaulipas, México, INEGI, 1998-1999.

Anexo 4

Distribución de escuelas en los estados y municipios de la frontera norte en tres niveles educativos (ciclo 1998 – 1999)

Indicadores	*B. C.*	*Son.*	*Chih.*	*Coah.*	*N. León*	*Tamps.*	*TEF*	*TMF*
Porcentaje respecto al total de EF	9.73	15.80	21.90	14.76	19.24	18.57	100.00	
Porcentaje respecto al total de MF	35.83	13.08	16.35	7.83	4.13	22.79		100.00
Educación básica:								
Porcentaje respecto al total de EF	9.09	14.65	20.73	13.54	17.86	17.58	93.45	
Porcentaje respecto al total de MF	33.46	11.80	15.16	7.82	3.83	21.41		93.48
Porcentaje respecto al total de EB en EF	9.73	15.68	22.18	14.48	19.11	18.81	100.00	
Porcentaje respecto al total de EB en MF	36.01	12.70	16.32	7.82	4.12	23.04		100.00
Bachillerato:								
Porcentaje respecto al total de EF	0.36	0.70	0.92	0.78	0.75	0.72	4.23	
Porcentaje respecto al total de MF	1.32	0.63	0.94	0.30	0.15	0.96		4.30
Porcentaje respecto al total de bachiller en EF	8.51	16.49	21.83	18.48	17.66	17.03	100.00	
Porcentaje respecto al total de bachiller en MF	30.72	14.71	21.90	6.86	3.59	22.22		100.00
Educación profesional media:								
Porcentaje respecto al total de EF	0.28	0.45	0.27	0.44	0.63	0.27	2.34	
Porcentaje respecto al total de MF	1.04	0.65	0.24	0.27	0.14	0.42		2.76
Porcentaje respecto al total de EPM en EF	12.09	19.12	11.60	18.95	26.80	11.44	100.00	
Porcentaje respecto al total de EPM en MF	37.76	23.47	8.67	9.69	5.10	15.31		100.00

Abreviaturas:

EF = Estados fronterizos
MF = Municipios fronterizos
TEF = Total estados fronterizos
TMF = Total municipios fronterizos
EB = Educación básica
EPM = Educación profesional media

Fuente: Anuarios estadísticos de Baja California, Sonora, Chihuahua, Coahuila, Nuevo León y Tamaulipas, México, INEGI, 1998-1999.

Anexo 5

Alumnos inscritos, egresados y titulados en educación superior en cinco estados de la frontera norte, 1998-1999.

Indicadores:	*B. C.*	*Son.*	*Chih.*	*Coah.*	*N. León*
Porcentaje de inscritos respecto al total de EF	11.73	18.39	18.62	18.55	32.72
Porcentaje de egresados respecto al total de EF	0.98	2.10	2.35	2.41	4.98
Porcentaje de egresados respecto al total de inscritos a nivel estatal	8.37	11.42	12.60	12.97	15.23
Porcentaje de titulados respecto al total de EF	0.41	1.04	1.60	0.83	3.66
Porcentaje de titulados respecto al total de inscritos a nivel estatal	3.52	5.68	8.58	4.47	11.20
Porcentaje de titulados respecto al total de egresados a nivel estatal	42.08	49.73	68.16	34.49	73.57

Fuente: Anuarios estadísticos de Baja California, Sonora, Chihuahua, Coahuila y Nuevo León, México, INEGI, 2000.

Bibliografía

Arnaut, Alberto (1998), *La federalización educativa en México. Historia del debate sobre la centralización y la descentralización educativa (1989-1994)*, México, El Colegio de México.

Barragán M., Esteban (1993), "Avances de la descentralización educativa en México", en María E. Vázquez Nava (coord.), *La administración pública contemporánea en México*, México, Secogef/FCE.

Barba, Bonifacio (coord.), *La federalización educativa: una valoración externa desde la experiencia de los estados*, México, SEP, 2000.

Espinoza V., Víctor A. (1999), "Nuevo federalismo y alternancia política. La descentralización educativa en Baja California", en Víctor Alejandro Espinoza Valle (coord.), *Modernización educativa y cambio institucional en el norte de México*, Tijuana, B.C., El Colef, pp. 129-157

Guillén L., Tonatiuh y Gerardo Ordóñez B. (1992), *Diagnóstico sobre el desarrollo regional fronterizo: Baja California, Sonora y Chihuahua*, El Colef/Consultores en Planeación y Desarrollo. Reporte de Investigación, Tijuana, Baja California.

_____, Gerardo M. Ordóñez B. y Marcos S. Reyes S. (1996), *La otra frontera norte de México. Sociedades y gobiernos de pequeñas dimensiones*, México, Fundación Friedrich Ebert-Representación en México.

Hualde, Alfredo (2001), *Aprendizaje industrial en la frontera norte de México*, México, El Colef/Plaza y Valdés.

Loera V., Armando y Fernando Sandoval S. (1999), "La innovación educativa en el proceso de descentralización en el estado de Chihuahua", en María del Carmen Pardo (coord.), *Federalización e innovación educativa en México*, México, El Colegio de México, pp. 399-485.

López M., Javier (1993), *Reformas constitucionales para la modernización*, México, FCE.

Loyo, Engracia (1999), "El largo camino a la centralización educativa, 1920-1992", en María del Carmen Pardo (coord.), *Federalización e innovación educativa en México*, México, El Colegio de México, pp. 49-62.

Marmolejo, Francisco y Fernando León (2000), "La educación superior en la frontera México-Estados Unidos: convergencias y divergencias", en *Revista de la Educación Superior*, vol. XXIX, núm. 115, México, ANUIES, julio-septiembre.

Mejía A., José A. (1999), "Federalismo e innovación educativa en México. El caso Nuevo León", en María del Carmen Pardo (coord.), *Federalización e innovación educativa en México*, México, El Colegio de México, pp. 243-300.

Reyes Santos, Marcos S. (2003), "La descentralización educativa en Baja California. Reflexiones sobre el nuevo marco político-institucional de la acción educativa y algunas evidencias empíricas", en *Revista Nueva Antropología*, vol. 19, núm. 62, México, Conaculta/INAH/UCM/Colmex/Conacyt, pp. 99-120.

Trejo, Guillermo (1996), "La reforma educativa en México: ambivalencia frente al cambio", en Riordan Roett (comp.), *El desafío de la reforma institucional en México*, México, Siglo XXI, pp. 155-180.

Documentos oficiales

ANMEB (1992), *Acuerdo Nacional para la Modernización de la Educación Básica y Normal*, México, Presidencia de la República.

Anuarios Estadísticos de Baja California, Coahuila, Chihuahua, Nuevo León, Sonora y Tamaulipas, México, INEGI, 2000.

ANUIES (2000), *Estudio de oferta y demanda educativa: Chihuahua*, México, ANUIES/Gobierno del estado de Chihuahua.

LGE (1993), *Ley General de Educación*, México, Poder Ejecutivo Federal.

PEAF (2002), *Programa Especial para un Auténtico Federalismo*, México, Segob.

PEC (2001), *Programa Educativo Coahuila 2001-2005*, Saltillo, Coah., SEP/Gobierno del estado de Coahuila.

PEDBC (2002), *Plan Estatal de Desarrollo del estado de Baja California 2002-2007*, Mexicali, B.C., Coplade/Gobierno del estado de Baja California.

PEDBC (2001), *Plan Estatal de Desarrollo del estado de Baja California 1996-2001. Evaluación Final*, Coplade/Gobierno del estado de Baja California.

PEDC (2000), *Plan Estatal de Desarrollo del estado de Coahuila 2000-2005*, Gobierno del estado de Coahuila, 2000.

PEDCH (1999), *Plan Estatal de Desarrollo del estado de Chihuahua 1999-2004*, Gobierno del estado de Chihuahua, 1999.

PEDNL (1997), *Plan Estatal de Desarrollo del estado de Nuevo León 1997-2003*, Gobierno del estado de Nuevo León, 1997.

PDE (1998), *Programa de Desarrollo Educativo 1998-2003*, SEC/Gobierno del estado de Sonora.

PEDS (1998), *Plan Estatal de Desarrollo del estado de Sonora 1998-2003*, Gobierno del estado de Sonora.

PEDT (1999), *Plan Estatal de Desarrollo del estado de Tamaulipas 1999-2004*, Gobierno del estado de Tamaulipas.

PEE (1999), *Programa Educativo Estatal 1999-2004*, SE/Gobierno del estado de Chihuahua.

PEENL (1997), *Programa Estatal de Educación 2025*, Secretaría de Educación/ Gobierno del estado de Nuevo León.

PNE (2001), *Programa Nacional de Educación 2001-2006*, México, Secretaría de Educación Pública.

PNF (2000), *Programa para un Nuevo Federalismo 1995-2000*. Balance Sexenal, México, Segob.

PSEFI, (2002), *Programa Sectorial Educativo y Formación Integral 2002-2006*, Gobierno del estado de Baja California.

LA SEGURIDAD SOCIAL EN LA FRONTERA NORTE

Elmyra Ybáñez Zepeda

Introducción

Las entidades del norte de México (Baja California, Chihuahua, Coahuila, Nuevo León, Sonora y Tamaulipas), se han caracterizado tanto por el acelerado crecimiento de su población durante las últimas décadas, como por el desarrollo industrial y una importante concentración urbana que les ha permitido ser los estados con mejores indicadores socioeconómicos de México. Sin embargo, al igual que el resto del país y que otras naciones en desarrollo, enfrentan dificultades para el sostenimiento de los regímenes de seguridad social y de atención a la salud de su población.

Si bien es cierto que el desarrollo económico en estos estados se debe principalmente a la capacidad de la mano de obra en el sector industrial y de servicios, también es cierto que no toda la población tiene acceso a este tipo de trabajo formal ni tiene derecho a seguridad social. Los beneficios se concentran sólo en aquellas personas que permanecen en un trabajo formal durante el tiempo necesario para garantizar los derechos tanto a la atención a la salud de ellos mismos y de sus dependientes, como a la pensión y servicios médicos una vez llegado el momento de retiro.

A diferencia del resto de México, en los estados del norte se observan mejores indicadores de calidad de vida, teniendo una esperanza de vida por arriba de la media nacional. En México para el 2000, los hombres tenían una esperanza de vida al nacimiento de 71.6 y las mujeres de 76.5 años, en Baja California la esperanza de vida era de 74.2 años para los hombres y de 78.4 para las mujeres, para Nuevo León, este indicador se encontraba en los 74.7 años para hombres y 78.8 para las mujeres; en Sonora eran 73.7 años para los hombres y 78.5 para las mujeres; en Chihuahua 73.6 años y 77.9 años respectivamente, Coahuila 73.9 años para los hombres y 78.5 para las mujeres y, finalmente Tamaulipas con

73.5 y 77.6 años respectivamente, todos por arriba de la media (Conapo, 2002). Además la población de estas entidades tiene un mejor acceso a los servicios de seguridad social en comparación con el resto del país.

Este capítulo tiene como objetivo brindar un panorama general sobre la seguridad social en las entidades del norte del país que colindan con los Estados Unidos. Con base en información del *Censo General de Población y Vivienda 2000* y datos de la Secretaría de Salud, se describe el estado actual de la seguridad social en cuanto a acceso a servicios de salud, dado tanto por el número de derechohabientes para cada una de las instituciones de seguridad social, como por el uso que la población hace de ellos. También se muestran datos sobre la infraestructura de los servicios de salud y del número de pensionados de cada una de estas entidades. Es importante resaltar que si bien la atención a la salud y la seguridad social se consideran un derecho para todos los mexicanos, la garantía de que esto sea una realidad requiere que se tomen las medidas necesarias para crear y planear la infraestructura necesaria y los programas específicos encaminados a asegurar este derecho para cada uno de los habitantes del país.

La seguridad social en México y en los estados de la frontera norte

Cuando se habla de seguridad social debe recordarse que ésta se compone de diferentes elementos: el seguro social, la asistencia social, las prestaciones que se financian con los ingresos generales del Estado, las asignaciones familiares y las cajas de previsión. Los seguros sociales amparan a la población asalariada, que básicamente pertenece a los sectores con actividades secundarias y terciarias; esto es, a la población con ingresos *estables y controlables*; éstos cubren los riesgos de enfermedades profesionales, maternidad, invalidez, vejez, cesantía por edad avanzada y muerte, en un ámbito territorial restringido a las zonas urbanas (Ramírez,1997).

En México existe el seguro social, la asistencia social y de alguna forma las asignaciones familiares. Éstas son otorgadas a distintos sectores de la población a través de instituciones y organismos federales y estatales, pero no alcanzan a toda la población. La cobertura y protección que hasta ahora ha brindado la seguridad social en México es muy limitada, ya que cubre a trabajadores remunerados que han cotizado durante un tiempo determinado, ya sea en empresas públicas, privadas o paraestatales, contando con protección para la atención de la salud de ellos mismos y sus dependientes directos, así como con pensiones por vejez al cumplir con ciertos requisitos que, en la mayoría de los casos, apenas y alcanzan para comer. Además de la falta de cobertura, la seguridad social se ve limitada por la incapacidad de la economía para generar empleos remunerados.

Una de las características de finales del siglo XX que está presente en la economía mundial, y en especial en países como México, es la relacionada con las dificultades que tiene la creación de trabajo asalariado. Entre 1991 y 1997 más de 70% de las nuevas ocupaciones que se crearon han sido no asalariadas o en muy pequeños negocios. El desempleo abierto es bajo porque los mexicanos más necesitados no poseen seguro de desempleo y aceptan o crean ellos mismos ocupaciones muy precarias (García, 1999). Por otra parte, la contracción de los niveles salariales y el deterioro de las condiciones laborales han requerido que, para compensar los bajos niveles salariales de la mano de obra, un mayor número de miembros de los hogares sean perceptores de ingreso (Oliveira, 1999). Al estar relacionada la seguridad social con el empleo formal, aquellas personas que se emplean en el sector informal o son subempleados, carecen de la protección de la misma. De igual forma, al no crearse nuevos empleos en el sector formal, la financiación de la seguridad social se ve reducida y obstaculiza el crecimiento de la protección, cobertura y servicios que presta hacia la población que ampara.

La seguridad social en México se encuentra dividida en distintas instituciones que cubren a distintos sectores de la población. El Instituto Mexicano del Seguro Social (IMSS) cubre a trabajadores del sector privado; el Instituto de Seguridad y Servicios Sociales de los Trabajadores del Estado (ISSSTE), a los trabajadores del sector público; Petróleos Mexicanos (Pemex) a los petroleros y la Secretaría de la Defensa Nacional (Sedena), a través del ISSFAM (Instituto del Seguro Social de las Fuerzas Armadas de México), se encarga del ejército. Además se encuentran los institutos estatales que protegen a los trabajadores de cada una de las entidades federativas; cada una de ellas ofrecen servicios solamente para la población que amparan, la población que queda al margen de ellas es protegida por la Secretaría de Salud (la parte correspondiente a servicios de salud), y por programas de asistencia social por parte de los gobiernos federal y estatales.

Si bien lo ideal sería que la población total estuviera protegida contra cualquier riesgo de salud o de vulnerabilidad ante la falta de ingresos, en un país como México resulta difícil garantizarlo.

Población cubierta por la seguridad social

La población protegida por la seguridad social es aquella que por estar inserta en el mercado formal de trabajo y haber adquirido los derechos correspondientes para estar afiliado en alguna de las instituciones, se encuentra amparada por ella. También es el caso de aquellos familiares dependientes de los trabajadores, ya sea esposa, hijos, o padres.

Dependiendo de cada institución, los servicios y derechos que se adquieren pueden variar, lo más común es que se encuentren incluidas la atención a la salud, que abarca la parte preventiva; hospitalización y medicinas para los afiliados y familiares dependientes; las pensiones por riesgos de trabajo, vejez y cesantía en edad avanzada, que son para el trabajador; y la pensión de sobrevivientes; es decir, para el cónyuge y para los hijos del trabajador hasta la mayoría de edad. Además de lo anterior, algunas instituciones proporcionan el servicio de guardería y, en algunos casos, seguros médicos privados (esto último sólo para los trabajadores del Banco de México y algunas otras instituciones bancarias).

La población derechohabiente, trabajadores directos y familiares dependientes, en cada uno de los estados es una aproximación a la cobertura de la seguridad social en México y da una idea de la magnitud del esfuerzo que debe hacerse para proporcionar protección a aquella población que más lo necesita, que es la que habita en zonas rurales y que no tienen acceso fácilmente a un trabajo formal y estable con prestaciones que les permitan satisfacer necesidades básicas de atención a la salud y pensiones por vejez, una vez que se llegue a la edad de retiro. A continuación se describe el panorama general de los seis estados del norte del país en cuanto a proporción de derechohabientes en zonas rurales y urbanas, y diferencias por sexo.

Derechohabientes y acceso a servicios de salud

La derechohabiencia tiene una relación directa con la capacidad de la seguridad social para cubrir los riegos de enfermedades y atender las demandas de salud de la población. Debido a la conformación histórica de la seguridad social y a su vinculación directa con el trabajo formal urbano, se espera que haya un mayor número de derechohabientes en zonas urbanas respecto de las rurales. El Cuadro 1 contiene información sobre la pobla-

Cuadro 1. Población derechohabiente y no derechohabiente de los estados del norte del país, según sexo y condición urbano rural, 2000 (%)

	Baja California		*Coahuila*		*Chihuahua*		*Nuevo León*		*Sonora*		*Tamaulipas*	
	Rural	*Urbano*	*Rural*	*Urbano*	*Rural*	*Urbano*	*Rural*	*Urbano*	*Rural*	*Urbano*	*Rural*	*Urbano*
Hombres												
Derechohabientes	6.6	48.9	8.8	61.3	8.0	50.6	5.4	62.6	12.0	45.4	6.8	45.6
No derechohabiente	9.9	34.6	7.4	22.5	17.2	24.2	6.2	25.9	17.0	25.6	15.2	32.4
Mujeres												
Derechohabientes	6.4	51.0	8.4	62.9	8.2	53.2	5.2	63.5	11.9	48.7	6.8	47.1
No derechohabiente	9.0	33.5	6.8	21.9	15.7	23.0	5.7	25.6	15.0	24.5	13.7	32.4

Fuente: Muestra del 10%, XII Censo General de Población y Vivienda 2000, México, INEGI.

ción derechohabiente y no derechohabiente para cada uno de los estados del norte de México separado para hombres y mujeres y distinguiendo entre condición urbana y rural. El 100%, tanto para los hombres como para las mujeres, según sea el caso, se obtiene al sumar las categorías rural y urbano, y derechohabientes y no derechohabientes.

Puede observarse que tanto la población derechohabiente como la que no lo es se concentra en zonas urbanas, tanto para hombres como para mujeres, esto por la sencilla razón de que la mayor parte de la población se encuentra en zonas urbanas. Los estados con mejor cobertura son Nuevo León y Coahuila con más del 60% de población urbana cubierta, mientras que Sonora y Coahuila son los que tienen mayor proporción de derechohabientes en zonas rurales. Los estados que muestran una menor proporción de derechohabientes tanto en zonas rurales como urbanas son: Chihuahua, Sonora y Tamaulipas. En todos los casos, la población derechohabiente de los estados, tanto en zonas urbanas como rurales es de más del 50% de la población.

Si bien la cobertura general de la seguridad social puede verse a través de la derechohabiencia, también es importante resaltar la forma en que se distribuye la población que tiene este derecho en cada una de las instituciones que conforman a la seguridad social. El Cuadro 2 contiene información sobre la distribución porcentual poblacional según la institución de la que es derechohabiente, distinguiendo entre condición rural y urbana.

Existe una diferencia clara entre ambas condiciones. Los estados que tienen una mayor proporción de personas que no son derechohabientes de alguna institución en zonas rurales son: Tamaulipas, Chihuahua y Baja

Cuadro 2. Población derechohabiente por institución de afiliación y población no derechohabiente de los estados del norte del país, según sexo y condición urbano rural, 2000 (%)

	Baja California		*Coahuila*		*Chihuahua*		*Nuevo León*		*Sonora*		*Tamaulipas*	
	Rural	*Urbano*	*Rural*	*Urbano*	*Rural*	*Urbano*	*Rural*	*Urbano*	*Rural*	*Urbano*	*Rural*	*Urbano*
Hombres												
IMSS	35.7	51.4	49.5	64.9	27.6	59.8	41.6	64.6	34.6	52.2	25.0	46.7
ISSSTE	3.3	4.8	4.4	6.8	2.8	4.4	3.1	3.2	4.3	6.5	5.3	7.3
Pemex, Defensa o Marina	0.1	0.4	0.0	0.2	0.1	0.3	0.6	0.7	0.1	0.8	0.5	4.4
No se sabe a cuál	0.9	2.0	0.2	1.3	1.2	3.2	1.2	2.2	2.4	4.5	0.0	0.1
Ninguna derecho-habiencia	60.1	41.4	45.9	26.8	68.3	32.3	53.6	29.2	58.6	36.0	69.1	41.5
Total	100.0	100.0	100.0	100.0	100.0	100.0	100.0	100.0	100.0	100.0	100.0	100.0
Mujeres												
IMSS	35.8	51.4	49.5	64.5	29.3	60.2	41.4	63.9	35.6	53.0	26.3	46.2
ISSSTE	4.3	6.2	5.3	7.9	3.4	5.4	3.9	4.0	5.7	7.9	6.4	8.8
PEMEX, Defensa o Marina	0.2	0.3	0.0	0.2	0.1	0.3	0.5	0.7	0.1	0.8	0.5	4.2
No se sabe a cuál	1.2	2.4	0.3	1.6	1.5	3.9	1.7	2.6	2.9	5.0	0.0	0.1
Ninguna derecho-habiencia	58.5	39.7	44.9	25.8	65.7	30.2	52.6	28.8	55.8	33.4	66.8	40.7
Total	100.0	100.0	100.0	100.0	100.0	100.0	100.0	100.0	100.0	100.0	100.0	100.0

Fuente: Muestra del 10%, XII Censo General de Población y Vivienda 2000, México, INEGI.

California. Asimismo, se observa que la institución que concentra a la mayor parte de los derechohabientes es el IMSS, siendo en Coahuila, Nuevo León y Chihuahua donde se tiene la mayor cobertura urbana. Existe la misma tendencia tanto para hombres como para las mujeres, resaltando que la cobertura de éstas es mejor que la de ellos. Esta situación podría deberse a que es más fácil que una mujer sea dependiente directo de un trabajador y por ésta razón sea derechohabiente a que suceda en el caso inverso; por otra parte, hay que recordar que la creación de empleo formal y con derecho a seguridad social ha tenido problemas en las últimas décadas y un menor número de hombres ingresa al mercado de trabajo formal y con prestaciones.

Otro aspecto de la seguridad social es desde la perspectiva del uso de servicios de salud de la población. A qué lugar acuden las personas en caso de necesitarlo da una imagen de la capacidad de oferta de servicios tanto del sector público como del privado. Las diferencias de acceso a servicios entre zonas urbanas y rurales se deben principalmente a que resulta mucho más sencillo atender las demandas de la población que se encuentra en espacios urbanos concentrados y definidos, a diferencia de las zonas rurales donde la población se encuentra dispersa. En el Cuadro 3 se muestra la distribución de la población usuaria de servicios según institución a la que acuden, el 100% es por cada renglón y el cuadro se encuentra dividido entre población urbana y rural y dentro de estas poblaciones se distingue entre hombres y mujeres.

El uso de servicios de salud se da de forma diferenciada en cada uno de los estados del norte del país. Si bien, en general, la mayor parte de la población usa los servicios del IMSS en casi todos los estados, en zonas urbanas va de 41.6% en Tamaulipas a 59.8% en Coahuila; también es cierto que la atención privada tiene una mayor o igual relevancia que el IMSS, en otros estados, va de 11.9% en zonas rurales en Coahuila a 39.2% en zonas urbanas en Baja California. Los estados donde el uso de servicios privados es menor son Coahuila y Nuevo León, que también tienen una mayor cobertura de otras instituciones, el IMSS en primer lugar, tanto urbana como rural.

Baja California es el estado que se distingue por tener un mayor uso de servicios privados, siendo en zonas rurales (36.0%), poco menor que en zonas urbanas (39.2%). En Sonora, Nuevo León y Tamaulipas es mucho más frecuente el uso de servicios de la Secretaría de Salud en zonas rurales, siendo también Sonora y Tamaulipas los estados donde más se utiliza este tipo de servicios comparando con los otros estados. Cabe recordar que tanto Sonora como Tamaulipas son las entidades que tienen la menor cobertura de derechohabientes en relación con el resto de las entidades del norte del país.

Las diferencias entre lo urbano y lo rural son muy claras en todos los estados. En zonas urbanas existe una mayor frecuencia de uso de servicios del IMSS respecto de las zonas rurales, y un mayor uso de los servicios que proporciona la Secretaría de Salud en zonas rurales respecto a las zonas urbanas. El uso de los servicios del ISSSTE es mayor en el estado de Tamaulipas que en el resto de los estados, 5.3% en zonas rurales y 7.1% en zonas urbanas, siendo de cualquier modo muy baja la proporción de personas que utilizan estos servicios. La presencia del IMSS se nota más en estados como Coahuila, Nuevo León y Chihuahua, también cabe resaltar que es sólo en Tamaulipas, para la población que habita en zonas urbanas, donde existe una mayor presencia de Pemex, Defensa o Marina. En este

Cuadro 3. Usuarios de los servicios de salud según instancia a la que acude de los estados del norte del país, según sexo y condición urbano-rural, 2000 (%)

Población Usuaria	*IMSS*	*ISSSTE*	*Pemex, Defensa o Marina*	*Centro de Salud (SS)*	*IMSS Solidaridad*	*Consultorio, clínica u hospital privado*	*Se atiende en otro lugar*	*No se atiende*
Baja Califonia								
Rural	32.5	3.6	0.1	21.3	1.4	36.0	1.5	3.5
Hombres	32.0	3.2	0.1	21.1	1.2	37.1	1.3	4.0
Mujeres	33.1	4.0	0.2	21.5	1.5	34.9	1.8	3.0
Urbano	44.0	4.8	0.3	6.1	0.3	39.2	2.5	2.9
Hombres	43.8	4.2	0.3	6.1	0.3	39.5	2.3	3.5
Mujeres	44.1	5.4	0.3	6.0	0.2	38.8	2.7	2.4
Coahuila								
Rural	44.2	4.4	0.0	22.9	13.0	11.9	0.8	2.8
Hombres	44.1	4.1	0.0	22.7	13.0	12.0	0.7	3.3
Mujeres	44.3	4.6	0.0	23.0	13.0	11.9	0.8	2.3
Urbano	59.8	6.4	0.2	7.8	0.7	20.8	2.3	2.0
Hombres	60.0	5.9	0.2	7.8	0.7	21.1	2.1	2.2
Mujeres	59.6	6.9	0.2	7.9	0.8	20.5	2.4	1.7
Chihuahua								
Rural	29.9	2.7	0.1	19.8	11.9	29.1	2.8	3.8
Hombres	28.9	2.4	0.1	19.6	11.8	30.1	2.7	4.4
Mujeres	30.9	3.0	0.1	20.0	12.0	28.0	2.9	3.2
Urbano	53.8	4.4	0.3	4.4	0.2	30.4	3.7	2.8
Hombres	53.5	3.9	0.3	4.4	0.2	31.1	3.4	3.2
Mujeres	54.0	4.9	0.3	4.5	0.2	29.8	4.0	2.4
Nuevo León								
Rural	38.6	3.3	0.5	36.6	0.6	17.2	1.5	1.6
Hombres	38.6	3.0	0.6	36.3	0.6	17.6	1.3	1.9
Mujeres	38.6	3.6	0.5	36.9	0.5	16.7	1.7	1.3
Urbano	56.2	3.2	0.7	9.7	0.1	25.9	2.4	1.7
Hombres	56.4	2.9	0.7	9.6	0.1	26.1	2.3	2.0
Mujeres	56.0	3.6	0.7	9.9	0.1	25.7	2.6	1.4
Sonora								
Rural	33.3	4.6	0.1	38.8	0.3	18.3	2.9	1.8
Hombres	32.9	4.1	0.1	38.8	0.2	19.0	2.6	2.3
Mujeres	33.7	5.2	0.1	38.8	0.3	17.5	3.2	1.2
Urbano	47.5	6.7	0.7	11.8	0.1	25.5	5.3	2.4
Hombres	47.0	6.1	0.8	12.0	0.1	26.0	5.1	2.9
Mujeres	48.0	7.3	0.7	11.5	0.1	24.9	5.5	2.0
Tamaulipas								
Rural	25.5	5.3	0.5	26.0	11.1	28.5	1.5	1.5
Hombres	24.9	4.9	0.5	25.6	11.6	29.1	1.6	1.9
Mujeres	26.1	5.8	0.5	26.5	10.7	27.8	1.5	1.1
Urbano	41.6	7.1	4.2	10.9	0.3	32.2	1.4	2.4
Hombres	41.7	6.4	4.3	10.7	0.3	32.5	1.4	2.6
Mujeres	41.4	7.7	4.1	11.0	0.3	31.9	1.4	2.2

Fuente: Muestra del 10%, XII Censo General de Población y Vivienda 2000, México, INEGI.

caso sería Petróleos Mexicanos la institución que presta sus servicios al 7% de la población urbana.

La población a la que no se atiende es muy poca, la mayor proporción se encuentra en las zonas rurales del estado de Chihuahua con el 3.8%, le sigue Baja California con el 3.5% en zonas rurales. La atención y cuidado a la salud, por el hecho de atender las necesidades más apremiantes de la población, ha sido y es uno de los principales esfuerzos de la seguridad social. Sin embargo, queda claro que aún falta mucho por hacer en este sentido, ya que como se muestra en el Cuadro anterior, la proporción de población que se atiende en la iniciativa privada es cerca de la tercera parte y esto puede deberse a la falta de acceso a la seguridad social, o a la mala calidad en el servicios que ésta ofrece; o bien, a mayores beneficios que la población perciba en el servicio que ofrece el sector privado.

Por otra parte, la población que vive en zonas rurales y se atiende en los centros de salud es, aproximadamente, una quinta parte en estados como Baja California, Coahuila y Chihuahua, y más de la tercera parte en Nuevo León y Sonora. Habría que preguntarse sobre el acceso que se tiene a otras instituciones de salud en el ámbito rural en estos estados, así como la concentración de los recursos en ellos en las zonas urbanas. Cabe destacar que la dispersión rural de estos dos estados es algo que también se ha estudiado en los respectivos planes estatales de desarrollo, de ahí la dificultad de que lleguen a esta población los beneficios de la seguridad social. Sin embargo, habría que promover servicios que lleguen o puedan llegar a toda la población.

Al estar vinculada la seguridad social al empleo formal, queda clara la dificultad de que, en zonas rurales, la población llegue a beneficiarse con ser derechohabiente de alguna de las instituciones que la conforman, por lo que habría que plantearse cuál será el futuro de esta población, que también es la más vulnerable, frente a situaciones como las enfermedades y la vejez.

La oferta de servicios de seguridad social en los estados fronterizos

Uno de los componentes principales de la seguridad social es el correspondiente a la atención de la salud. Si la población se encuentra protegida contra los riesgos de este tipo, su productividad y nivel de vida será mejor que en condiciones contrarias. La infraestructura física es un componente primordial e indispensable en la prestación de servicios de salud, de tal manera que su inventario es un indicador de la capacidad del sistema de salud. Un primer elemento lo constituye la capacidad instalada en unidades médicas, sean de consulta externa u hospitalarias.

Hospitales y centros de salud en los estados

Desde el punto de vista de la oferta, es importante el número de hospitales y de unidades de consulta externa que se encuentran en cada uno de los estados norteños. El cuadro 4 muestra el número total de hospitales según su tipo y para cada estado.

Baja California es el estado que muestra el menor número de unidades médicas, solamente 119, frente a Chihuahua o Nuevo León que son las que más unidades tienen (560 y 564 respectivamente), y aún menos que Tamaulipas, con 493, Coahuila, con 383, y Sonora, con 371. Tanto Sonora como Coahuila tienen una población menor a la de Baja California; estos datos muestran una carencia básica en este estado desde el punto de vista de la oferta en infraestructura ya instalada. El simple número de unidades médicas del país o por entidad, dice poco de la capacidad instalada en relación con las necesidades, por lo que se busca indicadores con más sentido que resultan de relativizar las disponibilidades respecto al número de habitantes.

Al construir la relación entre el número de hospitales y centros de salud y el tamaño de la población, y luego ver cómo se distribuyen los recursos

Cuadro 4. Número de hospitales y de centros de salud en los estados fronterizos, 2003.

	Total	*Unidades de consulta externa*	*Unidades de hospitalización*		
			Total	*General*	*De especialidad*
Baja California	119	109	10	7	3
Coahuila	383	344	39	32	7
Chihuahua	560	526	34	29	5
Nuevo León	554	525	29	18	11
Sonora	371	329	42	36	6
Tamaulipas	493	456	37	33	4

Fuente: *Anuario de estadísticas por entidad federativa*, edición 2003, México, INEGI.

Cuadro 5. Número de hospitales y de centros de salud según institución en los estados fronterizos por cada 100 000 habitantes, 2003

Ent. fed.	*Total*	*IMSS*	*ISSSTE*	*Pemex*	*SDN*	*SM*	*Estatal*	*SSA*	*IMSS-Solidaridad*	*Otros*
Baja California	9.2	1.6	0.6	0.1	0.4	0.2	0.9	5.0	0.5	-
Coahuila	16.7	3.1	1.3	0.1	0.3	-	-	8.0	3.6	0.2
Chihuahua	18.3	2.0	1.8	0.1	0.4	-	-	9.2	4.8	-
Nuevo León	14.4	1.7	0.8	0.2	0.1	-	0.1	11.6	-	0.0
Sonora	16.7	3.3	1.8	0.1	0.6	0.3	0.3	10.3	-	-
Tamaulipas	17.9	1.9	1.2	0.5	0.3	0.5	-	9.6	3.9	0.0

Fuente: *Anuario de estadísticas por entidad federativa*, edición 2003, México, INEGI.

entre cada una de las instituciones que otorgan servicios de salud; recordando que las personas acuden con mayor frecuencia al IMSS, sobresale la limitada capacidad de la infraestructura de esta institución para cada uno de los estados. Baja California es el que tiene el menor número de hospitales por cada 100 000 habitantes; mientras que Chihuahua es el estado con mayor número de hospitales por cada 100 000 habitantes, los demás estados se encuentran entre éstos.

Las instalaciones del IMSS tienen mayor presencia en Coahuila y Sonora, seguidos de Chihuahua, Tamaulipas y Nuevo León. El ISSSTE, por otra parte, tiene una mayor infraestructura instalada en Chihuahua y en Coahuila, mientras que Pemex en Tamaulipas. La Secretaría de Salud es la que más hospitales y centros de salud tiene en todos los estados, sobre todo en Nuevo León, Sonora, Tamaulipas y Chihuahua.

En resumen, la diferencia que existe entre cada uno de los estados observados en cuanto a la capacidad de infraestructura instalada para la atención de la salud de la población, tiene una relación directa con la cobertura de la seguridad social por parte de las instituciones que la ofrecen, pues se sabe que aquellos que carecen de seguro social se atienden en la Secretaría de Salud o en los hospitales y clínicas del sector privado.

Las pensiones como uno de los derechos de la seguridad social

La atención a la salud es sólo una parte de lo que conforma a la seguridad social. Otra parte importante la conforman las pensiones. Una pensión es la forma ideal de garantizar el ingreso de las personas una vez llegado el retiro de la actividad económica, o por haber sufrido un accidente de trabajo o por la muerte del trabajador y protege a sus dependientes contra la falta de ingreso. Sin embargo, ésta no se encuentra al alcance de toda la población.

La seguridad social tiene como uno de sus objetivos proteger a la población contra el riesgo de la pérdida o disminución del ingreso a causa de la muerte del miembro de la familia que es el sostén económico del hogar, o por un accidente de trabajo que le cause incapacidad para el mismo, o ante su vejez o cesantía en edad avanzada.

Adquirir este derecho depende no sólo del trabajador, sino de la empresa o entidad para la que se labore y del mercado formal de trabajo. Como se ha mencionado con anterioridad, el trabajo formal no se encuentra al alcance de la mayor parte de la población, por lo que cada vez será más difícil que las personas cuenten con este ingreso. En el cuadro 6 se muestran el número y la proporción de pensionados en los estados fronterizos según sexo y residencia rural/urbana.

Del total de pensionados en cada uno de los estados, la mayor parte se concentra en zonas urbanas. Los estados con mayor número de pensionados son Coahuila y Nuevo León, mientras, el que menor cantidad tiene es Baja California. En todos los casos el número de pensionados hombres es mayor que el de mujeres, siendo Baja California el estado donde la diferencia es menor y Coahuila donde es mayor; esto tal vez tenga que ver con las relaciones de trabajo existentes en ambos estados y que en Baja California haya habido históricamente mayor participación femenina en el mercado de trabajo en comparación con Coahuila. Otra de las diferencias de los estados es la concentración urbana. La mayoría de los pensionados se concentra en las zonas urbanas del estado de Nuevo León y el estado donde hay una mayor concentración de pensionados en zonas rurales es Sonora.

En general, se espera que haya más hombres recibiendo una pensión que mujeres dentro del grupo de los pensionados, esto debido a cuestiones históricas y sociales del mercado de trabajo, ya que son ellos los que son jefes de hogar y regularmente son los que tienen una relación formal de trabajo. Si bien esto es algo que está cambiando, para las mujeres que trabajan resulta difícil estar dentro del mercado formal de trabajo el tiempo suficiente para adquirir los derechos de una pensión, una vez llegada la edad de retiro; y las pensiones que usualmente reciben son por viudez.

Cuadro 6. Número y proporción de pensionados en los estados fronterizos según sexo y residencia rural/urbana, 2000

	Rural	*Urbano*	*Total*	*Rural*	*Urbano*
Baja California	11 661	52 835	64 496	18.1	81.9
Hombres	6 659	28 394	35 053	19.0	81.0
Mujeres	5 002	24 441	29 443	17.0	83.0
Coahuila	13 212	87 321	100 533	13.1	86.9
Hombres	9 361	56 208	65 569	14.3	85.7
Mujeres	3 851	31 113	34 964	11.0	89.0
Chihuahua	11 544	70 425	81 969	14.1	85.9
Hombres	7 958	38 931	46 889	17.0	83.0
Mujeres	3 586	31 494	35 080	10.2	89.8
Nuevo León	13 530	137 772	151 302	8.9	91.1
Hombres	9 204	83 798	93 002	9.9	90.1
Mujeres	4 326	53 974	58 300	7.4	92.6
Sonora	18 365	55 626	73 991	24.8	75.2
Hombres	11 569	31 499	43 068	26.9	73.1
Mujeres	6 796	24 127	30 923	22.0	78.0
Tamaulipas	11 429	64 632	76 061	15.0	85.0
Hombres	7 675	37 499	45 174	17.0	83.0
Mujeres	3 754	27 133	30 887	12.2	87.8

Fuente: Muestra del 10%, XII Censo General de Población y Vivienda 2000, México, INEGI.

Como era de esperarse, en todos los estados, son más hombres que mujeres los que reciben pensión; los estados donde la diferencia es menor son: Baja California, Chihuahua, Sonora y Tamaulipas. En este contexto, la vulnerabilidad de las mujeres frente al riesgo de perder o disminuir el ingreso que reciben durante su vida productiva, es mayor que la de los hombres.

Principales hallazgos y recomendaciones sobre la seguridad social en los estados fronterizos

La región norte de México se distingue del resto del país porque ha sido y es lugar donde confluyen experiencias de dos países que siendo vecinos muestran diferencias económicas, políticas, sociales y culturales que provocan movimientos de la población desde otras entidades del resto del país. Así, una característica de los seis estados de la frontera norte de México es el acelerado crecimiento de su población, debido precisamente a este movimiento de personas que, en busca de mejores condiciones de vida, de un trabajo mejor remunerado o con la esperanza de cruzar a los Estados Unidos, se quedan a vivir en dichos estados concentrándose en sus principales ciudades o en aquellas ciudades fronterizas que colindan e interactúan directamente con los Estados Unidos.

Al ser una región que atrae población en edades productivas, la fuerza de trabajo con que cuentan estas entidades es la que promueve el desarrollo económico de cada uno de los estados. Sin embargo, esta capacidad productiva no se ve reflejada en la cobertura de la seguridad social. Al igual que en el resto del país, la población adscrita a la seguridad social no es toda. En algunos casos como Nuevo León y Coahuila es más del 60% la población derechohabiente, siendo Tamaulipas el estado con menor cobertura, con el 52.4 por ciento.

La seguridad social se encuentra vinculada estrechamente con el mercado formal de trabajo, su financiamiento depende directamente de los ingresos que se generen por el trabajo remunerado de las empresas del sector público y del privado, así como del monto de dichos ingresos. Al no generarse empleo formal, o no de manera suficiente para la población en edades productivas, los ingresos de la seguridad social no alcanzan para llegar a la totalidad de los habitantes de cada uno de los estados. De esta manera, si bien es importante trazar planes de desarrollo que incluyan a la seguridad social y su cobertura como una de las prioridades de los planes estatales, también es importante que quede clara la relación que existe entre el trabajo formal y la propia seguridad social.

La atención a la salud es uno de los componentes fundamentales de la seguridad. Aunque no toda la población sea derechohabiente de alguna institución de seguridad social, la mayoría, en caso de necesitarlo, atiende su salud cuando ésta se quebranta, ya sea en los centros de salud de la Secretaría de Salud o en hospitales y clínicas del sector privado. La salud es un bien primordial para la población y si hasta ahora ha habido avances en materia de acceso y atención en zonas rurales y para aquellas personas con menos recursos, a través de diversos programas federales y estatales, aún es necesario seguir avanzando para que este bien se encuentre al alcance de toda la población.

La cobertura universal sigue siendo una meta para cada uno de los estados, si bien también lo es para el país: que la población pueda disfrutar del derecho y la garantía de contar con la protección que necesite a lo largo de la vida contra los riesgos de salud, pérdida o disminución del ingreso ya sea por accidentes de trabajo o por vejez, y asistencia social en caso de requerirla.

Anexo

Población total de los estados fronterizos del norte de méxico y de los municipios que concentran la mayor proporción de la población total, 2000

	Población total	*% dentro del estado*
Baja California	2 487 367	79.41%
Tijuana	1 210 820	
Mexicali	764 602	
Chihuahua	3 052 907	61.93%
Juárez	1 218 817	
Chihuahua	671 790	
Coahuila	2 298 070	48.20%
Saltillo	578 046	
Torreón	529 512	
Nuevo León	3 834 141	46.46%
Monterrey	1 110 997	
Guadalupe	670 162	
Sonora	2 216 969	50.79%
Hermosillo	609 829	
Cajeme	356 290	
Nogales	159 787	
Tamaulipas	2 753 222	41.75%
Reynosa	420 463	
Matamoros	418 141	
Nuevo Laredo	310 915	

Fuente: Tabulados del XII Censo General de Población y Vivienda 2000, México, INEGI.

Bibliografía

Aguilar Gutiérrez, Genaro (2000), *Desigualdad y pobreza en México, ¿son inevitables?*, México, UNAM, IIE de la UNAM, IPN y CIECAS.

Conapo, *Proyecciones de la población de México, 2000-2050*, México, Secretaría de Gobernación, 2002.

Frenk, Julio, Rafael Lozano (1994), *et al.*, *Economía y salud: propuestas para el avance del sistema de salud en México. Informe final*, México, Fundación Mexicana para la Salud.

_____ (editor) (1997), *Observatorio de la Salud: Necesidades, Servicios, Políticas*, México, Fundación Mexicana para la Salud, A.C.

García Guzmán, Brígida (1999), "Población, trabajo y desarrollo. La necesaria generación de empleos", en *Demos, Carta demográfica sobre México,* México, Instituto de Investigaciones Sociales, UNAM, núm. 12.

Oliveira, Orlandina de (1999), "Familia, ingreso y desarrollo. Políticas económicas, arreglos familiares y perceptores de ingreso", en *Demos, Carta demográfica sobre México*, México, Instituto de Investigaciones Sociales, UNAM, núm. 12.

Ramírez López, Berenice P. (1997), "La seguridad social en México. Qué ha sido, qué se reforma y tendencias", en *Seguridad o Inseguridad Social: Los Riesgos de la Reforma*, México, UNAM, DGAPA, IIES, Triana editores.

Rangel, Georgina M. (1994), "Las modificaciones al sistema de seguridad social y su impacto en las mujeres mexicanas", en Moreno, Pedro (coordinador), *La seguridad social y los trabajadores,* México, Fundación Friedrich Ebert representación en México, Congreso del Trabajo, Centro de Educación y Capacitación para los Trabajadores.

Ruiz Durán, Clemente (editor) (1997), *Sistemas de seguridad social en el siglo XXI,* México, Fundación Luis Donaldo Colosio, Diana.

SITUACIÓN DE LA SALUD EN LA FRONTERA NORTE DE MÉXICO

Ma. Gudelia Rangel Gómez
Raúl S. González Ramírez

Introducción

En México, el derecho a la salud está garantizado por la Constitución. En este sentido, la mayoría de las acciones de salud son responsabilidad de los gobiernos federal y estatales, los cuales se encargan de proveer asistencia médica y hospitalización a través de las instituciones que conforman el Sector Salud, el cual está constituido por instituciones de seguridad y asistencia social.

La fundación del sistema de salud en México data de 1943, año en el que se crearon la Secretaría de Salubridad y Asistencia (SSA), actualmente la Secretaría de Salud, el Instituto Mexicano del Seguro Social (IMSS) y el Hospital Infantil de México. Con el nacimiento de estas instituciones surgió una primera reforma en materia de salud, la cual buscaba responder a las demandas del desarrollo industrial mediante el cuidado a la salud de la población obrera, atendida a través del IMSS y, a partir de 1960 del ISSSTE. La atención médica de los grupos campesinos de la Revolución mexicana fue responsabilidad de la Secretaría de Salubridad y Asistencia (Secretaría de Salud, 2001).

A finales de los años setenta surgió una segunda reforma en materia de salud, cuyo fin fue construir el sistema nacional de salud. Las prioridades principales de estas reformas fueron el primer nivel de atención y la ampliación de la cobertura de salud. En 1983 surgieron varias iniciativas, dos de ellas fueron el reconocimiento constitucional del derecho a la protección de la salud y la promulgación de la Ley General de Salud. Con estas reformas se dio inicio a la descentralización de los servicios de salud dirigidos a la población no asegurada; sin embargo, ésta fue interrumpida debido a la resistencia de los cambios estructurales que se dieron con las nuevas reformas y a los recortes presupuestales durante la crisis de los años ochenta. La descentralización alcanzó solamente a 14 estados, la cual permaneció así hasta 1995 (Secretaría de Salud, 2001).

Actualmente surge una tercera generación de reformas, las cuales tienen como objetivo sustituir "el viejo modelo vertical y segmentado por un modelo universal, participativo y plural" (Secretaría de Salud, 2001).

Entre las prioridades del Sistema Nacional de Salud en México se encuentra asegurar adecuadamente la calidad de la atención médica a los grupos más vulnerables de la población. Por lo que la prestación de servicios de salud en México es proporcionada por tres grupos de prestadores de servicios: el primero lo conforman las instituciones de asistencia social, las cuales proveen atención médica a la población no asegurada. Las instituciones que integran este grupo son la Secretaría de Salud y el Programa IMSS-Solidaridad; el segundo grupo lo conforman las instituciones de seguridad social: el IMSS proporciona atención a los trabajadores del sector formal de la economía; el ISSSTE brinda atención a los empleados públicos; las fuerzas armadas tienen su propia institución de seguridad social, igualmente los trabajadores de Pemex; y el tercer grupo lo conforma el sector privado.

En el presente capítulo se describe la situación de la salud en las entidades fronterizas del norte de México, así como estrategias generales a seguir en torno a las condiciones de salud en esta zona del país. El documento aborda la situación a través de sus indicadores principales: mortalidad, morbilidad y servicios de salud.

Los servicios de salud en la frontera norte de México

La interacción social que existe en la frontera México-Estados Unidos requiere, para efectos de la salud pública, que a la zona fronteriza se le considere una región que exige un esfuerzo conjunto de trabajo por parte de los gobiernos municipales, estatales y federal; así como de la participación de organizaciones no gubernamentales. La frontera entre estos dos países es el símbolo de afinidades y diferencias, donde variables como el desarrollo económico, los servicios de salud y la infraestructura son, posiblemente, los mejores determinantes del estado de salud en ambos países.

En la frontera México-Estados Unidos la salud pública demanda esfuerzos especiales, ya que además de ser una línea divisoria es una región de gran influencia cultural, económica y política recíproca (Organización Panamericana de la Salud, 1989-1991). Los problemas de salud pública se originan y se manifiestan como resultado de la interacción que existe entre los dos países y de otros factores, tales como los hábitos y creencias personales, el nivel educativo, la dinámica poblacional, la organización sociopolítica y la disponibilidad de servicios médicos.

"En cualquier localidad, la magnitud de su población, su tasa de crecimiento y su distribución por edad y sexo están estrechamente relacionadas con las condiciones de vida y de salud, así como con las necesidades de esa población" (Organización Panamericana de la Salud, 2000). El estado de salud de una población y los diversos problemas que en esta materia se presentan, se reflejan en las causas de muerte producidas (mortalidad) y en las enfermedades ocurridas por causas específicas en esa población (morbilidad).

Condiciones de salud en la frontera norte

Mortalidad y esperanza de vida

Entre los indicadores más importantes para medir el estado de salud de una población están la mortalidad, la esperanza de vida, la morbilidad y los servicios de salud. Por lo que resulta importante describir las condiciones de salud de los estados que conforman la frontera norte de México, de acuerdo con el comportamiento de dichos indicadores.

Uno de los principales indicadores del nivel de mortalidad en cualquier región es, sin duda, la esperanza de vida al nacimiento, generalmente representada por el símbolo e^0_0, la cual expresa la cantidad de años que se espera viva un recién nacido. En el caso de los estados de la frontera norte de México (Secretaría de Salud, 2001), los niveles más elevados para 1995 se presentaron en Nuevo León y Baja California, tanto para hombres como para mujeres (véase cuadro 1), llegando incluso a superar los 77 años en el caso de las mujeres neoleonesas.

Coahuila y Sonora también tuvieron niveles similares en hombres (72.4 y 72.2) y en mujeres (76.8 y 76.7). Chihuahua y Tamaulipas presentan los niveles más bajos de las seis entidades consideradas, pues no alcanzaron el nivel de 72 años en hombres, y apenas si rebasaron los 76 años en la población femenina. Como referencia, a nivel nacional, en 1995 la esperanza de

Cuadro 1. Esperanza de vida al nacer para las entidades de la frontera norte, 1995-2002.

Ent. fed.	*Hombres*		*Mujeres*	
	1995[a]	*2002*[b]	*1995*[a]	*2002*[b]
Baja California	72.5	73.69	77.0	78.09
Coahuila	72.4	73.04	76.8	77.80
Chihuahua	71.8	73.15	76.4	77.85
Nuevo León	73.0	73.17	77.4	77.95
Sonora	72.2	72.91	76.7	77.61
Tamaulipas	71.5	72.65	76.1	77.42
Nacional	71.3	72.15	75.9	77.09

Fuentes: [a]Secretaría de Salud. Dirección General de Estadística (2001). Indicadores de Resultados. [b]Secretría de Salud. Dirección General de Información y Evaluación del Desempeño (2003). Anexo I.1.1

vida se estimó en 71.3 para hombres y 75.9 para mujeres, lo cual nos indica que los seis estados estuvieron por encima del promedio nacional.

Para el año 2002, las ganancias en años de vida se dieron en todos los estados, aunque en diferente magnitud; así, Baja California y Nuevo León continuaron liderando el norte de México en lo referente a esperanza de vida masculina, con 73.69 y 73.17 años respectivamente, mientras Chihuahua y Coahuila alcanzaban, a su vez, los 73 años promedio de esperanza de vida al nacimiento. Sonora y Tamaulipas, por su parte, presentan niveles muy cercanos a 73 años. El nivel general en el país continuó siendo menor al de los seis estados aquí presentados.

En el caso de la esperanza de vida femenina, Baja California fue la única entidad que rebasó el nivel de 78 años, aunque Nuevo León llegó a 77.95 años; Coahuila y Chihuahua con 77.8 años, Sonora con 77.61, y Tamaulipas con 77.42, alcanzan a superar la esperanza de vida al nacer del total de las mujeres en el país, que fue de 77.09 años.

Mortalidad general por causa

En los Cuadros 2 al 8 se presentan las principales causas de defunción para el total del país y para cada entidad federativa. La tasa bruta de mortalidad calculada para México fue de 4.33 defunciones por cada mil habitantes, cifra que se puede considerar baja, pero que esconde detrás mucha variación respecto a la estructura por edad de la población y de la mortalidad por causas. A nivel nacional, resaltan dos como las principales causas de muerte, la diabetes Mellitus y las enfermedades isquémicas del corazón, que representaron cada una, más del 10% de las defunciones del país, lo que arroja una tasa de 46.36 y 43.51 defunciones por cada 100 000 habitantes, respectivamente. La cirrosis y otras enfermedades del hígado, así como las enfermedades cerebrovasculares tuvieron una tasa de alrededor de 25

Cuadro 2. Principales causas de mortalidad general a nivel Nacional, 2000**

Orden	*Descripción*	*Defunciones*	*Tasa* 1/*	*%*
	Total**	435 486	433.02	100.0
1	Diabetes mellitus	46 525	46.26	10.7
2	Enfermedades isquémicas del corazón	43 753	43.51	10.1
3	Cirrosis y otras enfermedades crónicas del hígado	25 378	25.23	5.8
4	Enfermedad cerebrovascular	25 357	25.21	5.8
5	Ciertas afecciones originadas en el período perinatal	19 377	19.27	4.5
6	Enfermedad pulmonar obstructiva crónica	15 890	15.80	3.7
7	Infecciones respiratorias agudas bajas	14 213	14.13	3.3
8	Accidentes de tráfico de vehículo de motor	13 755	13.68	3.2
9	Agresiones (homicidios)	10 634	10.57	2.4
10	Nefritis y nefrosis	9 782	9.73	2.3
11	Enfermedades hipertensivas	9 747	9.69	2.2
12	Desnutrición calórico protéica	8 863	8.81	2.0
13	Tumor maligno de tráquea, bronquios y pulmón	6 225	6.19	1.4
14	Enfermedades infecciosas intestinales	5 208	5.18	1.2
15	Tumor maligno del estómago	4 980	4.95	1.1
16	Tumor maligno del cuello del útero	4 604	4.58	1.1
17	VIH/Sida	4 196	4.17	1.0
18	Uso de alcohol	4 193	4.17	1.0
19	Tumor maligno del hígado	4 169	4.15	1.0
20	Tumor maligno de la próstata	3 835	3.81	0.9
	Causas mal definidas	8 551	8.50	2.0
	Otras	146 251	145.42	33.6

* 1/ Tasa por 100,000 habitantes

** Los totales no incluyen defunciones de residentes en el extranjero.

Fuente: Secretaría de Salud. Obtenido de la página de internet: www.ssa.gob.mx

Cuadro 3. Principales causas de mortalidad en Baja California, 2000

Orden	*Descripción*	*Defunciones*	*Tasa 1/**	*%*
	Total	11 364	475.73	100.0
1	Enfermedades isquémicas del corazón	1 447	60.58	12.7
2	Diabetes mellitus	1 125	47.10	9.9
3	Enfermedad cerebrovascular	602	25.20	5.3
4	Ciertas afecciones originadas en el período perinatal	523	21.89	4.6
5	Cirrosis y otras enfermedades crónicas del hígado	503	21.06	4.4
6	Agresiones (homicidios)	411	17.21	3.6
7	Infecciones respiratorias agudas bajas	334	13.98	2.9
8	VIH/sida	270	11.30	2.4
9	Enfermedad pulmonar obstructiva crónica	248	10.38	2.2
10	Accidentes de tráfico de vehículo de motor	238	9.96	2.1
11	Nefritis y nefrosis	219	9.17	1.9
12	Tuberculosis	198	8.29	1.7
13	Tumor maligno de tráquea, bronquios y pulmón	182	7.62	1.6
14	Enfermedades hipertensivas	164	6.87	1.4
15	Envenenamiento accidental	132	5.53	1.2
16	Desnutrición calórico protéica	112	4.69	1.0
17	Tumor maligno del cuello del útero	110	4.60	1.0
18	Tumor maligno del estómago	98	4.10	0.9
19	Tumor maligno de la mama	98	4.10	0.9
20	Tumor maligno del colon y recto	92	3.85	0.8
	Causas mal definidas	149	6.24	1.3
	Otras	4 109	172.02	36.2

* 1/ Tasa por 100 000 habitantes

Fuente: Secretaría de Salud. Obtenido de la página de internet www.ssa.gob.mx

por 100 000 cada una, esto es poco menos del 6% de las muertes en el año 2000 para cada enfermedad. La quinta causa de defunciones se relaciona con las afecciones originadas en el período perinatal, seguida por las defunciones causadas por las enfermedades pulmonares y las infecciones respiratorias agudas bajas. Dos tipos de muertes violentas (accidentes de vehículo automotor y homicidios) ocupa los lugares octavo y noveno, cada una presentan tasas de mortalidad superiores a 10 por 100 000. La nefritis y la nefrosis ocupan el décimo lugar con una tasa de 9.73, prácticamente igual al nivel de las enfermedades hipertensivas, que alcanzó 9.69 defuncio-

Cuadro 4. Principales causas de mortalidad en Coahuila, 2000

Orden	*Descripción*	*Defunciones*	*Tasa* 1/*	*%*
	Total	10 229	429.23	100.0
1	Diabetes mellitus	1 403	58.87	13.7
2	Enfermedades isquémicas del corazón	1 394	58.49	13.6
3	Enfermedad cerebrovascular	715	30.00	7.0
4	Cirrosis y otras enfermedades crónicas del hígado	422	17.71	4.1
5	Enfermedad pulmonar obstructiva crónica	369	15.48	3.6
6	Accidentes de tráfico de vehículo de motor	356	14.94	3.5
7	Nefritis y nefrosis	269	11.29	2.6
8	Ciertas afecciones originadas en el período perinatal	266	11.16	2.6
9	Enfermedades hipertensivas	228	9.57	2.2
10	Tumor maligno de tráquea, bronquios y pulmón	224	9.40	2.2
11	Infecciones respiratorias agudas bajas	214	8.98	2.1
12	Desnutrición calórico protéica	153	6.42	1.5
13	Agresiones (homicidios)	121	5.08	1.2
14	Tumor maligno del estómago	114	4.78	1.1
15	Tumor maligno de la mama	114	4.78	1.1
16	Tuberculosis	103	4.32	1.0
17	Tumor maligno del cuello del útero	103	4.32	1.0
18	Tumor maligno de la próstata	101	4.24	1.0
19	Lesiones autoinfligidas intencionalmente (suicidios)	99	4.15	1.0
20	Tumor maligno del hígado	90	3.78	0.9
	Causas mal definidas	165	6.92	1.6
	Otras	3 206	134.53	31.3

* 1/ Tasa por 100 000 habitantes

Fuente: Secretaría de Salud. Obtenido de la página de internet www.ssa.gob.mx

nes por 100 000 habitantes. En los lugares del décimosegundo al vigésimo se encuentran las defunciones por desnutrición calórica protéica, por tumores malignos de diversos órganos, así como por el VIH/Sida, por las enfermedades infecciosas intestinales y por el consumo de alcohol.

Las causas no varían mucho de estado a estado, sino que, más bien, reflejan el comportamiento presentado por el país en su conjunto, con algunas diferencias en cuanto al ordenamiento de las causas, así como la aparición de una causa específica en algunos de los estados fronterizos. En general, en la región que nos ocupa, tenemos como principal causa de

Cuadro 5. Principales causas de mortalidad en Chihuahua, 2000

Orden	*Descripción*	*Defunciones*	*Tasa* 1/*	*%*
	Total	15 358	500.87	100.0
1	Enfermedades isquémicas del corazón	2 080	67.83	13.5
2	Diabetes mellitus	1 322	43.11	8.6
3	Enfermedad cerebrovascular	867	28.28	5.7
4	Ciertas afecciones originadas en el período perinatal	661	21.56	4.3
5	Enfermedad pulmonar obstructiva crónica	613	19.99	4.0
6	Cirrosis y otras enfermedades crónicas del hígado	595	19.40	3.9
7	Agresiones (homicidios)	586	19.11	3.8
8	Accidentes de tráfico de vehículo de motor	518	16.89	3.4
9	Infecciones respiratorias agudas bajas	446	14.55	2.9
10	Enfermedades hipertensivas	362	11.81	2.4
11	Tumor maligno de tráquea, bronquios y pulmón	319	10.40	2.1
12	Nefritis y nefrosis	289	9.43	1.9
13	Lesiones autoinfligidas intencionalmente (suicidios)	233	7.60	1.5
14	Desnutrición calórico protéica	198	6.46	1.3
15	Envenenamiento accidental	162	5.28	1.1
16	Tumor maligno del estómago	156	5.09	1.0
17	Tumor maligno de la mama	154	5.02	1.0
18	Tumor maligno del cuello del útero	149	4.86	1.0
19	Tumor maligno de la próstata	146	4.76	1.0
20	Enfermedades infecciosas intestinales	143	4.66	0.9
	Causas mal definidas	337	10.99	2.2
	Otras	5 022	163.78	32.7

* 1/ Tasa por 100 000 habitantes

Fuente: Secretaría de Salud. Obtenido de la página de internet: www.ssa.gob.mx

muerte las enfermedades del corazón, seguida de la diabetes mellitus, excepto en Coahuila en donde el orden se invierte; las enfermedades cerebrovasculares se encuentran en tercer lugar, seguidas por enfermedades del hígado; luego se ubican diversas enfermedades que son comunes en los seis estados fronterizos, como son ciertas afecciones originadas en el período perinatal, agresiones (homicidios), enfermedades pulmonares obstructivas crónicas, nefritis y nefrosis, infecciones respiratorias agudas bajas, y tumores malignos de diversos órganos del cuerpo.

No obstante, es importante resaltar algunos padecimientos que llevan a la muerte y que presentan importantes niveles en la frontera norte y que

Cuadro 6. Principales causas de mortalidad en Nuevo León, 2000

Orden	*Descripción*	*Defunciones*	*Tasa 1/**	*%*
	Total	16 122	416.66	100.0
1	Enfermedades isquémicas del corazón	2 397	61.95	14.9
2	Diabetes mellitus	1 601	41.38	9.9
3	Enfermedad cerebrovascular	1 112	28.74	6.9
4	Cirrosis y otras enfermedades crónicas del hígado	688	17.78	4.3
5	Enfermedad pulmonar obstructiva crónica	600	15.51	3.7
6	Ciertas afecciones originadas en el período perinatal	508	13.13	3.2
7	Infecciones respiratorias agudas bajas	476	12.30	3.0
8	Nefritis y nefrosis	472	12.20	2.9
9	Tumor maligno de tráquea, bronquios y pulmón	403	10.42	2.5
10	Enfermedades hipertensivas	307	7.93	1.9
11	Tumor maligno de la mama	216	5.58	1.3
12	Accidentes de tráfico de vehículo de motor	186	4.81	1.2
13	Tumor maligno del estómago	177	4.57	1.1
14	Tuberculosis	169	4.37	1.1
15	Tumor maligno del hígado	157	4.06	1.0
16	Tumor maligno de la próstata	155	4.01	1.0
17	Malformaciones congénitas del corazón	144	3.72	0.9
18	Lesiones autoinfligidas intencionalmente (suicidios)	144	3.72	0.9
19	Tumor maligno del páncreas	135	3.49	0.8
20	Desnutrición calórico protéica	131	3.39	0.8
	Causas mal definidas	224	5.79	1.4
	Otras	5 720	147.83	35.5

* 1/ Tasa por 100 000 habitantes.
Fuente: Secretaría de Salud. Obtenido de la página de internet www.ssa.gob.mx

no son tan relevantes a nivel nacional o que están en lugares inferiores. Tal es el caso del VIH/Sida que ocupó el lugar decimoséptimo en todo el país, pero que en Baja California se encuentra en el octavo lugar con una tasa de 11.3 defunciones por cada 100 000 habitantes. Otra causa de mortalidad que llama la atención es el cáncer de mama, que aparece en todas las entidades de la frontera norte con niveles que oscilan alrededor de cinco defunciones por 100 000 personas, pero que a nivel nacional no figura entre las principales causas de defunción. La tuberculosis es otro de los padecimientos importantes que aparece como una de las principales causas de muerte en los estados fronterizos, a excepción de Chihuahua,

Cuadro 7. Principales causas de mortalidad en Sonora, 2000

Orden	*Descripción*	*Defunciones*	*Tasa* 1/*	*%*
	Total	10 468	465.94	100.0
1	Enfermedades isquémicas del corazón	1 606	71.48	15.3
2	Diabetes mellitus	1 025	45.62	9.8
3	Enfermedad cerebrovascular	530	23.59	5.1
4	Ciertas afecciones originadas en el período perinatal	438	19.50	4.2
5	Enfermedad pulmonar obstructiva crónica	393	17.49	3.8
6	Accidentes de tráfico de vehículo de motor	387	17.23	3.7
7	Tumor maligno de tráquea, bronquios y pulmón	348	15.49	3.3
8	Cirrosis y otras enfermedades crónicas del hígado	345	15.36	3.3
9	Infecciones respiratorias agudas bajas	261	11.62	2.5
10	Enfermedades hipertensivas	243	10.82	2.3
11	Desnutrición calórico protéica	205	9.12	2.0
12	Agresiones (homicidios)	198	8.81	1.9
13	Nefritis y nefrosis	179	7.97	1.7
14	Tumor maligno del estómago	162	7.21	1.6
15	Lesiones autoinfligidas intencionalmente (suicidios)	131	5.83	1.3
16	Tumor maligno de la mama	109	4.85	1.0
17	Tuberculosis	107	4.76	1.0
18	Tumor maligno de la próstata	105	4.67	1.0
19	Enfermedades infecciosas intestinales	103	4.58	1.0
20	Tumor maligno del cuello del útero	87	3.87	0.8
	Causas mal definidas	123	5.47	1.2
	Otras	3 383	150.58	32.3

* 1/ Tasa por 100 000 habitantes.

Fuente: Secretaría de Salud. Obtenido de la página de internet www.ssa.gob.mx

con tasas alrededor de 4.5 en Sonora, Coahuila, Nuevo León y Tamaulipas, y prácticamente del doble en Baja California, con 8.29 defunciones por cada 100 000 habitantes.

Mortalidad infantil

Otro indicador muy importante es la Tasa de Mortalidad Infantil (TMI) que indica el número de fallecimientos de menores de un año por cada

Cuadro 8. Principales causas de mortalidad en Tamaulipas, 2000

Orden	*Descripción*	*Defunciones*	*Tasa* 1/*	%
	Total	11 719	427.73	100.0
1	Enfermedades isquémicas del corazón	1 720	62.78	14.7
2	Diabetes mellitus	1 470	53.65	12.5
3	Enfermedad cerebrovascular	683	24.93	5.8
4	Cirrosis y otras enfermedades crónicas del hígado	518	18.91	4.4
5	Accidentes de tráfico de vehículo de motor	501	18.29	4.3
6	Ciertas afecciones originadas en el período perinatal	388	14.16	3.3
7	Enfermedad pulmonar obstructiva crónica	379	13.83	3.2
8	Tumor maligno de tráquea, bronquios y pulmón	266	9.71	2.3
9	Nefritis y nefrosis	253	9.23	2.2
10	Enfermedades hipertensivas	247	9.02	2.1
11	Agresiones (homicidios)	239	8.72	2.0
12	Infecciones respiratorias agudas bajas	218	7.96	1.9
13	Desnutrición calórico protéica	162	5.91	1.4
14	Tumor maligno del hígado	148	5.40	1.3
15	Lesiones autoinfligidas intencionalmente (suicidios)	136	4.96	1.2
16	Tumor maligno del cuello del útero	132	4.82	1.1
17	Tuberculosis	130	4.74	1.1
18	Tumor maligno del estómago	130	4.74	1.1
19	Tumor maligno de la mama	124	4.53	1.1
20	Ahogamiento y sumersión accidentales	123	4.49	1.1
	Causas mal definidas	141	5.15	1.2
	Otras	3 611	131.80	30.8

* 1/ Tasa por 100 000 habitantes.
Fuente: Secretaría de Salud. Obtenido de la página de internet www.ssa.gob.mx

mil nacidos vivos en un período determinado. La información para las entidades federativas del norte de México se presenta en el cuadro 9 (Secretaría de Salud, 1999).

En contraste con los niveles presentados por la esperanza de vida para cada estado, la mortalidad infantil tiene un comportamiento diferente. El estado de Baja California presentó el mayor nivel durante la década pasada, aunque hay que reconocer la importante disminución lograda en esos diez años, pues pasó de 27.5 a poco menos de 19 defunciones infantiles por mil nacimientos, lo que representa una disminución de casi la tercera

Cuadro 9. Tasa de mortalidad infantil (*) para las entidades de la frontera norte, 1990-2002

Ent. fed.	*1990*	*1995*	*2000*	*2002 Masculino*	*2002 Femenino*
Baja California	27.5	20.3	18.9	18.96	14.64
Coahuila	16.2	11.7	8.6	19.08	14.78
Chihuahua	25.8	16.1	15.6	20.68	16.13
Nuevo León	17.3	13.5	11.7	18.16	13.98
Sonora	21.6	14.6	13.6	20.62	16.09
Tamaulipas	16.2	10.0	10.6	20.86	16.31

(*) Por cada 1 000 nacidos vivos.
Fuentes:
[a]Secretaría de Salud (2001). *Indicadores de Resultados*. Dirección General de Estadística.
[b]Secretaría de Salud (2003). *Salud-México 2002. Información para la rendición de cuentas. Segunda edición*. Dirección General de Información y Evaluación del Desempeño. Subsecretaría de Innovación y Calidad. Segunda edición.

parte del nivel original. Coahuila tuvo el más bajo nivel de los seis estados, y a la vez la reducción más significativa en términos relativos, ya que disminuyó en casi la mitad su nivel, al pasar de 16.2 a 8.6 defunciones infantiles por cada mil nacimientos.

Por su parte, Chihuahua disminuyó de 25.8 a 15.6, mientras que Nuevo León pasó de 17.3 a 11.7; Sonora, otro estado con más de 21 defunciones por mil en 1990, logró bajar su TMI a 13.6 en solamente 10 años. Mención especial merece Tamaulipas, pues es el único estado que presentó un ligero aumento en los últimos cinco años de la década, aunque la tendencia general es hacia la disminución del nivel de mortalidad infantil. A manera de referencia, la TMI a nivel nacional en el año 2000 fue de 24.9 fallecimientos de menores de un año por mil nacidos vivos.

Mortalidad materna

Este término se refiere a las defunciones relacionadas con el embarazo, parto y puerperio, así como sus complicaciones, y se expresa por 10 mil nacidos vivos registrados durante el período de referencia. Esta información se presenta en el cuadro 10 (Secretaría de Salud, 1999).

De acuerdo con esa información, no existe una clara tendencia de la mortalidad materna en el norte de la República, debido a la propia natu-

Cuadro 10. Tasa de mortalidad materna (*) para las entidades de la frontera norte, 1990-2002

Ent. fed.	*1990*[a]	*1995*[a]	*2000*[b] *(p)***	*2002*[b] *(p)*
Baja California	3.25	1.62	3.34	2.93
Coahuila	0.84	3.15	3.60	4.35
Chihuahua	5.60	3.18	4.13	6.17
Nuevo León	2.33	1.52	3.40	2.85
Sonora	2.47	3.05	2.66	4.47
Tamaulipas	1.78	1.46	6.67	4.11

(*) Por 10 mil nacimientos registrados durante el período de referencia.
** (p) Preliminares. Hace referencia a la probabilidad de morir antes del primer año de vida.
Fuentes: [a]Secretaría de Salud (2001). *Indicadores de Resultados*. Dirección General de Estadística.
[b]Secretaría de Salud (2003). *Salud-México 2002. Información para la rendición de cuentas. Segunda edición*. Dirección General de Información y Evaluación del Desempeño. Subsecretaría de Innovación y Calidad. Segunda edición.

raleza del fenómeno. En efecto, en algunos estados como Coahuila y Tamaulipas donde la mortalidad materna fue relativamente más baja en 1990, para el año 2000 sus niveles fueron mucho más elevados, inclusive, esta entidad prácticamente cuadruplicó el valor de la TMM, llegando a 6.67 defunciones por cada 10 mil nacimientos.

El valor más bajo para el año 2000 lo tuvo Sonora con 2.66, mientras que los estados de Nuevo León y Baja California mostraron altibajos, para finalmente llegar a poco más de tres defunciones por cada 10 mil nacimientos. Chihuahua, por otra parte, mostró el más alto nivel de los estados fronterizos en 1990 con 5.6⁰/ooo, y aunque disminuyó su TMM a 3.18 cinco años después, en el 2000 volvió a incrementarse en más de cuatro defunciones. Sin embargo, hay que señalar que este indicador es muy sensible a variaciones aleatorias de las defunciones, es decir, una sola puede alterar considerablemente el valor de la TMM.

Morbilidad

La situación de la salud en esta región, en cuanto a su morbilidad, nos indica que las enfermedades más frecuentes en la frontera norte de México, de acuerdo al número de casos acumulados reportados en el Sistema

Nacional de Vigilancia Epidemiológica, hasta el año 2000, fueron en primer lugar las infecciones respiratorias agudas en los seis estados, registrándose las tasas más altas en Coahuila, Nuevo León y Sonora. El segundo lugar lo ocuparon las infecciones intestinales, presentándose las tasas más altas en Coahuila, Tamaulipas y Chihuahua. En tercer lugar se encuentran las infecciones de vías urinarias (véase cuadro 11).

Las enfermedades crónico degenerativas también ocupan un lugar importante en la región, tal es el caso de la hipertensión arterial y la diabetes mellitus, en donde las tasas de hipertensión arterial más altas fueron en Baja California con 680.74 casos por cada 100 mil habitantes, Tamaulipas con 631.29 y Coahuila con 571.31. En el caso de la diabetes mellitus, las tasas más altas se presentaron en Tamaulipas con 522.27 casos, Coahuila con 476.39 y Baja California con 415.16.

Otro padecimiento que ha cobrado mayor importancia en la región, en los últimos años es el asma, encontrándose las tasas más altas en Tamaulipas con 488.58 por cada 100 mil habitantes y Baja California con 483.6.

En cuanto a padecimientos específicos transmisibles y que también son representativos en la región, se encuentran la tuberculosis con una tasa de incidencia de 25 casos por cada 100 mil habitantes contra 15.6 a nivel nacional; presentándose las tasas más altas en Baja California y, dentro del estado, Mexicali presentó una tasa de 48.7 y Tijuana de 44.1 (OPS, 2003).

Para las ciudades fronterizas del sur de Estados Unidos el comportamiento de este padecimiento en cuanto a la tasa de incidencia para el año 2000, como se observa en la Gráfica 2, fue más alta en las ciudades de Webb (22.3) e Imperial (21.1).

Las tasas más altas de Sida, al igual que de tuberculosis, para los estados fronterizos del norte de México se presentaron en Baja California, con una tasa de 83.0, y Tijuana con tasa de 107.0. Para este mismo padecimiento, Ciudad Juárez ocupó el segundo lugar después de Tijuana, con una tasa de 82.9; cabe señalar que la tasa de incidencia más baja se presentó en Nuevo León (5.5). Como se puede observar en la gráfica siguiente, la tasa a nivel nacional por este padecimiento fue de 25.2.

En lo que respecta a los estados fronterizos del sur de Estados Unidos, las tasas de incidencia de este padecimiento son mayores que del lado mexicano; presentándose la tasa más alta en Nuevo México (197.0) y en California (120.9). Las ciudades fronterizas con las tasas más altas son San Diego (149.3), Doña Ana (144.0), Presidio (136.9) y la tasa más pequeña se presentó en Imperial y Maverick (21.1).

Cuadro 11. Principales causas de morbilidad en la frontera norte de México, 2000

Padecimiento	*Baja California*		*Sonora*		*Chihuahua*		*Coahuila*		*Nuevo León*		*Tamaulipas*	
	Total	*Tasa**	*Total*	*Tasa**	*Total*	*Tasa**	*Total*	*Tasa**	*Total*	*Tasa**	*Total*	*Tasa**
Infecciones respiratorias agudas	611 391	25 595.00	803 840	35 779.50	949 692	30 972.20	960 197	40 291.601	454 629	37 593.90	891 248	32 529.70
Infecciones intestinales por otros organismos	126 110	5 279.36	141 071	6 279.17	209 378	6 828.43	178 784	7 502.09	234 203	6 052.81	202 318	7 384.42
Infección de vías urinarias	75 031	3 141.03	79 879	3 555.47	115 756	3 775.14	110 708	4 645.50	119 084	3 077.64	108 438	3 957.89
Úlceras gastritis y duodenitis	26 894	1 125.87	28 814	1 282.53	47 791	1 558.60	40 135	1 684.14	62 021	1 602.89	44 512	1 624.65
Hipertensión arterial	16 261	680.74	8 820	392.58	15 674	511.17	13 616	571.35	11 977	309.54	17 296	631.29
Otitis media aguda	13 934	583.32	26 346	1 172.68	20 658	673.72	13 999	587.42	40 085	1 035.97	20 062	732.24
Otras helmintiasis	12 285	514.29	14 940	644.99	9 585	312.59	5 136	215.52	13 555	350.32	27 374	999.13
Asma	11 562	483.60	8 023	357.11	11 688	381.18	6 962	292.14	13 043	337.09	13 386	488.58
Varicela	11 316	473.72	8 378	372.91	17 554	572.49	11 563	485.20	21 960	567.54	15 162	553.40
Diabetes mellitus	9 917	415.16	4 482	199.50	8 660	282.43	11 353	476.39	9 100	235.18	14 309	522.27
Amebiasis intestinal	9 374	392.43	12 371	550.64	14 694	479.21	16 070	674.33	28 799	744.29	18 612	679.32
Insuficiencia venosa periférica	6 779	283.79	7 974	354.93	9 637	314.29	8 056	338.04	13 437	347.27	9 209	336.12
Neumonías y bronconeumonías	6 308	264.07	12 058	536.71	8 499	277.18	6 262	262.76	14 873	384.38	8 720	318.27

*Tasa por 100 mil habitantes.

Fuente: Secretaría de Salud. Dirección General de Epidemiología (2000). *Sistema Único de Información para la Vigilancia Epidemiológica.*

Gráfica 1. Tasa de Incidencia de Tuberculosis para distintas áreas geográficas de los estados fronterizos del norte de México

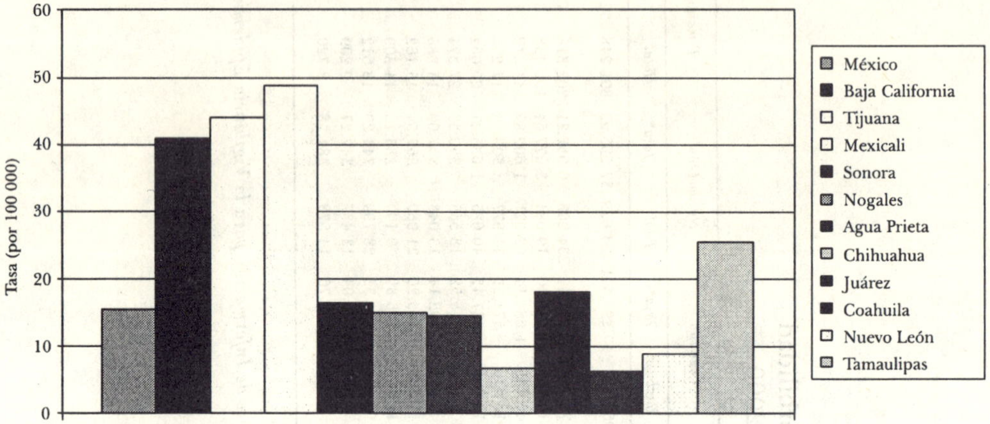

Fuente: Dirección de Vigilancia Epidemiológica. Secretaría de Salud 2000.

Gráfica 2. Tasa de Incidencia de Tuberculosis para distintas áreas geográficas del Sur de los Estados Unidos

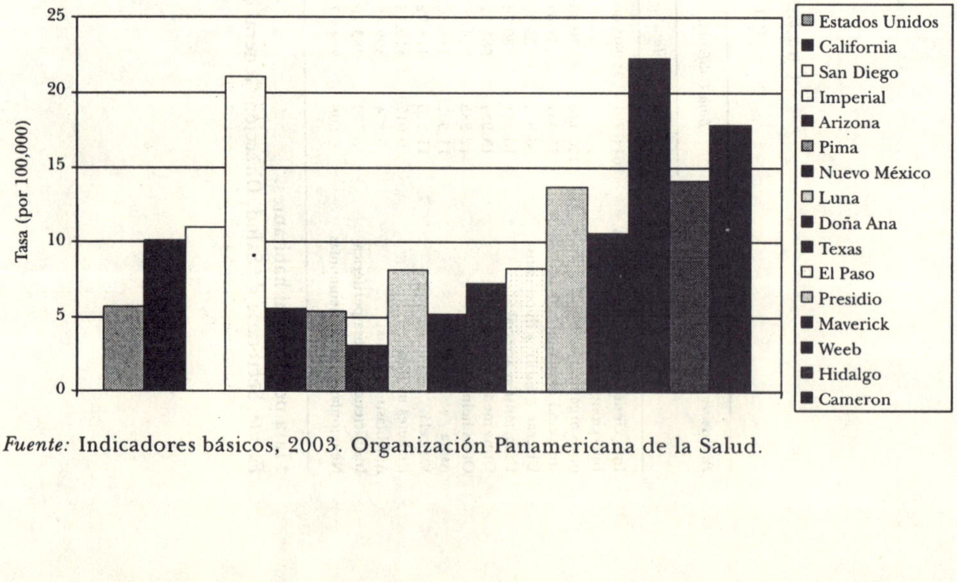

Fuente: Indicadores básicos, 2003. Organización Panamericana de la Salud.

Gráfica 3. Tasa de Incidencia de Sida para distintas áreas geográficas de la frontera norte de México.

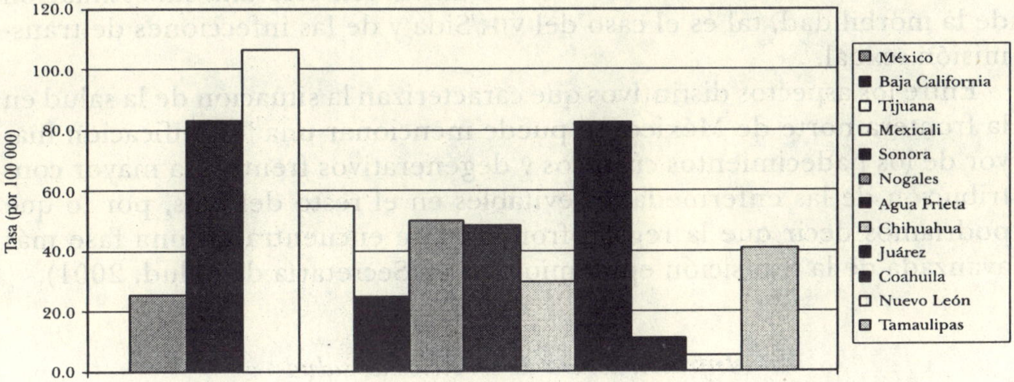

Fuente: Dirección General de Epidemiología. Registro Nacional de casos de Sida. Secretaría de Salud. 2000.

Gráfica 4. Tasa de incidencia de Sida para distintas áreas geográficas del sur de Estados Unidos

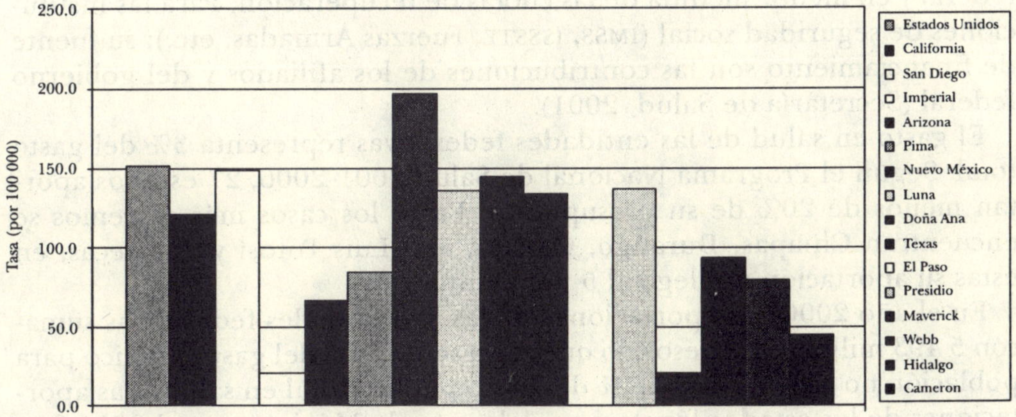

Fuente: Indicadores básicos, 2003. Organización Panamericana de la Salud.

Es importante mencionar que un problema bastante fuerte en México es el subregistro que existe en la notificación de enfermedades tanto transmisibles como no transmisibles, ocasionando con esto una subestimación de la morbilidad, tal es el caso del VIH/Sida y de las infecciones de transmisión sexual.

Entre los aspectos distintivos que caracterizan la situación de la salud en la frontera norte de México, se puede mencionar una "significación mayor de los padecimientos crónicos y degenerativos frente a la mayor contribución de las enfermedades evitables en el resto del país, por lo que podríamos decir que la región fronteriza se encuentra en una fase más avanzada de la transición epidemiológica" (Secretaría de Salud, 2001).

Infraestructura de servicios de salud

Recursos financieros

Según el Programa Nacional de Salud 2001-2006 en 1998, los recursos destinados para atender la salud en México ascendieron a más de 23 mil millones de dólares, lo que representó el 5.6 % del PIB (2.5% correspondió a recursos públicos y 3.1 % a recursos privados). Para el año 2000, el gasto ascendió a 135,141 millones de pesos, lo que representa en términos reales un descenso de 2.8% respecto a 1999.

La fuente de financiamiento de las instituciones que atienden a la población no asegurada proviene en gran parte de recursos del gobierno federal y en menor medida de las cuotas de recuperación. Para las instituciones de seguridad social (IMSS, ISSSTE, Fuerzas Armadas, etc.); su fuente de financiamiento son las contribuciones de los afiliados y del gobierno federal (Secretaría de Salud, 2001).

El gasto en salud de las entidades federativas representa 3% del gasto total. Según el Programa Nacional de Salud 2001-2006, 27 estados aportan menos de 20% de su presupuesto. Entre los casos más extremos se encuentran Chiapas, Durango, Oaxaca, San Luis Potosí y Zacatecas, en éstas su aportación no llega al 5 por ciento.

En el año 2000, las aportaciones de las 32 entidades federativas sumaron 5 493 millones de pesos, lo que representa 14% del gasto público para población no asegurada y 4.1% del gasto público total en salud. Las aportaciones de los estados fronterizos del norte de México para el 2001 fueron más altas en Sonora, Nuevo León y Tamaulipas. La aportación más baja corresponde al estado de Baja California.

Una característica que resulta importante mencionar del gasto público, es que éste se concentra principalmente en la atención de segundo nivel (curativa). El IMSS destina aproximadamente 75% de su presupuesto a este nivel de atención mientras el ISSSTE aporta 65 por ciento.

En lo que respecta al gasto privado en salud, éste proviene directamente del bolsillo del usuario o, en menor medida, del servicio o seguro médico contratado por la empresa en la que labora.

Finalmente, vale la pena señalar que la actual organización y también la calidad de los servicios del sistema de salud obliga a los derechohabientes, por ejemplo del IMSS e ISSSTE, a utilizar los servicios de salud privados y en muchas ocasiones los de las instituciones que atienden a la población no asegurada.

Servicios de salud

Los servicios con los que se cuenta para atender los problemas de salud en la población son un indicador muy importante ya que, dependiendo de su infraestructura, en esa medida se garantiza la calidad de la atención que recibe la población.

En México, el derecho a la salud está garantizado por la Constitución. En este marco, la mayoría de las actividades de salud pública son administradas por los gobiernos estatales y federal, los cuales se encargan de proveer asistencia médica y hospitalaria subsidiada por medio de varias instituciones, entre las que destacan: el Instituto Mexicano del Seguro Social (IMSS), el Instituto de Seguridad y Servicios Sociales de los Trabajadores del Estado (ISSSTE), IMSS-Solidaridad, Pemex, Sedemar y Sedena; y por último, instituciones que atienden a la población no asegurada como es la Secretaría de Salud.

Cobertura

Según información obtenida del Programa de Desarrollo Frontera Norte "Frontera Saludable 2001-2006" de la Secretaría de Salud, y tal como se observa en el cuadro 12, en la región fronteriza del norte de México se cuenta con 426 unidades médicas; de éstas, 51 son hospitales, los cuales

Cuadro 12. Infraestructura de los Servicios de Salud en los estados fronterizos del norte de México

Ent. fed.	*Unidades médicas privadas*	*Unidades médicas sector público*	*Hospitales incluidos*	*Camas censables*	*Total consultorios*	*Unidades móviles SSA*
Baja California	0	126	11	1 045	550	14
Sonora	36	47	13	314	230	8
Chihuahua	21	76	7	628	480	7
Coahuila	9	20	5	203	155	2
Nuevo León	0	13	0	2	24	1
Tamaulipas	34	144	15	1 043	566	12
Total	100	426	51	3 235	2 005	44

Fuente: Secretaría de Salud. Programa de Desarrollo Frontera Norte "Frontera Saludable 2001-2006".

cuentan con 3 235 camas censables y 375 unidades de primer nivel de atención con 2 005 consultorios; de éstos, 1 237 son generales y 768 de especialidad. En lo que respecta a la atención hospitalaria y tomando como indicador una cama por cada mil habitantes, en la región se registra un déficit de 2 125 camas.

Como se puede observar en la gráfica siguiente, la población derechohabiente con seguridad social a nivel estatal es de 53% para el IMSS, 5% para el ISSSTE y 6% para otras instituciones, como Pemex, Sedemar y Sedena. La población atendida por los servicios estatales de salud, entre ellos, la Secretaría de Salud e IMSS-Solidaridad es de 35.8% (Secretaría de Salud, 2001).

Programas prioritarios de salud

El Programa Nacional de Salud 2001-2006 tiene como principales prioridades el cuidado de la salud de los grupos más vulnerables y ciertos padecimientos específicos, entre aquéllos podemos mencionar:

- Los adolescentes y los adultos jóvenes
- Los ancianos
- Los incapacitados

Gráfica 5. Cobertura de Servicios de Salud en la frontera norte de México por institución.

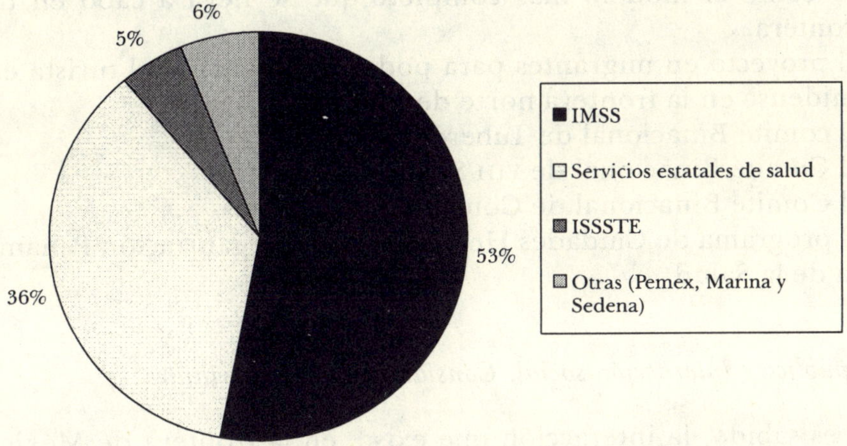

Fuente: Secretaría de Salud. Programa de Desarrollo Frontera Norte "Frontera Saludable 2001-2006".

- La atención de la salud de los migrantes y sus familias
- La mortalidad materna
- El VIH/Sida
- Sobrepeso y obesidad
- Consumo de drogas ilegales
- Tabaquismo
- Vialidad insegura
- Protección contra riesgos ambientales

Resulta importante mencionar que los gobiernos federales, estatales y municipales de ambos países han hecho un gran esfuerzo al establecer convenios binacionales de trabajo conjunto sobre los problemas de salud más frecuentes en la frontera, cuyos objetivos son principalmente conocer el impacto de estos problemas en la población, con estudios que sirvan para implementar estrategias de prevención y control.

Algunos de estos esfuerzos son:

- La creación de la Comisión de Salud Fronteriza México-Estados Unidos.
- El proyecto binacional para la vigilancia epidemiológica de las enfermedades febril exantemáticas y de las hepatitis, el cual es considerado como el modelo más completo que se lleva a cabo en toda la frontera.
- El proyecto en migrantes para poder dar atención al turista estadounidense en la frontera norte de México.
- El comité Binacional de Tuberculosis.
- El Comité Binacional de VIH/Sida e ITS.
- El Comité Binacional de Combate a las Drogas.
- El programa de Ciudades Hermanas de la Organización Panamericana de la Salud.

Salud pública e interacción social. Consideraciones importantes

Como es sabido, la interacción que existe en la frontera de México con Estados Unidos se da en varios campos, y en el área de la salud se manifiesta en las siguientes vertientes:

1. El uso de servicios de salud de personas Estadunidenses que cruzan la frontera específicamente para atenderse; ejemplo de ello es la ciudad de Tijuana, a la cual residentes de aquel país visitan para solicitar servicios odontológicos, recurren a los servicios de medicina alternativa para pacientes con cualquier tipo de cáncer, o simplemente realizan la compra de medicamentos.
2. El uso de servicios de salud por parte de residentes de la frontera norte de México hacia los Estados Unidos, que se basa principalmente en atención prenatal y posnatal, inmunizaciones, y en el uso de servicios que son proporcionados en hospitales de alto nivel.
3. La interacción social que existe en la frontera de México con Estados Unidos facilita en algunos casos específicos la transmisión de enfermedades, como por ejemplo el VIH/Sida, las infecciones de transmisión sexual y la tuberculosis. Esto debido a ciertos factores que favorecen la transmisión de esos padecimientos, entre los que se pueden citar las condiciones sociales, económicas y culturales de los individuos; factores que los hacen más vulnerables a adquirir dichas enfermedades (Bronfman y Minello, 1999).

Investigación

Una de las necesidades que actualmente existen en el área de la salud pública en la frontera norte de México es el desarrollo de investigación, que permita medir el impacto de los problemas de salud en la población. En este sentido, existe la necesidad de realizar investigación epidemiológica, con el fin de determinar cuáles son los grupos más vulnerables a desarrollar enfermedades y los factores de riesgo en los que estos grupos se ven involucrados.

Entre los problemas de salud más frecuentes en la frontera norte de México, de acuerdo con las estadísticas existentes, se encuentran las enfermedades crónico degenerativas, la tuberculosis, el asma, el VIH/SIDA, y las hepatitis. La mortalidad por cáncer cérvicouterino y cáncer de mama también está aumentando, junto con el problema de las adicciones; si bien es cierto, desde el punto de vista biológico, que éstas no están clasificadas como una enfermedad, sí contribuyen de manera importante en el estado de salud de la población. Otro tema que resulta importante de estudiar y que hasta la fecha se ha investigado muy poco es la salud ambiental.

Los retos de la salud pública en la frontera norte de México

Estrategias generales

Para diseñar políticas sanitarias, establecer prioridades o determinar posibles estrategias de intervención sobre los problemas de salud más frecuentes en la frontera norte de México, existe la necesidad de entender y explicar los procesos de la salud pública propios de la frontera norte en sus múltiples dimensiones. Para lograr esto se requiere de la implementación de programas que involucren la cuestión binacional, estos programas deben llevarse a cabo de acuerdo con las prioridades a largo, mediano y corto plazo. Dentro de las acciones prioritarias se encuentran:

Mejorar el Sistema de Vigilancia Epidemiológica existente, el cual debe considerar los siguientes elementos:

- La sistematización de un registro de información, definido como el proceso sistemático de recolección, clasificación y análisis de datos de las enfermedades reportadas por el Sistema Único de Vigilancia Epidemiológica (SUIVE, Secretaría de Salud, 2000b), así como de las enfermedades de interés regional, que cumplan con los requisitos básicos de calidad como la integridad, exactitud, oportunidad y comparabilidad.

- Recursos humanos capacitados para estimar la magnitud y trascendencia que representan los problemas de salud en la frontera norte de México, detectar y efectuar el seguimiento de casos de acuerdo a lo establecido en las normas oficiales correspondientes, y realizar el diagnóstico oportuno de laboratorio, así como la realización de las medidas de control alrededor del caso.
- Creación y equipamiento de laboratorios que garanticen el diagnóstico oportuno.
- Actualización de tecnología en materia de equipo y programas de cómputo, equipo de diagnóstico, etcétera.

Desarrollo de investigación en salud, que permita medir el impacto de los problemas de salud en la población

Al respecto, es importante mencionar el gran esfuerzo realizado por la Oficina Regional de la Organización Panamericana de la Salud ubicada en el Paso, Texas, al darse a la tarea de convocar a todas las instituciones académicas de ambos lados de la frontera con el fin de discutir la necesidad de desarrollar una agenda de investigación en salud fronteriza. Se pone énfasis en la fragmentación que existe de los esfuerzos y recursos, incluyendo la investigación, en las actividades de salud fronteriza y el escaso intercambio de información de los proyectos de investigación y sus resultados entre los investigadores fronterizos y los proveedores de servicios de salud. Como consecuencia, el uso de los resultados de la investigación para el desarrollo de las políticas de salud y ambiente es limitado.

La agenda de investigación en salud fronteriza considera cuatro áreas temáticas prioritarias y en cada una de ellas se mencionan los padecimientos más urgentes a investigar, así como las poblaciones más vulnerables en quienes hay que focalizar el desarrollo de la investigación. Las áreas que incluye esta agenda son: prevención y control de enfermedades; salud y ambiente; sistemas, servicios de salud y desarrollo de recursos humanos; y salud, sociedad y desarrollo.

Diseño y ejecución de campañas permanentes de prevención

A corto plazo, existe la necesidad de desarrollar y ejecutar campañas emergentes de prevención dirigidas a los grupos más vulnerables.

Modelos de atención integrados

Es importante considerar que muchas de las acciones en salud fronteriza deben tener un enfoque binacional, en donde, tanto Estados Unidos como México movilicen talentos, recursos y las percepciones de la población e instituciones de ambos lados de la frontera. Aunque se han obtenido logros al establecer acuerdos binacionales, muchos de éstos no se llevan a la práctica. No existen modelos de atención propios que consideren las características de la región (por ejemplo la migración a estas ciudades como lugar de paso hacia los Estados Unidos), ocasionando con esto la interrupción de actividades al término o suspensión del presupuesto destinado a esas actividades, el cual, en su mayoría, es financiado por los gobiernos y organizaciones civiles de Estados Unidos.

Por lo anterior, existe la necesidad de que los modelos de atención sean contemplados dentro del presupuesto de los programas estatales y nacionales de salud y que en él se considere la promoción, el fomento a la salud y el acceso a tratamientos. Dentro de estos modelos es necesario que se tome en cuenta a la población migrante.

Estrategias específicas

Las estrategias propuestas se agrupan en tres áreas temáticas: salud pública (prevención y protección de la salud), atención médica y calidad de servicios, investigación y enseñanza. También se describen las estrategias propuestas para padecimientos específicos.

Salud Pública (prevención y protección de la salud)

- Fortalecimiento de campañas de prevención en sus diferentes programas a corto plazo.
- Fortalecimiento de campañas permanentes de prevención.

- Implementación de programas de prevención de los problemas de salud con la ayuda de la iniciativa privada.
- Difusión contínua en todos los medios de comunicación sobre medidas preventivas, a través de mensajes que resulten claros y directos para la comunidad.
- Programas permanentes de salud escolar con participación del sector salud, educativo y el involucramiento de los padres.
- Implementación o fortalecimiento de programas de prevención sobre el problema de adicciones, a través de la participación de todos los sectores de la población.
- Fortalecer los programas de salud sexual y reproductiva.
- Implementar un programa de sensibilización dirigido a quienes toman decisiones en cuanto a los programas de educación sexual.
- Impulsar el involucramiento del hombre en los programas de salud.
- Promover los programas de la tercera edad.
- Promover la creación y/o mejoramiento de programas de atención a la población discapacitada.

Atención médica y calidad de los servicios

- Modelos de atención integral para la frontera norte de México.
- Conocimiento de las normas de salud por parte de los profesionales de la salud de Estados Unidos que colaboran en proyectos binacionales.
- Fomentar el uso oportuno de los servicios de salud.
- Apoyar el equipamiento de laboratorios.
- Reducir el tiempo de espera de los servicios de salud.
- Sensibilización del personal de salud para proporcionar una atención más integral.
- Promover que los servicios de salud en todas sus áreas se proporcionen con calidad y calidez.
- Dar prioridad a los servicios de salud de acuerdo a las necesidades y características de la frontera norte de México.
- Evaluación de programas existentes de servicios de salud, a través del impacto en la población.

Investigación-enseñanza

- Fortalecer la colaboración entre instituciones académicas y los servicios de salud, para establecer proyectos de investigación conjuntos de acuerdo a las prioridades más apremiantes.
- Aprovechar la información ya existente en los servicios de salud para generar investigación.
- Promover la investigación y la acción con las instituciones académicas, considerando intervención y evaluación.
- Capacitación contínua de todo el personal involucrado en proporcionar servicios de salud (certificación de médicos).
- Desarrollar investigación en VIH/Sida/ITS en poblaciones vulnerables; así como adicciones, tuberculosis, enfermedades crónicas, calidad y calidez de los servicios de salud, políticas públicas en el campo de la salud, salud reproductiva en adolescentes, violencia intrafamiliar, fármaco-resistencia de tuberculosis y la realización de un diagnóstico situacional de la infraestructura y calidad y calidez de los servicios de salud en la región.

Estrategias para algunos padecimientos

Mortalidad materna y perinatal

- Evaluación de programas de planificación familiar.
- Incremento en las consultas prenatales mediante la promoción.
- Actualización y capacitación de los protocolos de atención.
- Coordinación intersectorial y participación ciudadana.
- Reglamentar el acceso al aborto no punible.

Enfermedades diarréicas, respiratorias y desnutrición

- Fomento a la salud, a través de medios masivos de comunicación.
- Medidas preventivas.
- Capacitación y educación contínua al personal de salud.
- Garantizar el acceso a los servicios de salud con calidad.
- Impulsar la promoción de la salud, a través de la participación social.

Tuberculosis

- Fortalecer los sistemas de diagnóstico.
- Asegurar el abasto de medicamentos de primera y segunda línea.
- Educación y promoción de la salud.
- Fortalecer los servicios de los sistemas de referencia y contrarreferencia.
- Desarrollo de investigación operativa y clínica.
- Implementar estrategias para atacar la multiresistencia.
- Mejorar y sistematizar el sistema de información epidemiológica, facilitando el acceso de todos los sectores a la información.

Enfermedades emergentes

- Establecer y/o mejorar la coordinación intersectorial y participación ciudadana.
- Difusión a nivel masivo de medidas preventivas.
- Evaluación de los modelos de atención social en adicciones.
- Capacitación del personal de salud de acuerdo a lo establecido en la Norma Oficial Mexicana para la Violencia.
- Fomento de estilos de vida saludables con relación a las enfermedades crónico degenerativas.
- Fortalecer los servicios de los sistemas de referencia y contrarreferencia.
- Mejorar y sistematizar el sistema de información epidemiológica para facilitar el acceso de la información a todos los sectores.

Otras estrategias

- Análisis binacional de legislación, reglamentación y estándares así como detección de obstáculos para la colaboración binacional.
- Involucramiento de quienes toman decisiones en los comités binacionales de salud.
- Apoyar y fortalecer las prioridades que en materia de salud estableció la Comisión de Salud Fronteriza México-Estados Unidos.
- Mejorar los sistemas de vigilancia epidemiológica.

- Fortalecer los programas de salud binacional en los diferentes niveles de gobierno.
- Involucramiento de los sectores no gubernamentales, la iniciativa privada y las ONG en los programas de salud.
- Evaluación y diagnóstico sistemático de emisión de sustancias tóxicas para la industria.
- Democratización de los sistemas de información para la toma de decisiones.
- Fortalecimiento de los grupos de apoyo.
- Involucramiento de los estados expulsores de migrantes –sea a la frontera norte o a Estados Unidos– en los programas de salud, tanto en las comunidades de origen, como en las de tránsito y destino.

Discusión

El comportamiento de la mortalidad en la frontera norte nos indica que las enfermedades crónico degenerativas ocupan las primeras causas de muerte; sin embargo este comportamiento es similar al nacional. No obstante es importante mencionar algunos padecimientos que no figuran en las diez principales causas de muerte a nivel nacional y que en la frontera norte presentan importantes niveles, tal es el caso del VIH/Sida, cáncer de mama y tuberculosis, este último padecimiento considerado como una enfermedad de rezago y que en la actualidad no se ha podido erradicar. Entre los problemas principales del rezago de padecimientos como la tuberculosis se encuentra la pobreza.

Las enfermedades que ocupan los primeros lugares en la frontera norte son las infecciones respiratorias agudas, las infecciones intestinales y las infecciones de las vías urinarias. Las enfermedades crónico degenerativas también ocupan un lugar importante, entre éstas destacan por presentar tasas más altas, la hipertensión arterial y la *diabetes mellitus*. El VIH/Sida y la tuberculosis representan un grave problema de salud pública, presentándose en ambos padecimientos las tasas de incidencia más altas que a nivel nacional. Entre los factores que favorecen el incremento de dicha incidencia se encuentra la elevada tasa de crecimiento demográfico, generada en gran parte por su alta inmigración y el intercambio social que existe entre las principales ciudades fronterizas de México y Estados Unidos.

En cuanto al Sistema de Salud en México, es importante destacar para la frontera norte, la participación de varias iniciativas binacionales que han contribuido al mejoramiento de los servicios, reflejándose éste en una mejor atención médica. Igualmente es importante destacar la participación de otras instituciones federales las cuales a través de los programas Oportunidades y Hábitat han financiado programas encaminados a la prevención, control y atención de algunos padecimientos, entre ellos el VIH/Sida y tuberculosis.

Otra iniciativa implementada a nivel federal por la Secretaría de Salud en los últimos tres años es el Seguro Popular de Salud cuyo objetivo principal es ofrecer una mayor cobertura para la población que no cuenta con seguridad social.

A pesar de los avances tecnológicos y científicos en materia de salud, es importante resaltar que aún existe desigualdad en la distribución de los recursos entre las regiones y grupos sociales del país, es decir, aquellas entidades más pobres son las que cuentan con menos infraestructura.

Finalmente, dentro de las necesidades en materia de salud en la frontera norte de México, se consideran importantes: 1. El desarrollo de investigación en poblaciones vulnerables sobre VIH/Sida/ITS, adicciones, tuberculosis, enfermedades crónicas, salud reproductiva en adolescentes, violencia intrafamiliar, fármaco-resistencia de tuberculosis y la realización de un diagnóstico situacional de la infraestructura, y calidad y calidez de los servicios de salud en la región. Por la interacción social que se da entre algunas de las ciudades fronterizas de ambos países, la investigación en salud debe de contener el carácter binacional. 2. La evaluación de programas de salud que permitan medir el costo de efectividad de los mismos.

Bibliografía

Bronfman, Mario. y N. Minello (1993). "Hábitos sexuales de los migrantes temporales mexicanos a los Estados Unidos. Prácticas de riesgo para la infección por VIH". en *Reporte Técnico*, México, Conasida (en la diferente bibliografía revisada de estos autores, no aparece el nombre completo de los autores).

Bronfman, Mario. y N. Minello (1999). "Hábitos sexuales de los Migrantes Temporales Mexicanos a los Estados Unidos. Prácticas de Riesgo para la Infección por VIH", en *Sida en México: migración, adolescencia y género*, México, Colectivo Sol, Conasida, p. 89 (las instituciones responsables de la publicación son las que se mencionan en el renglón de arriba).

El Colegio de la Frontera Norte, Secretaría del Trabajo y Previsión Social y El Consejo Nacional de Población (1994), *Encuesta sobre migración en la frontera norte de México. Síntesis ejecutiva* (Executive Summary of the survey of migration to the northern border of Mexico).

Instituto Nacional de Estadística, Geografía e Informática (2001), XII Censo General de Población y Vivienda 2000.

Organización Panamericana de la Salud. Indicadores Básicos de Salud, 2003.

Organización Panamericana de la Salud, Secretaría de Salud, México (1994), *Perfiles de Salud de las Comunidades Hermanas: Frontera México-Estados Unidos 1989-1991*.

Organización Panamericana de la Salud, Secretaría de Salud, México (2000), *Perfiles de Mortalidad de las Comunidades Hermanas*, pp. 1-7.

Secretaría de Salud (1999). "El mapa de la salud: La situación de la salud por entidad federativa", en http://www.ssa.gob.mx.

Secretaría de Salud (2000), *Información epidemiológica de morbilidad*, pp. 15-47.

Secretaría de Salud. (2000b), *Sistema Único de Información para la Vigilancia Epidemiológica*, Secretaría de Salud, Dirección General de Epidemiología

Secretaría de Salud (2001), *Indicadores de Resultados*. México, Secretaría de Salud, Dirección General de Estadística.

Secretaría de Salud, *Programa Frontera Saludable 2001-2006*, Secretaría de Salud. Programa de Desarrollo Frontera Norte.

Susser, M. y E. Susser (1996). "Choosing a Future for Epidemiology: From Black Box to Chinese Boxes and Eco-Epidemiology", en *American Journal of Public Health*, vol. 28, núm. 5, pp. 674-677.

LA POLÍTICA DE VIVIENDA EN LA FRONTERA NORTE DE MÉXICO

César M. Fuentes
Sergio Peña

Introducción

La atención a la vivienda ha pasado a ser de una necesidad familiar a una cuestión social al adquirir el rango de política social. La intervención gubernamental en la política habitacional expresada en los programas de vivienda, ha tenido importantes cambios en los últimos veinte años. Ésta pasó por un Estado benefactor y regulador del proceso de administración, financiamiento, producción, distribución y comercialización de la vivienda de interés social y sus insumos, a un Estado facilitador y promotor del proceso habitacional, otorgando y coordinando una mayor participación no gubernamental.

Para el Estado promotor y coordinador, las relaciones intergubernamentales representan uno de los factores básicos para que el problema de la vivienda sea visto desde una perspectiva de política social integral. La política nacional de vivienda asume una estrategia descentralizadora, que tiene como fin colocar la atención gubernamental más cerca de la demanda habitacional en su dimensión regional. En esta idea los gobiernos estatales y locales crean organismos de vivienda para su ámbito territorial, que son responsables de atender la demanda y cualquier otra situación habitacional.

En este contexto, los estados y municipios urbanos de la frontera norte han formado parte de la política habitacional y han sido receptores de la mayoría de los programas nacionales, estatales y locales de vivienda. Los municipios urbanos de la región fronteriza en los últimos años han recibido una importante cantidad del financiamiento público de vivienda. Dado que poseen indicadores de elevados porcentajes de la población ocupada en los segmentos de tres salarios mínimos, lo que les permite en un alto porcentaje poder participar en la mayoría de los programas de vivienda pública. Sin embargo, el financiamiento ha sido insuficiente debido a la alta tasa de formación de hogares que caracteriza a la región. Además, la falta de terrenos disponibles para la promoción de un crecimiento ordenado y planificado generó el fenómeno de la invasión de predios en los que se autoconstruyeron una gran cantidad de viviendas.

El objetivo del presente trabajo es analizar la política habitacional en los estados y los principales municipios urbanos fronterizos del norte de México.

Vivienda y las políticas sociales en México

Hasta la década de los setenta se pueden distinguir básicamente dos formas de percibir la problemática social sobre la vivienda. La primera de ellas, de 1925 hasta principios de la década de los cincuenta, cuando el Estado mexicano inició la asistencia gubernamental directa al problema habitacional, con la creación de organismos públicos, como la Dirección de Pensiones Civiles, el Banco Nacional Hipotecario Urbano y de Obras Públicas, antecedente de Banobras y el Banco de Fomento a la Vivienda; mientras que el Instituto Mexicano del Seguro Social (IMSS) realizaba programas de vivienda en arrendamiento.

A este primer modelo de asistencia directa gobierno-trabajador le faltó una visión de política nacional, en la medida en que la cobertura se limitaba a empleados federales, trabajadores del IMSS y del Departamento del Distrito Federal y miembros de las fuerzas armadas (Salcedo, 2000: 7).

En los años cincuenta y sesenta, la manera de abordar la problemática social de la vivienda evolucionó a otra fase. En esta etapa, se dió un paso adelante en la integración de una política nacional. En 1954 el Gobierno Federal creó instituciones públicas como el Instituto Nacional de la Vivienda, con funciones de planificación y coordinación de los diferentes niveles de gobierno. De la misma manera, en 1963, la Secretaría de Hacienda y Crédito Público (SHCP) instrumentó el Programa Financiero de Vivienda, a través de ahorro interno, y se crearon tanto el Fondo de Operación y Descuento Bancario a la Vivienda (Fovi), como el Fondo de Garantía y Apoyo a los Créditos para la Vivienda (Foga). Las funciones básicas de dichos organismos consistían en fijar los criterios crediticios a los bancos que financiaban vivienda, así como las especificaciones que deberían cumplir los programas de construcción habitacional, accesibles a la población asalariada.

La percepción pública de la problemática social de la vivienda, en los años setenta y ochenta, transita a una fase más estructural. El cambio se explica a partir de la necesidad de dimensionar y diversificar los alcances de la institucionalidad, en función de tres tendencias básicas que estaban influyendo de manera importante: la movilidad del campo a la ciudad, con el consecuente crecimiento desordenado de las ciudades; el acelerado crecimiento poblacional; y las múltiples carencias económicas de amplios grupos de la población.

A principios de los años setenta se reformó el apartado "A" del artículo 123 de la Constitución, para reconocer el derecho de la población asalariada a disponer de una vivienda digna. Adicionalmente, en 1972 se creó el Fondo de la Vivienda del ISSSTE (Fovissste) y el Instituto del Fondo Nacional de la Vivienda para los Trabajadores (Infonavit).

En 1981 se instituyó el Fondo de la Vivienda Militar del Instituto de Seguridad Social de las Fuerzas Armadas Mexicanas (Fovimi-Issfam), así como el Fideicomiso Fondo Nacional de Habitaciones Populares (Fonhapo). Este último tiene como objetivo atender las necesidades de vivienda de las familias con ingresos de hasta 2.5 veces el salario mínimo mensual, que laboraban tanto en el sector formal como informal de la economía y no eran atendidos por otros organismos públicos.

Este modelo fue muy sensible a las presiones gremiales, que orientó el problema social a satisfacer las necesidades de vivienda de manera sectorizada, donde se consideraban las características laborales, salariales y necesidades específicas del trabajador para determinar la cobertura de las instituciones (Salcedo, 2000: 8).

En los años noventa, el Estado cambió nuevamente su papel respecto a la vivienda, dejando de construir para concentrar sus esfuerzos en la coordinación sectorial y promoción habitacional. En 1993, los organismos de cobertura nacional se reestructuraron para regresar a su origen eminentemente financiero, sin perder la vocación social, y para promover la integración del mercado habitacional.

En la actual administración federal se presentó a través de la Sedesol, el Programa Sectorial de Vivienda (2001-2006), cuyo objetivo es desarrollar un mercado habitacional articulado y eficiente que brinde a la población el anhelado acceso a una vivienda.

El éxito de este programa dependerá de la aplicación adecuada de los procesos de su gestión y ejecución. Para su gestión, el gobierno ha establecido dos nuevas instancias de coordinación interinstitucional e intersectorial:

- La Comisión Nacional de Fomento a la Vivienda (Conafovi), la cual como organismo desconcentrado de la Sedesol, se establece como la instancia del gobierno federal responsable del sector, encargada de coordinar las actividades de los agentes, instituciones y entidades públicas cuyas actividades inciden en la producción habitacional, así como de ejecutar acciones particulares y específicas en materia de vivienda.
- El Consejo Nacional de Vivienda (Conavi), que funge como órgano de consulta y asesoría del Ejecutivo Federal en materia habitacional, donde participan y confluyen los principales actores en la producción de vivienda.

Por otra parte, para su ejecución se han preparado las estrategias y acciones descritas en el Programa Sectorial de Vivienda, las cuales incorporan una visión integral y articulada de los procesos de construcción y de financiamiento, reconociendo que una producción adecuada y eficiente de viviendas depende de la interacción simultánea y contínua de cuatro ejes estructurales que inciden sobre el sector.

Eje 1: *Crecimiento:* Se consideran los aspectos de coordinación de la política nacional de vivienda, la promoción de mayor eficacia operativa de los organismos públicos y la consolidación de su vocación financiera, así como el fomento de la vivienda rural. Este eje incluye también el desarrollo de una mayor seguridad física de la vivienda y jurídica de la propiedad y al ejercicio de garantías, que facilite el traslado de dominio de los inmuebles y promueva la movilidad habitacional. Asimismo, considera el apoyo a las familias de menores ingresos.

Eje 2: *Financiamiento:* Que apuntale la capacidad de compra de vivienda en la población, a través de generar un mayor flujo financiero para la adquisición de vivienda, fomentando paralelamente un mercado hipotecario tanto primario como secundario, que incorpore al sector financiero y a los mercados de capitales en la atención a familias cuyos ingresos les avale como sujetos de crédito; y mecanismos de apoyo gubernamental, los cuales deben ser transparentes, y permitan alentar la adquisición de vivienda de las familias cuyos niveles de ingreso no les permite contratar una hipoteca.

Eje 3: *Productividad:* Promover la desregulación del sector, reduciendo la tramitología, mejorando los reglamentos y aminorando los gravámenes, en beneficio de menores costos de transacción; asimismo, se consideran los aspectos de construcción, calidad, normas y procesos de certificación de la vivienda y de nuevas tecnologías constructivas y de materiales.

Eje 4: *Territorial:* Generar un mayor abasto de suelo habitacional, con infraestructura y servicios de cabecera dónde construir la vivienda (Programa Sectorial de Vivienda, 2001: 5).

La ejecución de las estrategias y acciones de este programa buscan, por una parte, fortalecer el mercado primario de vivienda, tanto en su ámbito físico como en el financiero, para lograr construir más viviendas, abatir el costo de producción y generar mayores flujos financieros que apoyen la capacidad de compra de la población, alcanzando así el ritmo de construcción de vivienda nueva de manera sostenida que la sociedad requiere. Adicionalmente, contempla favorecer la movilidad habitacional de la población con el fin de que las familias puedan transitar de una vivienda a otra conforme sus necesidades cambien y así lo requieran. Por ello, conjuntamente con el fortalecimiento del mercado primario, el Programa busca lograr el desarrollo de mercados secundarios tanto de vivienda como de financiamiento, con el fin de impulsar la revaluación del parque habitacional existente a través de su mejoramiento físico y jurídico; generar financiamiento para rentar o adquirir vivienda usada; y, consumar un mercado secundario de créditos hipotecarios que dé mayor revolvencia a los recursos ya invertidos en el sector. Lo anterior pretende lograr un mercado de vivienda articulado, conducente a una función de adquisición de vivienda contínua y eficiente.

Así, el Programa Sectorial de Vivienda propone aplicar las líneas estratégicas y de acción en él definidas, a través de catorce Programas de Trabajo organizados en cuatro vertientes de ejecución que consideran los cuatro ejes estructurales del sector previamente descritos.

Demanda de la vivienda en la frontera norte de México

La problemática de la vivienda adquiere un enfoque social cuando la política nacional pone énfasis no sólo en la necesidad de oferta habitacional, sino también en las posibilidades de demanda de vivienda (Salcedo, 2000:9).

El acelerado crecimiento demográfico del último cuarto de siglo, el rápido proceso de urbanización y la persistencia de carencias sociales –cuyos impactos extremos se ubican en colonias populares de las zonas urbanas– constituyen las variables causales de la problemática de la vivienda en los estados de la frontera norte (Fuentes, García y Palomares, 2002:2).

En casi tres décadas, la población de los estados de la frontera se duplicó, pasando de 7.8 millones en 1970 a 16.6 millones en el año 2000. Esta población atraviesa por un importante proceso de transición demográfica al que contribuye el descenso de la fecundidad, el aumento de la esperanza de vida y la disminución de la tasa de crecimiento natural de la población. Sin embargo, la región ha experimentado un fuerte crecimiento vía migración. La población se caracteriza por ser joven y con una alta tasa de participación en el mercado de trabajo, ya que 16.6% es menor a 30 años de edad y una población ocupada que representa 18.2% del total nacional.

La dinámica poblacional ha significado para la política social una demanda de mayor bienestar y, específicamente para la vivienda, mayores necesidades de infraestructura básica, agua potable, energía eléctrica y un lugar propio donde la familia pueda establecer su residencia. En este sentido, las necesidades habitacionales de los estados de la frontera norte han cobrado un dinamismo equiparable al ritmo de crecimiento del proceso de urbanización, íntimamente ligado al de industrialización, lo que la ha convertido en un reto creciente.

En las últimas tres décadas, los estados del norte han incrementado su participación dentro del inventario nacional de viviendas. Éstos pasaron de 16.8% en 1980 a 18.2% en el 2000. En términos absolutos el inventario se incrementó en 1 millón 480 320 unidades durante el período 1980-1990, mientras que en la década siguiente el incremento fue de 404 945 unidades (véase cuadro 1).

La problemática social en materia de rezago habitacional en las poblaciones de la frontera norte con el fin de no desvirtuar las dimensiones del problema debe diferenciarse en dos tipos: Cuantitativo[1] y Cualitativo.[2]

[1] El rezago cuantitativo se refiere a la falta de vivienda; es decir, se relaciona con el cálculo de hogares sin vivienda, comúnmente llamado *déficit*, y con las viviendas del inventario habitacional que requieren ser sustituidas, debido a la mala calidad de los materiales utilizados en la edificación, o bien, porque han llegado al término de su vida útil; este rezago implica la construcción de viviendas nuevas (Salcedo, 2000:9).

[2] Cualitativamente, el rezago habitacional se refiere al número de viviendas existente en el inventario, pero que por sus características de ocupación y de deterioro o calidad de materiales, no satisfacen un mínimo de bienestar para sus ocupantes; este tipo de rezago implica realizar ampliaciones o rehabilitaciones en las viviendas ya existentes (Salcedo, 2000: 9).

Cuadro 1. Vivienda particular habitada en los estados del norte de México (1980-2000)

Entidad Federativa	*1980*	*1990*	*2000*
Baja California	238 603	502 160	559 402
Coahuila	282 705	486 179	539 169
Chihuahua	391 464	662 247	733 379
Nuevo León	461 105	790 941	878 600
Sonora	276 848	473 897	527 427
Tamaulipas	379 476	595 097	677 489
Total regional	2 030 201	3 510 521	3 915 466
Total nacional	12 074 609	19 361 472	21 513 217

Fuente: X, XI y XII Censo General de Población y Vivienda 1980, 1990 y 2000, México, INEGI.

Vivienda: rezago cuantitativo

La demanda de vivienda se expande principalmente debido a incrementos en la formación de hogares y en el ingreso. Las altas tasas de crecimiento poblacional y de formación de hogares incrementa la demanda de vivienda (Dowall, 2000:5). Durante el período 1990-2000 la tasa de formación de hogares en los estados de la frontera norte osciló entre 1.1% y 1.4%, la cual es muy similar al promedio nacional. En el mismo período, el incremento promedio anual para toda la región fue de 48 676 hogares. Sin embargo, entidades como Nuevo León y Tamaulipas presentaron las más altas tasas de formación de hogares; ambas con el 1.4.

En la columna derecha del cuadro 2 se muestra que el incremento promedio anual de hogares excede en 35% el incremento en la producción de vivienda a nivel nacional. En el año 2000, las entidades de Baja California (0.90), Coahuila (0.81), Chihuahua (0.88), Sonora (0.87) y Tamaulipas (0.87) tuvieron un incremento promedio anual de hogares que excede de 10 a 20% el incremento en la producción de vivienda. Nuevo León (0.70) fue la entidad que presentó la mayor dificultad para igualar el incremento promedio anual de hogares con el incremento en la construcción de vivienda.

La demanda de este servicio en la región que nos ocupa se magnifica cuando bajamos al nivel de análisis municipal. La tasa de formación de hogares es mucho más alta en los principales municipios urbanos de la

Cuadro 2. Formación de hogares por estados de la frontera norte (2000)

Ent. fed.	*Hogares*	*Viviendas particulares*	*Tasa anual de formación de hogares (%)*	*Incremento promedio anual de hogares*	*Incremento promedio anual de unidades de vivienda*
Baja California	568 090	559 402	0.011	6 291	5 724
Coahuila	552 024	539 169	0.012	6 481	5 299
Chihuahua	744 159	733 379	0.011	8 026	7 113
Nuevo León	915 404	878 600	0.014	12 367	8 765
Sonora	535 743	527 427	0.012	6 110	5 353
Tamaulipas	689 849	677 489	0.014	9 401	8 239
Total nacional	22 268 916	21 513 235	0.013	286 550	215 174

Fuente: Elaboración propia con base en el XI y XII Censo General de Población y Vivienda, México, INEGI, 1990 y 2000.

frontera norte que sus respectivos estados. Durante el período 1990-2000, las tasas anuales de formación de hogares en los municipios fronterizos variaron de 3.6 a 5.1%, mientras que en municipios urbanos no fronterizos[3] como Monterrey o Guadalajara, éstas fueron de 1.7 y 1.5%, respectivamente (véase cuadro 3).

Los mercados de vivienda en las ciudades de la frontera norte tienen dificultades para alcanzar el incremento del número de hogares por lo que se presentan importantes rezagos. Las ciudades de esta región en su conjunto tienen incrementos en la formación de hogares que excede en más de 20% el incremento en la producción de vivienda. Es importante señalar que el municipio de Juárez tuvo un comportamiento atípico al resto de las ciudades fronterizas, ya que el incremento promedio anual de viviendas fue mayor al de hogares.[4] Lo anterior parece estar explicado

[3] Dichos resultados podrían estar sesgados por el hecho de que en ambos casos (Monterrey y Guadalajara) sólo se consideró la variable número de hogares y viviendas propias en los municipios, y no sus respectivas áreas metropolitanas, lo cual pudiera estar enmascarando los resultados reales, producto de los usos del suelo que tienen cada una de los municipios que forman las respectivas áreas metropolitanas.

[4] Regularmente hay cuando menos un hogar en cada vivienda, por lo que normalmente hay más hogares que viviendas.

Cuadro 3. Formación de hogares por principales ciudades de la frontera norte (2000)

Municipios	*Hogares*	*Viviendas particulares*	*Tasa anual de formación de hogares (%)*	*(a) Incremento promedio anual de hogares*	*(b) Incremento promedio anual de unidades de vivienda*	*(b)/(a)*
Ciudad Juárez	279 874	293 752	0.049	10 954	12 316	1.12
Matamoros	103 696	103 009	0.043	3 649	3 610	0.98
Nuevo Laredo	74 389	73 744	0.048	2 879	2 850	0.98
Nogales	38 076	37 741	0.051	1 540	1 443	0.93
Piedras Negras	32 078	31 645	0.036	1 032	1 000	0.96
Monterrey	267 962	256 073	0.017	4 246	3 346	0.78
Guadalajara	388 751	369 894	0.015	5 618	4 233	0.75

Fuente: Elaboración propia con base en el XII Censo de Población y Vivienda, México, INEGI, (2000).

por el mercado de vivienda binacional, es decir, hay una importante cantidad de personas que tienen viviendas en ambos lados de la frontera, pero son residentes permanentes en el lado estadounidense y sólo habitan sus casas en el lado mexicano durante los fines de semana, por lo que existe una cantidad significativa de viviendas, solas, es decir, sin hogares.

De acuerdo con estimaciones de la Sedesol, en el año 2000, el rezago de vivienda cuantitativo fue de 275 015 unidades; el estado de Nuevo León presenta el mayor déficit, seguido de cerca por el estado de Tamaulipas. En contraste, el estado que tiene el menor rezago es Coahuila (véase cuadro 4).

En 1990 existían 623 416 viviendas en los principales municipios urbanos de la frontera norte, en tanto que para el año 2000 eran 1 millón 261 028 viviendas; por lo que el incremento alcanzado fue de 637 612 unidades. En términos del rezago cuantitativo de vivienda, éste tuvo un ligero incremento de 1990 al 2000. Por ejemplo, Acuña, en 1990, tuvo un déficit cuantitativo de 56 viviendas, el cual para el año 2000 llegó a ser de 631; en el año 2000 Tijuana tuvo un déficit de 4 092 viviendas; Ciudad Juárez 4 958, Mexicali 1 878, Nogales 521; Piedras Negras 549; Nuevo Laredo 1 365; Reynosa 1 699; Matamoros 1 699 y Monterrey 13 677 unidades.

Cuadro 4. Rezago habitacional de los estados fronterizos del norte de México, según tipo de programa (2000)

Entidad Federativa	*Vivienda nueva*	*Mejoramiento de la vivienda*	*Total*	*Total nacional %*
Baja California	42 418	48 836	91 254	2.1
Coahuila	33 898	34 085	67 983	1.6
Chihuahua	44 851	66 561	111 412	2.6
Nuevo León	67 680	31 179	98 859	2.3
Sonora	40 433	47 466	87 899	2.0
Tamaulipas	45 735	69 801	115 536	2.7
Total regional	275 015	297 928	572 943	13.35
Total nacional	1 810 930	2 479 735	4 290 665	100

Fuente: Dirección General de Política y Fomento a la Vivienda, México, Sedesol (2000).

Vivienda: rezago cualitativo

El rezago cuantitativo de viviendas no es tan alarmante como el cualitativo, que tiene su expresión en sus características de densidad domiciliaria, hacinamiento, tenencia y precariedad que no satisface el mínimo de bienestar de sus ocupantes.

Durante el período 1990-2000 las viviendas de los estados del norte presentaron una mejoría en los indicadores de densidad domiciliaria y hacinamiento. Lo anterior se tradujo en un factor favorable para el desarrollo del sector vivienda en la región.

La densidad domiciliaria disminuyó a nivel nacional de 4.7 ocupantes por vivienda en 1990 a 4.4 en el año 2000. Asimismo, las entidades que transitaron hacia menores densidades domiciliarias fueron Chihuahua y Tamaulipas, las que pasaron de 4.2 a 4.0 ocupantes por vivienda, de 1990 al 2000. El estado de Baja California no mostró cambios durante el período, ya que mantuvo una densidad domiciliaria de 4.1 en ambos años, mientras que en Nuevo León la densidad domiciliaria también disminuyó, pero se mantuvo como la más alta de la región, la cual pasó de 4.4 en 1990 a 4.3 en el año 2000.

El número de ocupantes por cuarto a nivel nacional fue de 1.6 mientras que la mayoría de los estados norteños fueron de 1.3, con excepción de Sonora y Tamaulipas que fueron de 1.4 y 1.5, respectivamente.

La densidad domiciliaria, en general, decreció en las áreas urbanas fronterizas a lo largo del período 1980-2000; en el caso de Ciudad Juárez ésta pasó de 4.9 a 4.1 habitantes por vivienda en ese período; por su parte, Mexicali transitó de 5.1 a 3.0 habitantes por vivienda en el mismo período. En el resto de las áreas urbanas de la frontera norte el promedio de habitantes por vivienda es inferior al 4.5 del promedio nacional (véase cuadro 7). Lo anterior se explica por el incremento del inventario habitacional y del tamaño de las viviendas, aunado al decremento en el número de personas por familias que generó una disminución de la densidad domiciliaria.

En lo que respecta al indicador de hacinamiento las ciudades de Mexicali y Monterrey tuvieron los más bajos promedios 1.18 y 1.16, mientras que Nogales y Matamoros tuvieron los más altos promedios 1.44 y 1.48 ocupantes por cuarto.

Los estados de la frontera norte tienen indicadores de tenencia y precariedad de la vivienda por debajo del promedio nacional. En el primer caso, sólo los estados de Sonora (81.8) y Nuevo León (80.7) tuvieron porcentajes de vivienda propia por encima del promedio nacional (78.7), mientras que Baja California (72.4) tuvo el más bajo porcentaje de la región en el año 2000.

De 1990 al año 2000 los indicadores de precariedad a nivel nacional mostraron un mejoramiento, el porcentaje de techos y paredes construidas con materiales no resistentes disminuyó. Estos pasaron de 24.3% en las paredes y 40.1% en los techos construidos con materiales no resistentes en 1990, a 20.7 y 35.8% respectivamente, en el año 2000. Mientras que en los estados de la frontera norte el porcentaje de paredes construidas con materiales no resistentes disminuyó, pero el porcentaje de techos construidos con materiales no resistentes aumentó. En ambos casos los porcentajes están por debajo del promedio nacional.

De las dos variables usadas como indicadores de precariedad, el mayor rezago se concentró en la variable viviendas construidas con techos de materiales no resistentes. Ésta representó a nivel nacional el 40.2% de las viviendas en 1990 y 35.8% en el 2000. Sin embargo, estados como Baja California, Coahuila y Sonora incrementaron su rezago durante la década de los noventa. En el año 2000 los mayores rezagos los padecieron Baja California (65.5%), Chihuahua (50.2%) y Sonora (40.6) (véanse cuadros 4 y 5).

El porcentaje de viviendas con paredes de materiales no resistentes es menor al anterior indicador. Sin embargo, en estados como Baja California esta variable creció de 19.4% en 1990 a 32.2% en el año 2000. El resto de los estados norteños tuvieron una reducción del número de viviendas con paredes de materiales no resistentes durante el período, pero hasta el año 2000 todos ellos tuvieron porcentajes por debajo del promedio nacional (véanse cuadros 5 y 6).

Cuadro 5. Distribución de viviendas habitadas de acuerdo con su densidad, hacinamiento y precariedad, por entidad federativa de la frontera norte de México (1990)

Ent. fed.	*Viviendas*	*Ocup./viv.*	*Ocup./cuarto*	*Paredes %*[1]	*Techos %*[2]
Baja California	502 160	4.1	1.4	19.4	49.4
Coahuila	486 179	4.4	1.3	24.7	18.6
Chihuahua	662 247	4.2	1.3	41.0	52.1
Nuevo León	790 941	4.4	1.2	8.1	16.8
Sonora	473 897	4.3	1.4	21.4	39.3
Tamaulipas	595 097	4.2	1.5	28.4	40.6
Total nacional	19 361 472	4.7	1.6	24.3	40.1

Fuente: Elaboración propia con base en el XI Censo General de Población y Vivienda, México, INEGI, 1990.

[1] Se refiere a paredes de materiales ligeros, naturales y precarios.

[2] Se refiere a techos de materiales ligeros, naturales y precarios.

Cuadro 6. Distribución de viviendas habitadas de acuerdo con su tenencia, densidad, hacinamiento y precariedad por entidad federativa de la frontera norte de México (2000)

Ent. fed.	*Viviendas propias (%)*	*Ocup./viv.*	*Ocup./cuarto*	*Paredes %*[1]	*Techos %*[2]
Baja California	72.4	4.1	1.3	32.2	65.5
Coahuila	78.2	4.2	1.3	21.1	22.2
Chihuahua	78.0	4.0	1.3	32.1	50.2
Nuevo León	80.7	4.3	1.3	6.3	14.3
Sonora	81.8	4.1	1.4	19.1	40.6
Tamaulipas	75.0	4.0	1.5	23.8	34.5
Total nacional	78.7	4.4	1.6	20.7	35.8

Fuente: Elaboración propia con base en el XII Censo General de Población y Vivienda, INEGI, 2000.

[1] Porcentaje de viviendas particulares habitadas con paredes de material de desecho, lámina de cartón, lámina de asbesto y metálica, carrizo, bambú, palma, embarro, bajareque, madera y adobe.

[2] Porcentaje de viviendas particulares habitadas con techos de material de desecho, lámina de cartón, lámina de asbesto y metálica, palma tejamanilla, madera y teja.

Al analizar los indicadores de precariedad de manera local, se observa que los municipios fronterizos por lo general tuvieron indicadores de densidad domiciliaria y hacinamiento iguales o menores que sus respectivos estados, y como consecuencia mejores que el promedio nacional. Por ejemplo, en el año 2000, los promedios de densidad de habitantes por vivienda y hacinamiento del estado de Baja California fueron de 4.1 y1.3, mientras que los del municipio de Mexicali fueron de 3.9 y 1.1 y los de Tijuana 4.1 y 1.3, respectivamente.

Lo anterior indica, en lo que respecta a los materiales de construcción utilizados en la edificación de paredes y techos de las viviendas, un debilitamiento del inventario habitacional al existir un alto volumen de viviendas construidas con materiales no duraderos ni sólidos y el envejecimiento de una importante cantidad del acervo habitacional.

En el año 2000, los indicadores de precariedad a nivel de los municipios urbanos fronterizos muestran mayores rezagos que a nivel estatal o nacional. Por ejemplo, el porcentaje de las viviendas construidas con techos de materiales no sólidos, tuvo el siguiente comportamiento: Nogales (73.3%); Mexicali (68.7%); Tijuana (60.6%); Juárez (53.7%); Acuña (46.2%); Piedras Negras (50.7%); Nuevo Laredo (39.8%) y Matamoros (38.1%). Los únicos municipios que tienen indicadores menores al promedio nacional (35.8%) fueron Reynosa (34.2) y Monterrey (11.8%) (véase cuadro 7). Por su parte, en el año 2000, la proporción de viviendas construidas con paredes de materiales no sólidos representaron, en Matamoros (67.1%), Tijuana (39.4%), Mexicali (26.9%), Nogales (22.4%), Juárez (21.7%), Nuevo Laredo (24.9%) y Reynosa (22.1 por ciento).

La disponibilidad de servicios públicos dentro de la vivienda, el inventario habitacional muestra avances en el abatimiento de los rezagos durante el período 1990-2000. En 1990, el porcentaje de las viviendas que disponían de agua potable fue de 85.6, drenaje 67.7 y electricidad 90.3. Para el año 2000, la ampliación de los servicios públicos hace posible que el 92.5% de las viviendas disponga de agua potable, el 82.2% cuente con drenaje y el 96.7% con energía eléctrica.

En forma individual, el avance más visible se apreció en Nuevo León, mientras que el resto de los estados tuvieron importantes logros. Además, los estados de la frontera norte mostraron un abatimiento de los rezagos en términos de los promedios nacionales (véanse cuadros 8 y 9).

El sector aún manifiesta debilidad en lo que se refiere a la dotación de servicios, en todos los estados del norte y particularmente en el país, por

Cuadro 7. Distribución de viviendas habitadas de acuerdo con su densidad, hacinamiento y precariedad por principales ciudades de la frontera norte (2000)

Ciudad	*Viviendas particulares*	*Ocup./viv.*	*Ocup./cuarto*	*Paredes %*[1]	*Techos %*[2]
Tijuana	265 683	4.1	1.3	39.4	60.6
Mexicali	179 368	3.9	1.2	26.9	68.7
Nogales	37 545	4.1	1.4	22.4	73.3
Cd. Juárez	274 822	4.1	1.4	21.7	53.7
Acuña	25 211	4.3	1.6	14.7	46.2
Piedras Negras	30 637	4.1	1.3	7.1	50.7
Nuevo Laredo	73 020	4.2	1.4	24.9	39.8
Reynosa	101 557	4.1	1.4	22.1	34.2
Matamoros	101 915	4.0	1.4	67.1	38.1
Monterrey	254 284	4.3	1.1	3.7	11.8
Total nacional	21 513 217	4.4	1.6	20.7	35.8

Fuente: Elaboración propia con base en el XII Censo General de Población y Vivienda, INEGI, 2000.
[1] Porcentaje de viviendas particulares habitadas con paredes de material de desecho, lámina de cartón, lámina de asbesto y metálica, carrizo, bambú, palma, embarro, bajareque, madera y adobe.
[2] Porcentaje de viviendas particulares habitadas con techos de material de desecho, lámina de cartón, lámina de asbesto y metálica, palma tejamanilla, madera y teja.

Cuadro 8. Distribución de viviendas habitadas de acuerdo con su disponibilidad de agua potable, drenaje y electricidad en los estados de la frontera norte (1990)

Ent. fed.	*Viviendas habitadas*	*Viviendas con agua entubada*	*Viviendas con drenaje*	*Viviendas con electricidad*
Baja California	502 160	80.0	66.7	89.5
Coahuila	486 179	89.9	68.4	94.5
Chihuahua	662 247	86.5	66.2	87.1
Nuevo León	790 941	88.2	80.9	96.2
Sonora	473 897	89.6	65.2	90.3
Tamaulipas	595 097	79.5	59.2	84.4
Total nacional	19 361 472	77.1	62.0	87.5

Fuente: Elaboración propia con base en el XI Censo General de Población y Vivienda, INEGI, 1990.

Cuadro 9. Viviendas habitadas de acuerdo con su disponibilidad de agua potable, drenaje y electricidad en los estados de la frontera norte (2000)

Ent. fed.	*Viviendas habitadas*	*Viviendas con agua entubada*[1]	*Viviendas con drenaje*[2]	*Viviendas con electricidad*
Baja California	559 402	90.5	81.4	97.6
Coahuila	539 169	94.2	83.5	98.4
Chihuahua	733 379	92.9	84.9	94.3
Nuevo León	878 600	94.2	90.8	98.8
Sonora	527 427	92.3	78.9	96.4
Tamaulipas	677 489	91.1	74.2	94.9
Total nacional	21 513 217	85.2	75.4	95.4

Fuente: Elaboración propia con base en el XII Censo General de Población y Vivienda, INEGI, 2000.
[1] Incluye las viviendas que cuentan con agua entubada fuera de la vivienda, pero dentro del terreno.
[2] Incluye las viviendas que cuentan con drenaje conectado a red o fosa séptica.

la carencia de drenaje, a pesar de que el porcentaje de viviendas particulares habitadas que no disponen de ese servicio haya disminuido en los últimos 10 años. Este servicio pasó de 32.3% en 1990 a 17.8% en el año 2000. A su vez la carencia de agua potable disminuyó en el mismo período de 14.4% a 7.5%; mientras que la falta de energía eléctrica tuvo un descenso más significativo al pasar de 9.7% a 3.3 por ciento.

Los esfuerzos para mejorar las viviendas en los renglones de dotación de agua, drenaje y electricidad muestran un abatimiento de los rezagos en términos de los promedios nacionales en los últimos 10 años.

La mejoría de la vivienda no ha ocurrido de manera uniforme y homogénea en todo el país, presentándose incluso grandes diferencias entre regiones y localidades urbanas. En este sentido, los avances a nivel local en el abatimiento de los rezagos en la dotación de vivienda con agua potable, drenaje y electricidad en los municipios urbanos de la frontera norte no muestran el mismo crecimiento que sus respectivos estados. En el año 2000, las viviendas de la mayoría de las ciudades fronterizas tuvieron niveles de cobertura de agua potable, drenaje y electricidad por arriba del promedio nacional, la excepción fue Nogales. En contraste, Ciudad Juárez fue la ciudad fronteriza que tuvo los más altos porcentajes de viviendas con agua entubada, drenaje y electricidad (véase cuadro 10).

Cuadro 10. Porcentaje de viviendas con algún tipo de servicio público por principales ciudades de la frontera norte (2000)

Ciudad	*Viviendas habitadas*	*Viviendas con agua entubada*[1]	*Viviendas con drenaje*[2]	*Viviendas con electricidad*
Tijuana	265 683	87.7	83.4	97.5
Mexicali	179 368	94.4	80.2	98.4
Nogales	37 545	79.6	77.3	94.4
Cd. Juárez	274 822	94.2	93.0	98.5
Acuña	25 211	92.0	75.7	96.2
Piedras Negras	30 637	95.1	88.6	98.4
Nuevo Laredo	73 020	93.6	88.5	96.4
Reynosa	101 557	94.0	79.1	95.5
Matamoros	101 915	89.5	77.7	95.2
Total nacional	21 513 217	85.2	75.4	95.4

Fuente: Elaboración propia con base en el XII Censo General de Población y Vivienda, INEGI, 2000.
[1] Incluye las viviendas que cuentan con agua entubada fuera de la vivienda, pero dentro del terreno.
[2] Incluye las viviendas que cuentan con drenaje conectado a red o fosa séptica.

Las comunidades fronterizas del norte de México muestran un comportamiento diferente en materia de vivienda dependiendo de su situación urbana o rural. En las zonas no urbanas se concentran los mayores rezagos cuantitativos y cualitativos. Por ejemplo, en el año 2000, en las localidades fronterizas rurales del estado de Chihuahua únicamente el 25% de las viviendas contaban con drenaje conectado a la red pública, y 33% no tenían ningún tipo de drenaje. En contraste, en la localidad de Juárez el 88% de las viviendas cuenta con drenaje conectado a la red pública y el 6% de las viviendas no tiene ningún tipo de drenaje.

En el año 2000, el rezago habitacional cuantitativo y cualitativo en la región se estima que fue de 572 943 unidades, lo que representa el 13.36% del rezago nacional. La cifra anterior se divide entre 275 015 unidades nuevas y 297 928 unidades que requieren rehabilitarse, mantenerse o ampliarse (véase cuadro 4). Del total del rezago de los estados norteños, más del 60% del déficit[5] corresponde a la demanda generada en las ciuda-

[5] El déficit se calculó incluyendo sólo el número de viviendas en condiciones inaceptables por los materiales con las que fueron construidas. La variable usada fue viviendas particulares habitadas con paredes de material de desecho, lámina de cartón, lámina de asbesto y metálica, carrizo, bambú, palma, embarro, bajareque, madera y adobe.

des fronterizas. Por ejemplo, en Ciudad Juárez aproximadamente 75 000 unidades están en condiciones inaceptables por los materiales de baja calidad, la falta de servicios urbanos y los espacios con dimensiones inadecuadas, lo que representa el 25% de total de viviendas de la ciudad (IMIP, 2000). Lo anterior representa el 50% del déficit que se registra en todo el estado de Chihuahua (Castañón, 2003:1A).

Las necesidades de vivienda expresan la cantidad de habitaciones requeridas que cumplen, al menos con los preceptos mínimos para que todos los habitantes del país alcancen el bienestar esencial. Este concepto debe de diferenciarse del de la demanda, el cual corresponde a la cantidad de vivienda que la población puede comprar o rentar a un precio o alquiler determinado. De acuerdo con esta orientación, la política habitacional en la frontera norte requiere atender al arribo de aquellos jóvenes en edad de formar un hogar independiente, evitar que el inventario habitacional se continúe deteriorando, así como remplazar las más deteriodadas.

De mantenerse las tendencias, se estima[6] que las necesidades de vivienda durante el acumulado anual 2001-2006 serán de 1 millón 232 145 unidades; de las cuales 805 309 corresponden a vivienda nueva y 426 836 a mejoramiento de la misma (véase cuadro 11).

Cuadro 11. Necesidades de vivienda proyectadas en los estados fronterizos del norte de México, (acumulado anual 2001-2006)

Entidad Federativa	*Vivienda nueva*	*Mejoramiento de la vivienda*	*Total*
Baja California	283 052	59 906	342 958
Coahuila	88 458	56 607	145 065
Chihuahua	184 297	83 548	267 845
Nuevo León	182 388	93 175	275 563
Sonora	111 302	57 818	169 120
Tamaulipas	138 200	75 782	213 982
Total regional	805 309	426 836	1 232 145
Total nacional	4 211 603	2 255 390	6 466 993

Fuente: Dirección General de Política y Fomento a la Vivienda, Sedesol (2000).

[6] La estimación fue realizada por la Dirección General de Política y Fomento a la Vivienda, Sedesol.

Con el propósito de vincular las necesidades de vivienda con los recursos de los habitantes, para determinar el tipo de demanda habitacional que se tendrá en los próximos años, se establece un análisis estadístico el cual relaciona las necesidades de vivienda con la distribución estatal de la población ocupada por nivel de ingreso.

Los estados del norte tienen un mayor porcentaje de la población ocupada en los segmentos de más de tres salarios mínimos. Si se analiza la población ocupada en el año 2000, se observa que a nivel nacional, 8.4% no recibió ingresos; 60.2% adicional tuvo ingresos menores a tres salarios mínimos; y 26% tuvo ingresos mayores a tres salarios mínimos. Mientras que 2.8% de la población ocupada del promedio de los estados de la frontera norte no percibió ingresos; 55.3% tuvo ingresos menores a tres salarios mínimos; y 35.1% tuvo ingresos mayores a tres salarios mínimos. De manera individual, el estado de Baja California tuvo el menor porcentaje de la población ocupada que no recibe ingresos (1.2), con ingresos menores a tres salarios mínimos (43.6) y la mayor proporción con ingresos mayores a tres salarios mínimos (47). En contraste, el estado de Tamaulipas tuvo el mayor porcentaje de la población ocupada que no recibe ingresos (4.0), con ingresos menores a tres salarios mínimos (59.9) y la menor proporción con ingresos mayores a tres salarios mínimos (28.6) (véase cuadro 12).

Si se aplica la distribución del ingreso de la población ocupada, se estima que los estados del norte requieren producir anualmente un promedio de 164 616 unidades de oferta habitacional para satisfacer las necesidades

Cuadro 12. Distribución de la población ocupada según ingreso por trabajo y entidad federativa fronteriza del norte de México (2000)

Grupos de ingreso	*Total nacional*	*Baja California*	*Coahuila*	*Chihuahua*	*Nuevo León*	*Sonora*	*Tamaulipas*
No. recibe ingresos	8.4	1.2	2.5	4.6	2.4	2.2	4.0
Menos de 1 SMM	12.3	2.0	3.9	5.7	3.4	4.0	6.1
De 1 hasta 2 SMM	30.3	18.0	27.2	29.3	22.9	31.9	34.5
Más de 2.1 hasta 3 SMM	17.6	23.6	24.5	21.6	29.5	24.5	19.3
De 3.1 hasta 5 SMM	14.1	25.0	19.5	18.6	18.3	15.5	15.0
Más de 5 SMM	11.9	22.0	15.7	15.8	18.1	13.7	13.6
No Especificado	5.4	7.0	5.48	6.10	5.1	5.2	5.3
Total	100	100	100	100	100	100	100

Fuente: Elaboración propia con base el XII Censo de Población y Vivienda, INEGI (2000).

de vivienda nueva, y cerca de 95 641 de estas unidades (58.1%) se destinarían a satisfacer la demanda del segmento de población con ingresos menores a tres salarios mínimos.

Los municipios urbanos fronterizos tienen una menor proporción de la población ocupada que no recibe ingresos, e ingresos menores a tres salarios mínimos, que el promedio de los estados del norte. En contraste, el promedio de la población ocupada con ingresos mayores a tres salarios mínimos es mayor en las ciudades fronterizas que sus respectivos estados. En el año 2000, el 2.8% de la población ocupada del promedio de los estados del norte, no percibía ingresos; 55.3% tuvo ingresos menores a tres salarios mínimos; y 35.1% tuvo ingresos mayores a tres salarios mínimos. Por su parte, las ciudades fronterizas tuvieron 1.2% de la población ocupada que no percibió ingresos; 54.6% tuvo ingresos menores a tres salarios mínimos; y 37.1% tuvo ingresos mayores a tres salarios mínimos. Por ciudad, Tijuana tuvo el menor porcentaje de la población ocupada que no percibió ingresos (1.1); con percepciones menores a tres salarios mínimos (41.6) y la mayor proporción con ingresos mayores a tres salarios mínimos (50.4). En contraste, Matamoros tuvo el mayor porcentaje de la población ocupada que no percibió ingresos (1.5); con percepciones menores a tres salarios mínimos (60.4); y la menor proporción con ingresos mayores a tres salarios mínimos (32) (véase cuadro 13).

Lo anterior permite establecer que, a pesar de que se da un proceso de movilidad ocupacional y salarial en los estados del norte y en los principa-

Cuadro 13. Distribución de la población ocupada según ingreso por trabajo y principales ciudades fronterizas del norte de México (2000)

Grupos de ingreso	*Mexicali*	*Tijuana*	*Acuña*	*Piedras Negras*	*Ciudad Juárez*	*Nuevo Laredo*	*Reynosa*	*Matamoros*
No. percibe ingresos	1.1	1.0	1.2	1.2	1.1	1.5	1.5	1.5
Menos de 1 SMM	2.9	2.3	2.1	3.4	2.3	4.2	3.9	4.6
De 1 hasta 2 SMM	18.1	15.0	27.2	18.7	36.3	31.9	39.1	31.6
Más de 2.1 hasta 3 SMM	23.6	24.3	36.7	27.1	19.6	19.1	18.7	24.2
De 3.1 hasta 5 SMM	24.0	26.5	15.1	23.4	17.9	18.6	15.2	19.3
Más de 5 SMM	22.3	23.9	11.4	19.5	16.2	17.1	15.1	12.7
No Especificado	7.6	6.8	6.0	6.5	6.3	7.2	6.1	5.7
Total	100	100	100	100	100	100	100	100

Fuente: Elaboración propia con base el XII Censo de Población y Vivienda, INEGI (2000).

les municipios urbanos de la frontera norte. En el caso de las entidades norteñas el 58.1% de la población ocupada se mantuvo con ingresos menores a tres salarios mínimos (2 millones 985 916 trabajadores), estadísticamente, constituyen el segmento de mayor demanda de vivienda. Por su parte, en los principales municipios urbanos el 54.6% de la población ocupada se mantuvo con ingresos menores a tres salarios mínimos (989 793). Tanto a nivel estatal como municipal, amplios segmentos de la población continuaron sin tener el suficiente poder adquisitivo para acceder a una vivienda en el mercado habitacional con sus propios medios, o a través de crédito bancario, ya que difícilmente se le considera sujeto de crédito hipotecario. En este segmento de la población ocupada, se tiene que focalizar programas de vivienda que atiendan esta situación.

Un importante reto para el sector consiste, entonces, en atender la necesidad de la población ocupada, que obtiene ingresos no mayores a los cinco salarios mínimos, pues este grupo difícilmente puede contratar un crédito hipotecario sin apoyo gubernamental. Especial atención requiere más de la mitad de la población ocupada (552 000 trabajadores o 30.4%) que gana hasta dos salarios mínimos, la cual requiere subsidio gubernamental para que, sumado a su ahorro para el enganche, estas personas puedan adquirir una vivienda.

Organismos públicos que ofertan vivienda en la región fronteriza del norte de México

La política de vivienda ha sido atendida a través de tres tipos de instancias públicas de financiamiento de vivienda. Los primeros son organismos nacionales de vivienda (Onavis) que incluyen al Infonavit, SHF-Fovi, Fonhapo y Fovissste; y los segundos son organismos estatales de vivienda (Orevis) que incluyen a seis organismos, al menos uno por estado; y organismos privados como bancos y sofoles[7] hipotecàrias. Además, algunos municipios con mayor capacidad financiera han implementado programas de vivienda. Sin embargo, los programas instrumentados por el sector público han producido y financiado un menor porcentaje de las viviendas construidas que el sector privado y social en los estados de la

[7] Sociedades Financieras de Objeto Limitado.

frontera norte. Por ejemplo, en el caso de Ciudad Juárez sólo 18.87% de las viviendas fueron construidas por el sector público, mientras que el privado construyó 30.48% y el social 51.20% en los últimos 30 años (García, 1993: 73).

El Instituto del Fondo Nacional para la Vivienda de los Trabajadores (Infonavit) es la principal fuerza de la política de vivienda, el cual representa 24.5% de todos los créditos otorgados para la vivienda terminada a nivel nacional durante el período 1981-2001. En lo que respecta a los estados del norte, este organismo se constituyó como el actor principal de la política de vivienda; en promedio, más de 50% de las acciones de vivienda que la región ha recibido provienen del Infonavit. La institución deriva sus recursos del 5% de las aportaciones de los trabajadores, a través de sus patrones, y de la recuperación de su propia cartera.

A partir de 1992, al ponerse en marcha el Sistema de Ahorro para el Retiro (SAR), el Instituto inició un período de reformas para transformarse en un organismo eminentemente financiero; como transición hacia una hipoteca social al incorporarse el derecho de los trabajadores para escoger libremente su vivienda y el compromiso institucional de mantener, en términos reales, el valor de los ahorros individuales.

Más aún, cuando se reformó la Ley del IMSS, a principios de 1997, el Infonavit llevó a cabo importantes reformas para adecuarse al esquema del nuevo Sistema de Pensiones, lo cual se tradujo en modificaciones sustanciales en la concepción y operación de los procesos de afiliación, emisión, notificación, recaudación y fiscalización del Instituto; pero, especialmente, el marcado crecimiento del número de créditos que el Instituto ha ejercido en los últimos años, sumado a su experiencia, lo han colocado como el organismo más importante del sector vivienda y como pilar del sistema de financiamiento hipotecario mexicano.

Un aspecto de suma relevancia para que el Infonavit pueda llegar a favorecer con créditos hipotecarios a un mayor número de derechohabientes es la aplicación del artículo 43 Bis, que permite al trabajador obtener un crédito hipotecario del sistema financiero y utilizar sus aportaciones al fondo de vivienda, como medio de pago. Este mecanismo deberá ser considerado también para los trabajadores al servicio del Estado.

El Instituto tiene tres programas: 1. Vivienda económica, 2. Vivienda tradicional, y 3. Apoyo Infonavit. El primer programa atiende las necesidades de los trabajadores con ingresos de hasta tres Veces el Salario Mínimo (VSM). De acuerdo con el Plan Financiero 2002-2006 del Instituto, para atender a este grupo de trabajadores se otorgarán 65 mil créditos. Para este segmento de la población se pretende establecer una bolsa de vivienda con 20 mil créditos con subsidio que se otorgarán conforme se instrumenten acuerdos de colaboración con el gobierno federal y los gobiernos estatales y municipales en función de la oferta de vivienda económica.

El segundo, fue diseñado para el segmento de trabajadores con ingresos de entre 3.1 y 6 VSM a los que tradicionalmente ha atendido el Instituto, en congruencia con el Plan Financiero 2002-2006, se otorgarán 220 mil créditos.

El tercero está orientado a facilitar a los derechohabientes con ingresos superiores el acceso a un crédito hipotecario con instituciones financieras al amparo del artículo 43 bis de la Ley del Infonavit. En congruencia, en el Plan Financiero 2002-2006 se otorgarán 15 mil créditos que representan el 5% restante para completar la meta de 300 mil a ejercer en el año.

En el transcurso de su vida institucional, el Infonavit ha otorgado más de 2.3 millones de créditos a nivel nacional.[8] Sin embargo, su debilidad consiste en que éstos representan únicamente la atención de 10.8% de los 11.5 millones de trabajadores que conforman su actual población afiliada.[9] En lo que respecta a los estados del norte, en promedio sólo 12.9% de los 3.1 millones de afiliados han recibido un crédito. Lo que significa que en la región se han otorgado crétidos del Infonavit por arriba del promedio nacional, dada su estructura ocupacional y nivel de ingresos.

La demanda potencial de vivienda actual del Infonavit, a nivel nacional, está representada por 10.4 millones de trabajadores que no han recibido un crédito. De éstos, 63% tienen percepciones de hasta tres veces el salario mínimo (VSM), el 21% de entre 3.1 y seis VSM y el 16% percibe ingresos mayores a seis VSM (Infonavit, 2003: 5). Por su parte, la demanda potencial de los estados del norte es de 3.1 millones de los cuales, el 64.1% se concentra en derechohabientes que tienen percepciones de hasta tres VSM, 18.4% de entre 3.1 y 6 VSM y el 14.2% que percibe ingresos mayores a seis VSM (véase cuadro 14).

En lo que respecta a los principales municipios urbanos fronterizos, la demanda potencial es de 1.05 millones, de los cuales 66.4% se concentra

[8] Incluye hasta el avance del mes de agosto del 2001.

[9] Distribucion de trabajadores vigentes a hasta el tercer bimestre del 2003.

Cuadro 14. Demanda potencial de vivienda de derechohabientes del Infonavit por nivel de ingreso y estado del norte (miles de trabajadores)

Entidad federativa	*Nivel de ingreso en salarios mínimos*			
	Hasta de 3	*De 3.1 a 6*	*Más de 6.0*	*Total*
Baja California	308.2	107.6	69.3	485.2
Coahuila	272.6		60.7	430.0
Chihuahua	377.4	102.4	67.5	547.3
Nuevo León	461.8	207.4	149.5	818.7
Sonora	231.7	47.0	31.0	309.6
Tamaulipas	282.5	91.9	51.3	425.6
Total regional	1 934.2	556.3	429.3	3 016.4
Total nacional	6 605.2	2 192.0	1 679.2	10 473.4

Fuente: Instituto del Fondo Nacional para la Vivienda de los Trabajadores (2003).

en derechohabientes que tienen percepciones de hasta tres VSM, 21.2% de entre 3.1 y 6 VSM y el 12.2% que percibe ingresos mayores a seis VSM (véase cuadro 15).

La mayor demanda de vivienda en los municipios urbanos de la frontera norte se encuentra en los segmentos de menores ingresos (3.5 salarios mínimos).

Otro organismo participante en la política de vivienda es el Fovi que es un fideicomiso del gobierno federal administrado por el Banco de México, que busca inducir el financiamiento privado a la vivienda de interés social y promover su desarrollo y constante modernización. Éste se apoya en la banca y en las sociedades financieras de objeto limitado, a las que les proporciona financiamientos y garantías para que, a su vez, puedan otorgar créditos a los promotores para la construcción y, finalmente, a las familias para la adquisición de las viviendas.

Actualmente el Fovi opera dos programas de crédito: el programa tradicional para viviendas con valor entre 55 mil y 104 mil UDIS, en el que los intermediarios otorgan los créditos bajo su riesgo y el Fovi concede una garantía *pari-passu* por 50% de la pérdida; y el Programa Especial de Subsidio y Crédito a la Vivienda (Prosavi) para viviendas con un valor entre 35 y 40 mil UDIS, a través del cual el gobierno federal asume la totalidad del riesgo crediticio (Zepeda, 2000: 43).

Cuadro 15. Demanda potencial de vivienda de derechohabientes del Infonavit por nivel de ingreso y principales municipios urbanos fronterizos (miles de trabajadores)

Municipios	*Nivel de ingreso en salarios mínimos*			
	Hasta de 3	*De 3.1 a 6*	*Más de 6.0*	*Total*
Tijuana	178 612	57 487	33 290	269 389
Mexicali	78 898	36 352	28 504	143 754
Nogales	28 167	7 184	3 640	38 991
Cd. Juárez	212 778	46 944	28 747	288 469
Acuña	29 335	6 507	2 617	38 459
Piedras Negras	18 586	5 909	3 105	27 600
Nuevo Laredo	37 006	13 660	7 270	57 936
Reynosa	70 098	23 798	12 138	106 034
Matamoros	46 142	25 562	9 853	81 557
Total mpios. fronterizos	699 622	223 403	129 164	1'052 189
Monterrey	216 999	96 666	83 608	397 273
Total nacional	6 605.2	2 192.0	1 679.2	10 473.4

Fuente: Instituto del Fondo Nacional para la Vivienda de los Trabajadores (2003).

Por su parte, de 1995 a la fecha, el Fovi se convirtió en un elemento clave del financiamiento hipotecario al otorgar créditos de segundo piso a las Sofoles, las cuales, a su vez, individualizan los créditos.

El Fovi en el transcurso de su vida institucional ha otorgado a nivel nacional más de 790 mil créditos de vivienda terminada. En el período comprendido entre 1995 y agosto de 2001 otorgó 333 167 créditos, sin contabilizar los cofinanciados con Fovissste, de los cuales, el 28.8% son viviendas tipo "A", a las que tiene acceso la población con ingresos entre tres y cinco salarios mínimos; el 28.5% son viviendas tipo "B1" para ingresos entre cinco y ocho salarios mínimos; el 25.5% son viviendas tipo "B2" para ingresos entre cinco y ocho salarios mínimos; 3.6% para viviendas tipo "B3" para ingresos de más de 10 salarios mínimos; y 13.6% son viviendas tipo Prosavi para ingresos entre dos y cinco salarios mínimos (Programa Sectorial de la Vivienda 2001-2006, 2002: 59).

En lo que respecta a los estados de la frontera norte, el número total de créditos para vivienda terminada otorgados por el Fovi en el período comprendido entre 1996 y el año 2000 fue de 81 686, los cuales representan 32.5% del total nacional (véase cuadro 16). Los estados que recibieron la

Cuadro 16. Número de créditos para vivienda terminada a través de Fovi en los estados del norte de México (1996-2000)

Ent. fed.	*1996*	*1997*	*1998*	*1999*	*2000*	*Total*
Baja California	3 052	4 477	5 494	5 667	6 007	24 697
Coahuila	2 172	1 941	1 332	1 700	630	7 775
Chihuahua	1 964	1 930	3 173	3 966	2 748	13 781
Nuevo León	3 310	3 631	3 074	3 384	2 918	16'317
Sonora	1 480	1 534	3 289	3 416	2 234	11 953
Tamaulipas	1 248	1 691	1 573	1 420	1 231	7 163
Total regional	13 226	15 204	17 935	19 553	15 768	81 686
Total nacional	37 621	50 297	56 952	59 118	46 717	250 705

Fuente: Elaboración propia con base en el programa financiero de Fovi (2003).

mayor cantidad de créditos durante el período antes señalado fueron Baja California (24 697) y Nuevo León (16 317), lo que representó el 30.2% y 19.9%, respectivamente.

Durante el período 1996-2000, el número de créditos para vivienda terminada otorgados por Fovi a los principales municipios urbanos de la frontera norte fue de 35 851. De los cuales, a los tres municipios con mayor población (Juárez, Tijuana, y Mexicali), correspondió más del 80% de los créditos (véase cuadro 17).

La tercera institución participante dentro de los programas públicos es el Fondo de Vivienda del ISSSTE (Fovissste) el cual está destinado a los trabajadores al servicio del Estado, para que puedan acceder a un préstamo hipotecario y adquirir vivienda nueva o usada; construir, reparar, ampliar o mejorar su habitación; pagar pasivos contraídos con terceros por los conceptos antes mencionados, y pagar el enganche y/o los gastos de escrituración para la adquisición de vivienda de interés social.

Desde su creación, el Fovissste ha otorgado más de 536 mil créditos a nivel nacional, con los que ha atendido al 25.9% del total de sus derechohabientes, a los cuales, en el período de 1995 al año 2001, otorgó 149 593 créditos, siendo 89.6% para adquisición de vivienda y el 10.4% restante para mejoramiento de la misma.

La participación del organismo a nivel de los estados de la frontera norte ha sido limitada; por ejemplo, en el caso del estado de Sonora únicamente 4% del total de los créditos provino del Fovissste durante el período 1997-2001.

Cuadro 17. Número de créditos para vivienda terminada a través de Fovi en los principales municipios urbanos fronterizos del norte (1996-2000)

Municipio	*1996*	*1997*	*1998*	*1999*	*2000*	*Total*
Tijuana	1 648	2 294	2 989	3 147	3 833	13 911
Mexicali	988	1 473	1 655	1 970	1 960	8 046
Nogales	6	6	187	415	63	677
Cd. Juárez	1 186	862	1 372	2 524	1 830	7 774
Acuña	24	21	88	69	4	203
Piedras Negras	46	0	48	929	51	1 074
Nuevo Laredo	150	164	113	87	282	796
Reynosa	279	699	284	414	256	1 932
Matamoros	202	187	413	345	288	1 435
Total municipal	4 529	5 706	7 149	9 900	8 567	35 851
Total nacional	37 621	50 297	56 952	59 118	46 717	250 705

Fuente: Elaboración propia con base en el programa financiero de Fovi (2003).

En resumen, los organismos financieros nacionales otorgaron 3.7 millones de créditos, lo que significa 51% de todos los créditos otorgados por instituciones públicas durante el período 1983-2001 (Orta, 2000:68). En esa misma proporción, los organismos nacionales participan en el mercado de la vivienda de los estados del norte.

La segmentación ineficiente del mercado habitacional, la deficiente coordinación interinstitucional, la falta de disponibilidad de suelo urbano apto para la vivienda, el reducido ingreso de la población con relación a los créditos hipotecarios disponibles para la adquisición de una vivienda, etc., han provocado la intervención de los gobiernos estatales y municipales en la política social, cuyos organismos de vivienda han centrado su operación en la canalización de recursos al otorgamiento de materiales para la construcción, rehabilitación y mantenimiento de las viviendas de la población de escasos recursos; han perdido parte de su reserva territorial, al incorporarla a programas que no les garantizan su reposición plena (Programa Tu Casa antes Vivah de Sedesol, cofinanciamiento con el Infonavit y programas de dotación de lotes para colonias populares); al otorgamiento de permisos y licencias de construcción de fraccionamientos; y a la organización de la demanda habitacional, mediante esquemas de ahorro previo.

El Programa de Ahorro y Subsidios para la Vivienda Progresiva (Tu Casa) constituye otro enfoque de esta nueva política social que está encaminada a abatir el déficit habitacional de las personas más pobres, que no tienen acceso a los esquemas de la seguridad social (Duhau, 2001: 169). Desde este enfoque federal, se crearon dos programas que atienden a la población con ingresos menores a tres salarios mínimos:[10] el Fideicomiso Fondo Nacional de Habitaciones Populares (Fonhapo) y el Programa de Ahorro y Subsidios para la vivienda Progresiva (Vivah), que en el año 2003 se transformó en el Programa Tu Casa.

Fonhapo surgió para llenar un vacío generado por la liquidación del Indeco, y tiene como propósito básico atender las necesidades de vivienda de la población no asalariada, con ingresos menores a 2.5 salarios mínimos.

El Fonhapo ha otorgado más de 585 mil créditos en su historia. De ese total, en el período de 1995 a agosto del 2001 otorgó 78 848 créditos; 44.8% de los cuales se destinaron para la adquisición de vivienda y 55.2% para mejoramiento de la misma (Programa Sectorial de la Vivienda 2001-2006, 2002: 61).

Este fondo respondió a la necesidad de contar con una alternativa de financiamiento de vivienda para la población no asalariada con bajos ingresos. Los programas que el Fonhapo financia constituyen las fortalezas para este fondo, principalmente los de vivienda progresiva y de vivienda mejorada y, en menor medida de lotes con servicios.

Por su parte, el programa Vivah (ahora Tu Casa) operado por la Sedesol a partir de 1998, tiene como fin atender la demanda de vivienda de la población en condiciones de pobreza, a través de la generación de oferta de vivienda de tipo progresivo con servicios básicos. Este programa utiliza un esquema de financiamiento, que combina el ahorro de los beneficiarios, un subsidio directo del Gobierno Federal y la aportación de terrenos urbanizados por parte de los gobiernos locales –estatales y municipales– (Sedesol, 2002: 25). El programa se ha diversificado al incluir no sólo la mejora de la vivienda existente, sino que a partir del ejercicio fiscal 2000 se establecieron dos subprogramas: subsidios directos para la adquisición de vivienda y mejoramiento físico de la vivienda.

[10] El Infonavit también cuenta con un programa de vivienda progresiva y el Fovi opera un programa especial de crédito y subsidios a la vivienda. La diferencia entre estos dos programas de Fonhapo y Vivah es que los dos primeros están dirigidos sólo a personas que cuentan con un trabajo formal.

Los municipios que son sujetos del programa deben cumplir básicamente con tres requisitos:

- Contar con terrenos propiedad de los gobiernos locales o de los beneficiarios, sin ningún tipo de problema legal y con acceso a infraestructura y equipamiento urbano.
- Para la construcción de viviendas nuevas, el gobierno local debe contar con lotes de 90m^2 como mínimo, cumplir con las leyes, reglamentos, ordenamientos de carácter ecológico, y tener los permisos, licencias y registros correspondientes.
- Las Unidades de Vivienda Básica (UVA) que se construyan, deben tener congruencia con el entorno urbano y una dimensión de 21 m^2 como mínimo, con capacidad posterior de ampliación.

En el año de 1998, cuando inició el programa, sólo 11 estados[11] del país participaron y el monto presupuestado fue de 263 millones de pesos para otorgar 7 975 subsidios. Para 1999, el número de estados participantes se incrementó a 28,[12] de la misma manera que el monto presupuestado fue de 695 millones de pesos, de los que se ejercieron 579 millones para otorgar 14 079 subsidios.[13] Aunque para el año 2000 la participación en el programa cayó, sólo 24 estados se integraron entre los que se encuentran todos los norteños.[14] Asimismo, aumentó el número de subsidios ejercidos a 26 665, es decir, hubo un incremento de 85% respecto al año anterior.

En el período 2001-2002 se realizó una inversión de 416.6 millones de pesos, de los cuales 390.1 millones se canalizaron al subprograma de vivienda progresiva y 26.5 al mejoramiento, con los cuales se otorgó un total de 20 783 subsidios: 16 754 de viviendas progresiva y 4 029 de mejoramiento.

Durante el ejercicio fiscal 2002, se ejercieron 897.9 millones de pesos para otorgar 121 168 subsidios, en apoyo al mismo número de familias. En lo que respecta a los estados del norte, se canalizó a la región una

[11] De los estados norteños solo Coahuila y Chihuahua participaron, los cuales recibieron 700 y 1 200 subsidios respectivamente.

[12] Sólo quedaron fuera el D.F., Tabasco, Yucatán y Nayarit.

[13] El mayor ejercicio de estos subsidios realizados por los estados del norte fue realizado por Chihuahua (1 000), Sonora (850), Tamaulipas (524), Nuevo León (455), Coahuila (145) y Baja California (55).

[14] Los estados del norte que ejercieron mayor cantidad de subsidios fueron Chihuahua (5 000), Tamaulipas (1 260), Coahuila (880), Sonora (200) y Baja California (125).

inversión de 308.8 millones de pesos, lo que representa 34.3% de la inversión ejercida a nivel nacional. En total, se llevaron a cabo 39 669 acciones, de las cuales 9 218 corresponden al subprograma de vivienda progresiva, lo que significó 42.6% del total nacional y 30 451 acciones para el mejoramiento de la vivienda, lo que representó 30.5% del total nacional.

El programa Vivah (ahora, Tu Casa), en sus inicios, presentó tanto subejercicios como sobre-ejercicios. Los estados que ejercieron el 100% de los subsidios asignados fueron Coahuila y Tamaulipas, el que tuvo un sobre ejercicio fue Chihuahua; las entidades que tuvieron subejercicios fueron Baja California y Sonora (Alamilla, 2003: 89).

Un segundo programa es Hábitat de Sedesol, que tiene un subprograma de reservas territoriales, el cual busca apoyar a los gobiernos estatales y municipales elegibles en la adquisición de reservas territoriales para desarrollo urbano y vivienda, a efecto de ofrecer suelo a bajo costo para el asentamiento de la población local en situación de pobreza patrimonial.

Las condiciones para la adquisición de reserva territorial es: *a*) el apoyo federal en cada barrio o zona marginada no excederá de 5 000 pesos por lote destinados a un hogar en situación de pobreza patrimonial; *b*) la aportación de los gobiernos locales para la adquisición de reservas de suelo será cuando menos de las tres cuartas partes del costo de la superficie a adquirir. Consecuentemente, el subsidio federal no excederá de 25% del costo del predio; y *c*) el gobierno local deberá destinar al menos 40% de la superficie para el asentamiento de hogares en situación de pobreza patrimonial.

A través de este programa, en el estado de Chihuahua se adquirieron 2 403.7 hectáreas, de las cuales 37% correspondió a reservas territoriales para el municipio de Juárez.

Existen otros programas de mejoramiento de las condiciones de la vivienda, entre los que se encuentran Piso Firme, Arma tu Techo, Banco de Materiales, Rehabilitación de Fachadas, etcétera.

Los organismos estatales y municipales de vivienda, durante el período 1983-1999, otorgaron 525 311 créditos de vivienda, lo que representó el 8.5% del total asignado en el país.

Conclusiones

La política social en materia de vivienda que experimentan los estados y municipios de la frontera norte ha evolucionado a la par de la política nacional. La región ofrece la ventaja de presentar mayores proporciones de trabajadores en el sector formal de la economía, y de tener un mayor procentaje de trabajadores que perciben ingresos por más de tres salarios mínimos mensuales –ambas características fueron requisitos, por muchos años para acceder a los programas de vivienda social–. En contraste, presenta la desventaja de ser una de las más dinámicas en términos demográficos, por lo que experimenta tasas de formación de hogares –principal indicador de la demanda de vivienda– por arriba del promedio nacional. Esto último ha eliminado la ventaja de tener altos porcentajes de trabajadores formales y mayores ingresos, por lo que se han acumulado grandes rezagos. En este contexto, el sector público sólo ha construido o financiado el 20% del inventario habitacional de los estados de la frontera norte.

La actual política de vivienda a nivel regional debe de contemplar la construcción de por lo menos 275 943 unidades nuevas. Sin embargo, se requiere focalizar un mayor número de programas específicos para la rehabilitación, mantenimiento o ampliación de 297 928 unidades, ya que el acervo ha envejecido y por falta de mantenimiento se ha deteriorado. Del total del rezago generado en los estados norteños, más del 60% del déficit corresponde a la demanda generada en las ciudades fronterizas.

Los mayores problemas que enfrenta la política de vivienda en la frontera norte son: la segmentación ineficiente del mercado habitacional; la deficiente coordinación interinstitucional; el reducido ingreso de algunos sectores de la población con relación a los créditos hipotecarios disponibles para la adquisición de una vivienda; altos costos de insumos como el suelo; falta de reservas territoriales, producto de acaparamiento de predios la especulación inmobiliaria, etc., estos problemas han provocado que existan amplios sectores de la población que no tienen acceso a una vivienda digna.

La mayor debilidad de los organismos públicos de vivienda ha sido el escaso impacto en el financiamiento para la producción de la misma y la falta de atención a los grupos de población más vulnerables, tales como: madres solteras, discapacitados, habitantes de zonas marginales, la población indígena y las familias de menores ingresos.

La política habitacional hacia la región fronteriza del norte de México debe promover un mayor fortalecimiento de los organismos estatales y municipales en la producción habitacional, por ser los que están más cerca de la demanda en su dimensión regional.

Bibliografía

Alamilla, Marina (2003), "El programa Vivah: la evolución de un subsidio localizado en el ámbito de la vivienda", tesina para tener la maestría en Administración y Políticas Públicas, CIDE.

Castaños, Árala (2003), " Faltan aquí 65 mil casas", *Diario de Juárez*, 8 de julio.

Dowall, David (2000), " Urban Land Management Issues and Opportunities in Developing Countries", Newsletter of the Lincoln Institute of Land Policy.

Duhau, Emilio (2001), "Vivienda popular y política de desarrollo urbano: el caso de la zona metropolitana de la ciudad de México", en R. García (comp.), *Planeación y gestión urbana y metropolitana en México*, El Colegio de la Frontera Norte y El Colegio Mexiquense.

Fuentes, César, Roberto García y Humberto Palomares, (2002), "Desarrollo social", en Espinoza V. y J. Santibáñez (Coords.), *Diagnóstico integral de la frontera norte*, El Colef-Segob.

Instituto Nacional de Estadística, Geografía e Informática (1981), *X Censo de Población y Vivienda*. Aguascalientes, INEGI.

——— (1992), *XI Censo de Población y Vivienda*. Aguascalientes, INEGI.

——— (2002), *XII Censo de Población y Vivienda*, Aguascalientes, INEGI.

Orta, Salomón (2000), "El papel de los organismos estatales y municipales de vivienda en la producción habitacional", en *Federalismo y Desarrollo*, núm. 13, pp. 64-70.

Salcedo, Roberto (2000), "Problemática social de la vivienda en México" en *Federalismo y Desarrollo*, núm. 13, pp. 7-18.

Secretaría de Desarrollo Social (2002), *Programa Sectorial de la Vivienda (2001-2006)*.

Zepeda, Manuel (2000), "El programa financiero de vivienda Fovi-Banca", en *Federalismo y Desarrollo*, núm. 13, pp. 43-46.

PROGRAMAS DE COMBATE A LA POBREZA

Gerardo Ordóñez Barba
Guadalupe Ortega Villa

Introducción

En los últimos setenta años del siglo XX, la política social[1] en México ha estado subordinada a las estrategias de crecimiento, principalmente a las actividades económicas predominantes (Lerner, 1996; Ordóñez B., 2002). La posición secundaria asignada a la política social contribuyó a acentuar las desigualdades que se generaban en el ámbito económico. Los principales beneficiarios fueron los sectores de la sociedad vinculados a las actividades formales, industriales y terciarias. En este extenso período de la historia nacional, se pueden distinguir dos vertientes de la intervención social del Estado: la primera con propósitos de universalidad, iniciada una vez que el país se pacificó después del movimiento revolucionario, consistente en la creación de instituciones de educación, salud, seguridad social, vivienda y apoyo al consumo popular, así como con el otorgamiento de algunos subsidios (que disminuyeron drásticamente con la adopción de políticas económicas neoliberales en la década de los ochenta); la segunda, "focalizada" (Román y Aguirre, 1998), que coexiste con las políticas generales y que se orienta a sectores específicos de la población, mediante la implementación de programas compensatorios o asistenciales y que inicia

[1] Entendida como el modo en que el Estado traduce en estrategias y políticas concretas su obligación de facilitarle a la población los medios para satisfacer las necesidades elementales a que tiene derecho: educación, salud, vivienda y seguridad social, así como un ingreso adecuado que le permita vivir dignamente (véase Román y Aguirre, 1998). Aquí se adopta esta definición operativa del término *política social* puesto que en la práctica la línea que la separa de la política económica puede ser nula, es decir, una política económica puede estar orientada a tener efectos distributivos en la sociedad, en cuyo caso es también social. Para una breve discusión al respecto, véase Sobrino y Garrocho (1995).

en la década de los setenta. En este capítulo sólo nos vamos a referir a las políticas focalizadas, puesto que a ellas corresponden las diversas modalidades de programas públicos orientados al combate a la pobreza.

Los objetivos centrales de este apartado son describir el proceso de transformación por el que han transitado los programas federales de combate a la pobreza, incluyendo al gobierno de Vicente Fox; analizar la participación de los gobiernos locales (especialmente, estatales) de la frontera norte en esta arena de actuación; e identificar las principales deficiencias de la lucha contra la pobreza desde el punto de vista de la gestión intergubernamental y de sus contenidos como estrategias de cambio de condiciones sociales.

Antecedentes de la lucha contra la pobreza en México

A mediados de la década de los sesenta ya eran evidentes el agotamiento del modelo de crecimiento sustitutivo de importaciones y la creciente pobreza, particularmente en las zonas rurales. En los años setenta, si bien no se abandona la idea de que mediante el crecimiento económico se accedería a mejores niveles de bienestar para las mayorías, con la creación y funcionamiento del Programa de Inversiones Públicas para el Desarrollo Rural (Pider)[2] y de programas como el Nacional de Solidaridad Social del IMSS y la Coplamar,[3] no sólo se reconoce e introduce el tema de la pobreza en nuestro país, sino que también se da inicio a la puesta en práctica de políticas sociales focalizadas, orientadas a combatir la pobreza de sectores específicos de la población, en este caso rural. Estas estrategias se caracterizaron por ser los envolventes de una serie de programas que implicaron la coordinación de diversas instancias gubernamentales.

En los ochenta, la crisis de la deuda externa, la disminución de las divisas provenientes del petróleo y las políticas de ajuste económico impuestas por el FMI, ocasionaron que durante la gestión de Miguel de la Madrid

[2] Cuyos objetivos eran generar empleos permanentes y remunerados para retener a la población rural en sus localidades mediante la realización de obras de infraestructura productiva, de apoyo a la producción y de dotación de algunos servicios (Ordóñez B., 2002). Este programa cambió de nombre durante la gestión de López Portillo pero mantuvo la sigla, pues fue nombrado Programa Integral para el Desarrollo Rural.

[3] La Coordinación General de Zonas Deprimidas y Grupos Marginados (Coplamar) se creó en 1977 (Sobrino y Garrocho, 1995). Sus esfuerzos se orientaron a la creación de clínicas, escuelas, centros de abasto (en coordinación con la Conasupo), entre otros.

(1982-1988) muchos de los programas de combate a la pobreza desaparecieran y se pospusiera el avance del proceso de justicia social, puesto que en dicho período las políticas fiscal, salarial y de empleo quedaron supeditadas a la prioridad de la estabilización (Valencia y Aguirre, 1998). Ello trajo como consecuencia el aumento de la indigencia, ya que en 1987 la pobreza extrema era padecida por 21.1% de la población total, frente a 19.2% registrado en 1981; si durante ese período la población total creció a una tasa de 2.2% anual, la población en pobreza extrema creció a 4%, casi el doble (Sobrino y Garrocho, 1995:40).

En el sexenio de Carlos Salinas (1988-1994) la lucha contra la pobreza volvió a la agenda de gobierno, pero mediante políticas que no estuvieran en contradicción con el mercado, lo que dio origen al Programa Nacional de Solidaridad (Pronasol o Solidaridad). Este programa rescató parte de la experiencia adquirida con el Pider y la Coplamar pero introdujo algunas novedades, ya que se orientó no sólo a la población rural sino también a la urbana, a los indígenas y a otros grupos vulnerables, e involucró a los ayuntamientos y la participación comunitaria en un esquema descentralizado de gestión (Ordóñez B., 2002).

Con el Pronasol se propuso abatir la pobreza en tres vertientes de acción: solidaridad para el bienestar social (salud, alimentación, educación, vivienda, servicios básicos y regularización de la tenencia de la tierra); solidaridad para la producción y solidaridad para el desarrollo regional. Este programa fue objeto de un amplio debate nacional y de una extensa campaña publicitaria. Para la federación representaba la punta de lanza de una nueva estrategia de política social; para sus críticos significaba una forma de control político que vendría a renovar las vencidas estructuras corporativas del partido en el gobierno. Sin embargo, según Sobrino y Garrocho (1995:45), en la práctica el gasto social no tuvo un aumento sustancial en la atención a la pobreza, ya que por cada peso gastado en el período 1983-1988 en este segmento de población, la relación pasó a 1.12 entre 1989 y 1993.

Con la ascensión a la presidencia de Ernesto Zedillo (1994-2000) desaparece el Pronasol, el cual es sustituido por el Programa para Superar la Pobreza (publicado tardíamente, a mediados de su gestión, en donde se rescatan algunas acciones productivas y de infraestructura) y por el Programa de Educación, Salud y Alimentación (Progresa), que inició en 1997 y fue diseñado para atender a la población rural en situación de indigencia (Valencia y Aguirre, 1998); este último consistió en dar apoyos alimentarios, educativos y de salud en busca de la igualdad de oportunidades para los individuos.

Según Valencia y Aguirre (1998), una de las diferencias más importantes del Progresa respecto de los programas anteriores es el condicionamiento recíproco en el otorgamiento de los apoyos bajo la modalidad de la complementariedad de las acciones. Ello significó que los beneficiados sólo podían recibir recursos para alimentación si llevaban a cabo un programa preestablecido de visitas a los centros de salud y garantizaban la asistencia de sus hijos a la escuela; además, el apoyo alimentario se dio mediante transferencias monetarias y no en especie, con el propósito de estimular el comercio y las actividades productivas sin distorsionarlas. Así, entre las implicaciones del Progresa se encuentran las siguientes:

- Se trata de un programa para combatir la pobreza sólo en la medida en que la población pobre tenga acceso al mercado en las mismas condiciones que los no pobres.
- Representa una inversión temporal en las familias, ya que sus componentes toman en consideración sus condiciones variables en el tiempo.
- Como toda inversión, se guía por un ciclo, en el cual se enfatizan las etapas más críticas. El Progresa considera el ciclo de vida de los individuos, desde su gestación hasta la senectud, y enfatiza la aplicación de aquellas acciones que tienen un mayor impacto sobre su bienestar (Valencia y Aguirre, 1998).

A diferencia de los programas que lo antecedieron, el Progresa enfatiza en el desarrollo del capital humano, mediante el apoyo a las capacidades del individuo (alimentación, salud y educación) que le permita tener mayores oportunidades de inserción en el mercado laboral; "centra su operación en el impulso al empleo y el ingreso individual, en vez del fomento productivo" (Valencia y Aguirre, 1998: 87), aunque este último no desaparece, puesto que es absorbido por el Programa para Superar la Pobreza.

La estrategia del gobierno de Fox en la lucha contra la pobreza

Los dos primeros años del gobierno de Vicente Fox se pueden caracterizar como de un cierto inmovilismo, pues si bien le da continuidad al Progresa –al que posteriormente cambia el nombre por el de Oportunidades–, es hasta el año 2002 cuando la Federación lanza su "nueva" estrategia de política social integral para la superación de la pobreza con el nombre de "Contigo". Igual a lo sucedido en el pasado, Contigo se caracteriza por tener el carácter de envolvente (o sombrilla) de una serie de programas que involucran a buen número de dependencias gubernamentales. Se trata de una estrategia integradora, a manera de los antiguos programas como el Pider, Coplamar y Pronasol.

Esta nueva edición del combate a la pobreza guarda afinidades con sus antecesoras, en particular con la del período de Zedillo, pues no sólo conserva el Progresa (ahora denominado Oportunidades) como uno más de los programas de Contigo, si no que también está orientada a la promoción del capital humano –a nivel individual y/o familiar–, considera el ciclo de vida de los miembros de los hogares (véase Sedesol, 2003) y la necesaria participación de los beneficiarios –como en el Pronasol–, a quienes también se les condiciona el apoyo –según el programa de que se trate– a cambio de la realización de ciertas actividades, de manera similar a como lo hacía el Progresa. Según la Secretaría de Desarrollo Social, este nuevo esquema de lucha contra la pobreza:

a) Promueve una mayor y mejor interacción, entre y dentro, de los tres órdenes de gobierno e impulsa una nueva relación entre el gobierno y la ciudadanía para lograr la mayor eficiencia en las acciones de los sectores público y privado en la política social.
b) Consiste en cuatro estrategias específicas y complementarias:

1. *Ampliación de capacidades* en las áreas de salud, educación y nutrición para la participación activa de los pobres en la sociedad (equivalentes al Progresa).
2. *Generación de opciones* de empleo e inversión para que las capacidades se traduzcan en mayores niveles de bienestar e ingresos y permitan satisfacer las necesidades de consumo y de ahorro (crear empleos, facilitar la inserción en el mercado laboral y otorgar opciones de inversión en proyectos productivos).
3. *Protección social para todos*, que se refiere a la protección contra riesgos. Se instrumenta con acciones de salud y de seguridad social y opera en tres modalidades (régimen solidario, voluntario y ordinario).
4. *Formación de patrimonio*, que es impulsado mediante programas de vivienda y ahorro.

c) Opera bajo los principios de corresponsabilidad, equidad e integración y considera a las personas, las familias y al ciclo de vida como ejes de acción (Sedesol, 2003).

Las cuatro estrategias de Contigo se traducen en 16 programas que tienen en común, como fin último, la superación de la pobreza. Otras características en las que coinciden muchos de estos programas en su diseño son: se otorga gran importancia a las organizaciones de la sociedad civil (OSC) como colaboradoras o intermediarias de sus acciones; se plantea la participación de los gobiernos locales (estatales y municipales) en la ejecución de los proyectos; y, consideran actuaciones interrelacionadas entre sí; incluso algunos programas están diseñados *ex profeso* para apoyar a los otros. No obstante, entre éstos hay diferencias no sólo en la complejidad de los objetivos y en el tipo de acciones a realizar –puesto que varios de ellos se desdoblan en subprogramas o modalidades de apoyo–, sino que también en los ámbitos territoriales de acción, algunos están orientados a áreas geográficas específicas, y en los receptores de los apoyos, pues ahora están incluidos los gobiernos locales como beneficiarios directos en dos casos. En el Anexo 1 se presenta una descripción detallada de cada uno de estos programas, mientras que en el cuadro 1 se resumen sus principales características: ámbito geográfico, destino de los apoyos y participación de instancias involucradas.

A pesar de la aparente diversidad en las estrategias y del amplio número de programas y subprogramas incorporados en la superación de la pobreza, los datos del presupuesto federal en esta arena de intervención (véase cuadro 2) indican que la mayor parte de los esfuerzos están concentrados en dos estrategias: desarrollo de capacidades y desarrollo del patrimonio, que en conjunto concentran alrededor del 85% del gasto en 2003. Si analizamos los datos por programas encontramos que hay dos, uno de cada una de estas dos estrategias, que ejercen más de la mitad de los recursos totales, estos son Oportunidades y el Fondo de Apoyo para la Infraestructura Social (FAIS) estatal y municipal. Los fondos compensatorios de educación, salud y alimentación reciben el 22.5% del financiamiento y el restante 23.9% se distribuye entre una gran variedad de programas. De este último grupo sobresalen, por su insignificancia presupuestal, los programas Vivah (ahora Tu casa), Caminos Rurales, Empleo Temporal, Opciones Productivas, Hábitat y los dos integrados a la estrategia denominada de Protección Social (Salud para Todos y Seguridad Social para Jornaleros

Agrícolas), que en conjunto no consumen más allá de 6% del gasto total asignado.

Desde este punto de vista, se pude concluir que la lucha contra la pobreza a tres años de haber iniciado el actual gobierno sigue concentrada en las áreas que ya habían sido perfiladas durante el sexenio anterior; incluso, tomando en cuenta las tendencias, se observa una mayor presencia de Oportunidades, lo que en parte se explica por la ampliación de su cobertura al ámbito urbano y la inclusión de un nuevo subprograma (que consiste en la conformación de un fondo de ahorro que estará disponible para los beneficiarios de becas educativas cuando concluyan la educación media superior); en contraste, podemos advertir el debilitamiento de los programas orientados a la generación de opciones productivas. En este escenario, las aportaciones más importantes de Contigo radican en los novedosos, aunque limitados, programas que se pusieron en marcha en 2002 y que pretenden enfrentar problemas específicos de la pobreza urbana (Hábitat) y rural (Microrregiones, Desarrollo de Comunidades Indígenas y Zonas de Alta Marginación e Indígena).

La estrategia federal para la superación de la pobreza en el contexto de la frontera norte

Los programas para superar o reducir la pobreza muestran la posición favorable que en el contexto nacional guardan los estados de la frontera norte. Desde que la Coplamar (1983) publicó los resultados de los índices de marginación para el conjunto del país, tanto a nivel regional como de las entidades federativas, se hizo evidente las diferencias en los indicadores registrados entre los estados del sureste (Guerrero, Oaxaca y Chiapas), tradicionalmente la región más empobrecida del país, frente al Distrito Federal junto con los estados del norte, en particular Nuevo León y Baja California, que presentaban menores rezagos, o mayor bienestar, en relación con las condiciones promedio a nivel nacional. Esta situación se ha repetido en estudios posteriores. La información censal de 1990 (Conapo-Conagua, 1993) y más recientemente los índices de bienestar y de marginación para el año 2000 (INEGI, 2003 y Conapo, 2001) ratifican la misma tendencia, es decir, los índices de bienestar más altos se observan en primer lugar en el Distrito Federal, al que le sigue un conjunto de nueve entidades federativas, seis de las cuales corresponden a los estados fronterizos del norte de México.

Cuadro 1. Resumen de los programas federales para la superación de la pobreza, 2003

Núm.	*Nombre del programa y subprogramas*	*Ámbito geográfico* *Urb.*	*Rur.*	*Restr.*	*Beneficios PP* *Direc.*	*Indirec.*	*Reciben los apoyos* *PP*	*OSC*	*Otros*	*Gob. L.*	*Requiere participación de:* *Benefic.*	*Gob. Local*	*OSC*	*S.Priv.*
1	Hábitat													
	Superación de la Pobreza Urbana	X		X[1]	X		X				X	X	P	
	Mujeres Jefas de Familias	X		X[1]	X		X				X	X	P	
	Mejoramiento de Barrios	X		X[1]	X		X				X	X	P	
	Reserva de Suelos	X		X[1]		X				X		X		
	Ordenamiento del Territorio	X		X[1]		X				X		X		
	Agencias de Desarrollo Hábitat	X		X[1]		X				X		X		
2	Para el Desarrollo Local (Microrregiones)													
	Microrregiones y Zonas de Alta Marg.		X	X[2]	X		X				NE	X	P	
	Identidad Jurídica		X	X[2]	X		X				X	P		
3	Identidad Jurídica		X	X[2]	X		X				X			
4	Opciones Productivas													
	Apoyo a la Palabra		X	X[2]	X		X					P		
	Crédito Social	X	X	X[2]	X		X				X	P		
	Crédito Productivo para Mujeres		X	X[2]	X		X				X	P		
	Acompañamiento y Form. Empresarial		X	X[2]	X		X					P	X	
	Ahorrando Contigo	X		X[2]	X		X				X	P		
	Integración Productiva		X	X[2]	X		X				X	P		
	Agencias de Desarrollo Local		X	X[2]		X		X				P	X	
5	Programa de Empleo Temporal		X	X[2]	X		X					P		
6	Para el Desarrollo de las Com. Indígenas		X	X[3]	X						X	X	P	
7	Zonas de Alta Marginación e Indígenas		X	CGO	X		X				X	X		
8	Atención a Jornaleros Agrícolas													
	Vivienda Saneamiento Ambiental		X	X[4]	X		X					X		X
	Agua Potable		X	X[4]	X		X				X			X
	Salud y Seguridad Social		X	X[4]	X		X					X		X
	Alimentación y Abasto		X	X[4]	X		X					X		X
	Educación, Cultura y Recreación		X	X[4]	X		X					X		X
	Empleo, Capacitación y Productividad		X	X[4]	X		X					X		
	Procuración de Justicia		X	X[4]	X		X					X		
	Tránsito Migratorio		X	X[4]	X		X					X		
	Apoyo a Contingencias		X	X[4]	X		X				X			

(Continúa)

(Continuación)

Núm.	Nombre del programa y subprogramas	Ámbito geográfico Urb.	Rur.	Restr.	Beneficios PP Direc.	Indirec.	Reciben los apoyos PP	OSC	Otros	Gob. L.	Requiere participación de: Benefic.	Gob. Local	OSC	S.Priv.
9	Ahorro, Subs. y Crédito p/la Viv. "Tu Casa"	X	X		X		X				X	X		
10	Oportunidades (Progresa)													
	Educación	X	X		X		X				X	X		
	Salud	X	X		X		X				X	X		
	Alimentación	X	X		X		X				X	P		
	Patrimonial	X	X		X		X				X	P		
11	Coinversión Social													
	Promoción General	X	X		X	X		X			NE	NE	X	
	Promoción Específica	X	X		X	X	X	X			NE	X	X	
	Promoción Focalizada		X	X^2	X	X	X	X			NE	X	X	
12	Iniciativa Ciudadana 3 x 1	X	X		X		X				X	X		
13	Jóvenes por México	X	X			X			X			X	X	
14	Expertos en Acción	X	X			X			X			X	X	
15	Capacitación y Fortalecimiento Institucional													
	Cap. p/fortalecim. de la Soc. Civil	X	X			X		X		X		NE	P	
	Fortalec. Instit.p/la Gestión Soc. Mpal.	X	X			X				X				
16	Incentivos Estatales	X	X			X				X				

PP = Población en pobreza.
P = Se propiciará su participación.
NE = No especificado.
OSC = Organizaciones de la sociedad civil.
CGO = Opera principalmente en Chiapas, Guerrero y Oaxaca.
X1 = Opera en una ciudad de cada entidad, en el caso de los estados de la frontera norte en: Tijuana, Ciudad Acuña, Ciudad Juárez, Monterrey, Nogales y Ciudad Victoria.
X2 = Opera en las microrregiones de alta marginación publicadas en el *Diario Oficial de la Federación* del 31 de enero de 2002.
X3 = De los estados de la frontera norte sólo considera a Chihuahua y Sonora.
X4 = De los estados de la frontera norte sólo considera a Baja California, Chihuahua, Sonora y Tamaulipas.

Fuente: Anexo 1 de este capítulo.

Cuadro 2. Gasto público federal ejercido para la superación de la pobreza (millones de pesos de 2000)

Año	Total	*Por ejecutor del gasto*			*Por tipo de estrategia y principales programas*											
		Órdenes de gobierno			*Desarrollo de Capacidades*			*Desarrollo del Patrimonio**				*Generación de Opciones**		*Protección Social*		
		Federal	*Estatal*	*Municipal*	*Total*	*Oportuni.*	*E/S/A***	*Total*	*FAIS*	*VIVAH*	*C.Rurales*	*Total*	*Empelo T*	*Total*	*Salud p/T*	*SS p/JA*
1990	29 129.6	29 129.6			9 931.2		9 931.2	15 266.4	13 222.0		1 141.7	3 726.8		205.3		205.3
1995	45 847.0	45 847.0			19 954.2		19 954.2	18 535.9	13 049.8		348.7	7 131.5	2 319.0	225.4		225.4
1996	46 258.7	46 123.6	135.0		21 448.7		21 448.7	17 349.1	11 979.9		347.9	7 140.7	2 359.5	320.1		320.1
1997	45 292.9	44 736.8	556.1		20 062.0	694.8	19 367.2	17 156.9	12 190.5		827.5	7 946.9	3 089.3	127.1		127.1
1998	48 295.3	31 004.5	4 947.8	12 343.1	21 868.5	4 394.4	17 474.1	17 726.0	11 981.9	171.3	1 053.0	8 655.9	3 504.3	45.0		45.0
1999	51 909.5	32 405.2	4 885.6	14 618.7	23 063.3	7 729.7	15 333.5	19 420.8	14 448.4	292.7	590.8	9 368.6	3 815.5	56.8		56.8
2000	55 265.4	35 359.9	4 951.9	14 953.6	24 973.1	9 586.9	15 386.2	20 417.0	14 972.6	579.0	864.4	9 723.1	4 002.6	152.2		152.2
2001	58 920.2	36 448.6	5 611.9	16 859.6	27 822.4	11 656.7	16 165.7	20 892.6	16 973.6	411.9	860.9	10 029.5	3 529.6	175.7		175.7
2002	69 922.2	45 521.7	6 015.2	18 385.3	32 295.4	15 262.2	17 033.2	25 167.3	18 639.8	609.4	1 064.8	12 110.9	3 471.3	348.5	171.4	177.1
2003	68 954.6	45 120.8	6 071.1	17 762.8	34 493.6	18 996.8	15 496.8	25 060.4	18 030.3	666.8	912.2	8 625.2	1 522.6	775.5	550.8	224.7
								Tasas de crecimiento anual (%)								
1990	0.0	0.0			0.0		0.0	0.0	0.0		0.0	0.0		0.0		0.0
1995	9.1	9.1			14.0		14.0	3.9	-0.3		-23.7	13.0	0.0	1.9		1.9
1996	0.9	0.6	0.0		7.5		7.5	-6.4	-8.2		-0.3	0.1	1.7	42.0		42.0
1997	-2.1	-3.0	311.8		-6.5	0.0	-9.7	-1.1	1.8		137.9	11.3	30.9	-60.3		-60.3
1998	6.6	-30.7	789.7	0.0	9.0	532.4	-9.8	3.3	-1.7	0.0	27.3	8.9	13.4	-64.6		-64.6
1999	7.5	4.5	-1.3	18.4	5.5	75.9	-12.2	9.6	20.6	70.8	-43.9	8.2	8.9	26.2		26.2
2000	6.5	9.1	1.4	2.3	8.3	24.0	0.3	5.1	3.6	97.8	46.3	3.8	4.9	168.1		168.1
2001	6.6	3.1	13.3	12.7	11.4	21.6	5.1	2.3	13.4	-28.9	-0.4	3.2	-11.8	15.4		15.4
2002	18.7	24.9	7.2	9.0	16.1	30.9	5.4	20.5	9.8	48.0	23.7	20.8	-1.7	98.4	0.0	0.8
2003	-1.4	-0.9	0.9	-3.4	6.8	24.5	-9.0	-0.4	-3.3	9.4	-14.3	-28.8	-56.1	122.5	221.3	26.9
								Estructura (%)								
1990	100.0	100.0			34.1		34.1	52.4	45.4		3.9	12.8	0.0	0.7		0.7
1995	100.0	100.0			43.5		43.5	40.4	28.5		0.8	15.6	5.1	0.5		0.5
1996	100.0	99.7	0.3		46.4		46.4	37.5	25.9		0.8	15.4	5.1	0.7		0.7
1997	100.0	98.8	1.2		44.3	1.5	42.8	37.9	26.9		1.8	17.5	6.8	0.3		0.3
1998	100.0	64.2	10.2	25.6	45.3	9.1	36.2	36.7	24.8	0.4	2.2	17.9	7.3	0.1		0.1
1999	100.0	62.4	9.4	28.2	44.4	14.9	29.5	37.4	27.8	0.6	1.1	18.0	7.4	0.1		0.1
2000	100.0	64.0	9.0	27.1	45.2	17.3	27.8	36.9	27.1	1.0	1.6	17.6	7.2	0.3		0.3
2001	100.0	61.9	9.5	28.6	47.2	19.8	27.4	35.5	28.8	0.7	1.5	17.0	6.0	0.3		0.3
2002	100.0	65.1	8.6	26.3	46.2	21.8	24.4	36.0	26.7	0.9	1.5	17.3	5.0	0.5	0.2	0.3
2003	100.0	65.4	8.8	25.8	50.0	27.5	22.5	36.3	26.1	1.0	1.3	12.5	2.2	1.1	0.8	0.3

* En estos casos la suma de los parciales no coincide con el total debido a que sólo se incluyeron algunos de los principales programas de cada estrategia.

** Se refiere a los fondos compensatorios en educación y salud, así como a los programas alimentarios de leche, tortillas y desayunos escolares.

Fuente: Fox, Vicente (2003), *Anexo estadístico del tercer informe de gobierno*, Presidencia de la República, México.

Evidentemente, los resultados de los estudios antes aludidos no implican la inexistencia de pobreza en la frontera norte. La posición favorable de los estados norteños en el contexto nacional obedece más al referente general con el que se le compara, en este caso las condiciones medias del país, que a una situación de ausencia de marginación o pobreza; dicho de otra manera, si el referente con el que se les compara fuera uno con estándares de vida superiores (por ejemplo, con los estados vecinos del sur de Estados Unidos), obviamente el resultado sería muy diferente y se observaría una posición muy desventajosa. Aun así, es evidente que en México las entidades fronterizas presentan mejores condiciones sociales que la mayoría, a pesar de que en ellas exista pobreza y núcleos de alta marginación urbana y rural. Esta situación se evidencia en el hecho de que los programas de lucha contra la pobreza, en tanto políticas focalizadas, se orienten más a los estados y regiones menos favorecidas.

Una lectura detallada del cuadro 1 permite advertir que, para el caso de las seis entidades que conforman la frontera norte del país, los programas que en ellos pueden operar sin más restricción que la presencia de población en condiciones de pobreza son siete: *i*) Tu Casa, *ii*) Oportunidades, *iii*) Coinversión Social, *iv*) Jóvenes por México, *v*) Expertos en Acción, *vi*) Capacitación y Fortalecimiento Institucional, y *vii*) Incentivos Estatales; de los cuales los dos últimos no son de apoyo directo ni inmediato a la población pobre, otros dos son de beneficio indirecto (Jóvenes por México y Expertos en Acción), mientras que el de Coinversión Social presenta la limitante de que requiere la voluntad y recursos complementarios de las organizaciones de la sociedad civil para su puesta en práctica. Se puede concluir que, de este grupo, los programas que pueden tener una mayor presencia entre la población pobre del norte del país son Oportunidades, principalmente, y Tu Casa.

Del conjunto de programas que contienen restricciones, en virtud de que presentan un grado mayor de focalización, esto es, están predeterminados los espacios geográficos de acción, siete son susceptibles de beneficiar en alguna medida a las entidades fronterizas, a saber: (*i*) Hábitat, que se dirige a una ciudad de cada estado; los programas para el (*ii*) Desarrollo Local (microrregiones), (*iii*) Identidad Jurídica, y (*iv*) Opciones Productivas, que operan en 263 regiones rurales específicas en todo el país que manifiestan índices de muy alta marginación (la lista se publicó en el *Diario Oficial de la Federación* del 31 de enero de 2002), de las cuales sólo 19 (es decir, 7%) se encuentran en la frontera norte (dos en Baja California, cinco en Coahuila, seis en Chihuahua, uno en Nuevo León, dos en Sonora y tres en Tamaulipas); (*v*) el programa para el Desarrollo de Comunidades Indígenas, reservado para Chihuahua y Sonora de los estados norteños; (*vi*) Atención a Jornaleros Agrícolas, que funciona en el medio rural de cuatro estados (Baja California, Sonora, Chihuahua y Tamaulipas); y (*vii*) Empleo Temporal, condicionado a las microrregiones y localidades rurales de menos de 2,500 habitantes.

Finalmente, hay un programa que no beneficia a la población de los estados de la frontera norte porque está reservado para tres entidades del sureste del país (Zonas de Alta Marginación e Indígenas), mientras que el programa de Iniciativa Ciudadana 3 x 1, si bien no excluye a los estados fronterizos, tiene la limitante que requiere del apoyo económico de las asociaciones de mexicanos en el extranjero, o en su defecto, de la aportación de los beneficiarios equivalente al 25% del costo de las obras.

La distribución de los programas para la superación de la pobreza en el territorio, como ya se ha dicho, sin duda refleja las condiciones de desigualdad que privan en el país. Atendiendo al principio de solidaridad habría amplias justificaciones para asignar los escasos recursos públicos de manera diferenciada, favoreciendo a las entidades que padecen los mayores rezagos sociales. Sin embargo, en un análisis más detallado del reparto de los recursos se aprecian altos grados de desproporción en contra de las entidades fronterizas, incluso entre los programas y fondos que se supone tendrían una incidencia más equilibrada en función del perfil de las poblaciones a beneficiar.

Resulta casi imposible determinar el grado de equidad que adopta la distribución de recursos en el país, tanto para el conjunto de alternativas que integran a Contigo como para el total de fondos orientados a la superación de la pobreza, debido a que en la mayoría de los casos los datos oficiales no se presentan desglosados por estado ni tampoco están disponibles las cuantificaciones sobre el volumen de pobres que habita en cada uno de ellos. Estas deficiencias impiden obtener algún parámetro de equidad (por ejemplo, el gasto por persona o familia pobre ejercido en cada entidad) que permita calcular el grado de desigualdad prevaleciente en las asignación de los presupuestos. A pesar de ello, tomado como parámetro de desigualdad el gasto per cápita por entidad federativa, encontramos que en el caso del FAIS (que está destinado a la construcción de infraestructura social) el gasto presupuestado para las entidades fronterizas representa en 2003 apenas 41% de lo que se destina en promedio por habitante en el país. En lo que respecta a Oportunidades, el otro gran programa para la superación de la pobreza, la proporción se reduce a 32% en relación con el promedio nacional, y a 15% si se le compara con lo que se invierte en las cinco entidades con los índices de marginación más altos del país (Fox, 2003).

El caso de Oportunidades resulta aún más significativo si se observa el comportamiento de los últimos seis años. En ese período la distribución del gasto por habitante no ha mostrado grandes cambios entre lo que se asigna a las entidades fronterizas del norte respecto de los promedios nacionales: entre 1998 y 2003 esta proporción se mantiene en alrededor de 30%, (Fox, 2003), esto a pesar que en el 2001 este programa incluyó como población objetivo a los pobres del medio urbano. Si bien es cierto las condiciones de vida son mejores en estos estados, las distancias no son tan amplias como lo suponen estos resultados. Por ejemplo, si tomamos como un indicador de pobreza el porcentaje de población ocupada que gana menos de dos salarios mínimos encontramos que a nivel nacional este indicador ronda 50%, en tanto que en los estados en estudio alcanza 35 por ciento (INEGI, 2000).

La participación de los gobiernos locales en el combate a la pobreza

La participación de los gobiernos locales en áreas involucradas en la lucha contra la pobreza ha ido creciendo con el tiempo. La descentralización de diversos fondos federales asociados al desarrollo regional y urbano (FAIS) y a la asistencia social (FAM-PASS), así como la instrumentación de iniciativas propias y la participación en la ejecución de programas centrales, han colocado a la intervención de las administraciones estatales y municipales en una posición relevante para la población que vive en condiciones de pobreza. En el año 2000, los estados y municipios ejercieron más del 20% del gasto nacional en desarrollo regional y urbano y 84% en programas alimentarios y asistenciales. Analizando la composición de lo que se gasta localmente por habitante en estos sectores entre entidades fronterizas y no fronterizas, encontramos que las primeras ejercen12% menos que las segundas en asistencia social y 80% más en infraestructura y servicios urbanos, lo cual refleja en alguna medida las prioridades otorgadas al tipo de necesidades sociales que predominan en cada uno de estos subconjuntos poblacionales.[4]

No obstante, la mayor presencia lograda por los gobiernos locales en estas esferas del desarrollo social, la mayor parte de los fondos etiquetados por la federación para "la superación de la pobreza" mantienen un alto grado de centralización. Como puede comprobarse en el cuadro 2, en el 2003 los gobiernos de los estados (8.8%) y los ayuntamientos (25.8%) ejercerán en conjunto sólo una tercera parte (34.6%) de este presupuesto, del cual 75% se debe a la descentralización de los recursos asignados al FAIS; el restante 25% (que representa 8.5% del total) se distribuye en diversos programas que han sido transferidos a las administraciones locales para su ejecución, tales como VIVAH, Hábitat, Asistencia Social Alimentaria a Familias (PASAF), Cocinas Populares y Unidades de Servicios Integrales (Copusi's), Alianza Contigo, entre otros.

Como puede apreciarse en el cuadro 3 y en el Anexo 2, los gobiernos de los estados fronterizos, en colaboración con los ayuntamientos y la federación, han desplegado un amplio conjunto de programas cuyo propósito es atender problemas derivados de la pobreza en cinco áreas fundamentales: 1. Vivienda e infraestructura urbana; 2. Salud, alimentación y asistencia social; 3. Educación y capacitación; 4. Proyectos productivos y empleo; y 5. Desarrollo regional. Si se analizan en función de estas vertientes el nivel de intervención de cada estado, se aprecia que únicamente en Tamaulipas existen opciones para cada una de estas vertientes; en los demás casos, sobresale que en Baja California, Chihuahua, Coahuila y Nuevo León no estén en marcha proyectos de desarrollo regional o comunitario y en Sonora que estén ausentes iniciativas locales de apoyo a la producción y al empleo. Cabe mencionar que en algunas entidades parte de estos vacíos están cubiertos a través de los programas federales que se desprenden del ramo 20 de los Convenios de Desarrollo Social (CDS's) que cada estado negocia con la federación, como en Nuevo León con Microrregiones o en Sonora con Oportunidades Productivas y Empleo Temporal. Sin embargo, con excepción de Tamaulipas, salta a la vista en los informes de gobierno de 2002 la ausencia de una

[4] Estudios realizados en el pasado han demostrado que los mayores problemas sociales en las ciudades fronterizas, respecto de las no fronterizas, están en los rezagos en la provisión de servicios públicos, a pesar de que existan mejores niveles de ingreso en relación con los promedios nacionales. Véase Guillén, T., 1990.

estrategia orientada a propiciar el desarrollo de regiones con mayor rezago al interior de cada entidad.

Entre los programas que se han puesto en marcha por iniciativa de los gobiernos locales destacan, en materia de vivienda: la regularización del suelo urbano, construcción de infraestructura (en todas las entidades) y mejoramiento de viviendas (con excepción de Baja California); en salud, asistencia y alimentación: los servicios de salud asistencial, el cuidado a niños de la calle y repatriados (en Chihuahua, Coahuila y Tamaulipas), la atención a los adultos mayores (en Coahuila) y la vigilancia y recuperación nutricional de menores de cinco años (en Tamaulipas); en educación, los centros comunitarios de aprendizaje (en Chihuahua, Coahuila, Nuevo León y Tamaulipas) y las guarderías (en Nuevo León y Tamaulipas); en proyectos productivos y empleo: los programas de crédito rural y urbano (en todos con excepción de Sonora) y la bolsa de trabajo para servicio de los adultos mayores (en Chihuahua); y, en desarrollo regional, la atención integral de comunidades indígenas (en Sonora) y de regiones prioritarias (Tamaulipas).

La revisión puntual de estas experiencias, aunque no están plenamente difundidas en la región, pueden aportar valiosos conocimientos para la instrumentación de estrategias de intervención similares dada la amplia presencia de problemáticas comunes, como lo son la insuficiencia de la oferta de suelo, la precariedad de las viviendas y de la infraestructura urbana, la carencia de servicios de salud asistenciales, la vulnerabilidad de los adultos mayores, de los indígenas y de los niños que viven en la calle o que son repatriados en sus intentos por cruzar la frontera, o la falta de oportunidades de empleo digno.

En lo que corresponde a los programas que se derivan del Ramo 20 de los CDSs sobresale que no todas las entidades fronterizas manifiesten haber negociado con la federación los recursos disponibles, incluso de aquellos programas que las incluyen explícitamente, como son: Jornaleros Agrícolas en Baja California, Chihuahua y Tamaulipas; Desarrollo de Comunidades Indígenas en Chihuahua; y Microrregiones en todos los casos, con excepción de Nuevo León.

Cuadro 3. Programas estatales de combate a la pobreza, 2002

Baja California	*Sonora*	*Chihuahua*	*Coahuila*	*Nuevo León*	*Tamaulipas*
Vivienda e infraestructura urbana					
VIVAH*	VIVAH*	VIVAH*	VIVAH*	VIVAH y Prosavi*	
Suelo y Vivienda	Atención Ciudadana y Protección Patrimonial	Regularización del Suelo Urbano	Regularización de la Tenencia de la Tierra	Regularización de la Tenencia de la Tierra	Regularización de la Tenencia de la Tierra
Obra Social Comunitaria			Infraestructura Básica	Infraestructura Social	Infraestructura Básica
			Circuitos viales	Infraestructura e Introducción de Servicios	
				En Nuevo León Decidimos Todos	
				Por Amor a mi Tierra	
	Convenios de Coordinación de Acciones para la Rehabilitación y Mejoramiento de la Vivienda Rural	Transformemos Tu Casa	Piso Firme		Piso de Concreto
			Banco de Materiales		Mejora de Vivienda
			Arma tu techo		Mejora de Fachadas
			Rehabilitación de Fachadas		
Salud, alimentación y asistencia social					
		Chihuahua Contigo	PUMAIS	Piso de Concreto	Medicina Comunitaria
Asistencia Social		Asistencia Social		Asistencia Social Integral	Asistencia Social a Familias
	Asistencia Alimentaria a Familias*		Asistencia Social Alimentaria a Familias*	Asistencia Social Alimentaria a Familias*	Asistencia Social Alimentaria a Familias*
	Cocinas Populares y Unidades de Servicios Integrales*		Cocinas Populares y Unidades de Servicios Integrales*		Cocinas Populares y Unidades de Servicios Integrales*
Organismos No Gubernamentales		Mejoramiento Genético del Maíz	Estatal de Atención a los Adultos Mayores		Vigilancia y Recuperación Nutricional

(Continúa)

(Continuación)

Baja California	*Sonora*	*Chihuahua*	*Coahuila*	*Nuevo León*	*Tamaulipas*
Salud, alimentación y asistencia social					
			Abasto y Atención Básica para los Adultos Mayores Primordiales del 36 Apoyo Popular Emergente		
		Niños Repatriados	Atención a Menores Fronterizos		Menores en Circunstancias Especialmente Difíciles
Educación y capacitación					
		Centros de Desarrollo Comunitario	Mejorando Mi Familia, Mejorando Mi Comunidad	Centros Comunitarios de Aprendizaje	Facilitando el Camino
				Guardería Comunitaria	Centros de Asistencia Infantil Comunitarios
Proyectos productivos y empleo					
Proyectos Productivos		Alianza Contigo*	Proyectos Productivos	Proyectos Productivos	Proyectos productivos
		Regularización de la Tenencia de la Tierra en Propiedad o Posesión Particular			
		Bolsa de Trabajo para el Adulto Mayor	Tiendas populares	Emprendedores	Microcrédito Fortalecimiento para la Economía Familiar y Comunitaria Vamos Tamaulipas

(Continúa)

(Continuación)

Baja California	*Sonora*	*Chihuahua*	*Coahuila*	*Nuevo León*	*Tamaulipas*
		Desarrollo regional o comunitario			
	Atención a Comunidades Indígenas* Oportunidades				Regiones prioritarias proyecto Yo Oportunidades
Ramo 20 del CDS**					
Oportunidades Productivas Empleo Temporal Expertos en Acción Jóvenes por México Estatales por Demanda	Productivas Empleo Temporal Expertos en Acción Jóvenes por México Estatales por Demanda	Oportunidades Productivas Empleo Temporal	Oportunidades Productivas Empleo Temporal Expertos en Acción Jóvenes por México	Oportunidades Productivas Empleo Temporal Expertos en Acción Jóvenes por México Estatales por Demanda	Productivas Empleo Temporal Expertos en Acción Jóvenes por México Estatales por Demanda
Iniciativa Ciudadana				Iniciativa Ciudadana	
	Jornaleros Agrícolas				
			Coinversión Social		
				Microrregiones Empleo Temporal Emergente	

* Programas federales que son ejecutados por los gobiernos de los estados.

** Programas federales que cada entidad negocia anualmente en el marco de los respectivos Convenios de Desarrollo Social.

Fuente: Anexo 2 de este capítulo e Informes de Gobierno de cada entidad federativa.

Los retos del combate a la pobreza en la frontera norte de México

Los estados de la frontera norte de México enfrentan una serie de problemas sociales que se derivan de la pobreza y de las condiciones de marginación que padecen muchas familias. Si bien las condiciones de vida en estas entidades son en promedio superiores a las del resto del país (con excepción del Distrito Federal, Aguascalientes, Baja California Sur y Jalisco),[5] a su interior persisten amplias desigualdades sociales que se manifiestan tanto en el medio rural como en el urbano. Aunque la concentración urbana es alta, aún existe una proporción importante de población (12%, alrededor de dos millones de personas)[6] que vive en comunidades rurales dispersas y alejadas de las urbes (es decir, en localidades de menos de 2 500 habitantes), que padecen de marginación y pobreza extremas. Los grupos indígenas que subsisten en algunos estados, los jornaleros agrícolas y los habitantes de zonas rurales desérticas son quienes padecen las peores manifestaciones de la pobreza. Y es precisamente a estos sectores de la sociedad a los que se dirige la menor cantidad de recursos y de servicios sociales disponibles. Como hemos visto, con excepción de Hábitat, la mayor parte de los programas federales que son altamente focalizados se dirigen a estas poblaciones; sin embargo, además de tener una asignación presupuestal insignificante, en las entidades norteñas tienen una incidencia marginal.

Los programas que atienden exclusivamente a las microrregiones (para el Desarrollo Local, Identidad Jurídica, Opciones Productivas y Empleo Temporal), así como los orientados a las comunidades indígenas (para el Desarrollo de Comunidades Indígenas –DCI– y Zonas de Alta Marginación e Indígena ZAMI), ilustran esta última afirmación: en el primer caso están incluidas apenas 19 microrregiones en los seis estados, que representan 7% de las seleccionadas en todo el país; del segundo grupo sólo el DCI está facultado para operar en esta región, particularmente en dos estados (Chihuahua y Sonora). Aunado a estas limitantes, a nivel local encontramos que los gobiernos de los estados manifiestan poco interés por atender a estas poblaciones. Aunque existen iniciativas específicas en algunos casos, como el Proyecto 40 y Regiones Prioritarias en Tamaulipas y Atención a Comunidades Indígenas en Sonora, en general, se aprecia desaten-

[5] Según el índice de marginación de Conapo (2001) para el año 2000.
[6] De acuerdo con INEGI (2000).

ción. La falta de coordinación entre varios de estos estados y la federación en la aplicación de los programas rurales que tienen destinatarios en la región (como Microrregiones, Desarrollo de Comunidades Indígenas y Jornaleros Agrícolas), resulta una expresión más del lugar secundario que ocupa la pobreza extrema rural en las agendas de ambos órdenes de gobierno.

En las ciudades, los mayores problemas sociales se manifiestan en las colonias populares y en los cinturones de miseria, cuyos habitantes padecen serias penurias: ingresos insuficientes, viviendas inadecuadas, un entorno urbano precario y acceso parcial o nulo a servicios de toda índole. El explosivo crecimiento que muchas de estas concentraciones urbanas han experimentado desde hace varias décadas, en combinación con la falta de planificación y de políticas y programas gubernamentales acordes a la creciente demanda social, han contribuido a acentuar las desigualdades y a ampliar los rezagos. En la escala federal a la fecha existen, además de Oportunidades y el FAIS, sólo dos programas que pueden tener un impacto directo entre estas poblaciones: Hábitat y Tu Casa (antes Vivah). A nivel local coexisten, en algunos estados, una serie de programas complementarios de construcción de infraestructura, introducción de servicios y acciones de mejoramiento de viviendas, así como proyectos productivos y servicios asistenciales de salud. En este escenario institucional, podemos suponer una mayor cobertura en la atención de la población urbana pobre que vive en los estados fronterizos. Sin embargo, como lo hemos venido apuntando los programas federales, con excepción de Oportunidades y el FAIS, son reducidos; por otra parte, en su mayoría, las estrategias estatales no son concebidas de manera integral: los programas que instrumentan por iniciativa propia o que ejecutan en colaboración con la federación (FAIS, Hábitat y Tu Casa) aparecen como acciones desvinculadas entre sí, lo cual puede reducir sensiblemente su efectividad.

Por último, habría que mencionar a los grupos sociales que padecen circunstancias especialmente críticas, tanto en el ámbito urbano como en el rural. Particularmente, queremos referirnos a los niños, a las mujeres y a los ancianos que viven en pobreza, cuya vulnerabilidad obliga a poner una especial atención en su cuidado. Sabemos que Oportunidades tiene la misión de atender a las familias con hijos en edad escolar, y que pone particular énfasis en los menores de edad y en las madres. Por su parte, Expertos en Acción está orientado a pensionados o jubilados que puedan realizar labores sociales o comunitarias. No obstante, la importancia relativa de estos programas, está claro que no han logrado una cobertura total entre sus beneficiarios potenciales y que su actuación deja desprotegidos a niños y mujeres que no viven en familia, así como a los adultos mayores que no reciben pensión alguna o que ya no puedan realizar trabajos de ninguna clase. En la escala local, no se advierte un interés generalizado por los problemas de estas personas, pero vale la pena destacar los apoyos que ofrecen tres entidades (Chihuahua, Coahuila y Tamaulipas) a los niños repatriados o de la calle y, especialmente, Coahuila a los ancianos.

Anexo 1

Programas federales para la superación de la pobreza, 2003

HÁBITAT (consta de seis subprogramas)	
Objetivo:	Contribuir a superar la pobreza urbana, mejorar el hábitat popular y hacer de las ciudades y sus barrios espacios ordenados, seguros y habitables.
Beneficiarios:	Residentes de los barrios marginados de las 32 ciudades seleccionadas mayores de 100 000 habitantes, una por cada entidad federativa (entre ellas: Tijuana, Ciudad Acuña, Ciudad Juárez, Monterrey, Nogales y Ciudad Victoria de los estados de la frontera norte).
Elegibilidad:	Habitantes en pobreza patrimonial de los barrios o zonas urbano-marginadas identificados por Sedesol en las ciudades seleccionadas.
Apoyos:	Varían según el subprograma y la acción de que se trate, pero el monto máximo por hogar beneficiado no excederá de $5,000.00 durante el 2003, con excepción de los hogares con presencia de adultos mayores y/o encabezados por mujeres con dependientes menores.
Ámbito territorial:	Restringido a los barrios o zonas urbano-marginadas identificados por la Sedesol dentro de las 32 ciudades seleccionadas.
Observaciones:	Se vincula con otros programas como los de Expertos en Acción, Identidad Jurídica, Jóvenes por México y otras dependencias como Fonhapo y CORETT para acciones de vivienda o regularización. Requiere apoyos y el acuerdo de los gobiernos estatales y municipales.
Subprogramas:	**Superación de la Pobreza Urbana:** Dirigido a ampliar las capacidades y oportunidades de los integrantes de los hogares en situación de pobreza patrimonial residente en barrios y zonas urbano-marginadas seleccionadas. Incluye acciones para alentar la organización social, el desarrollo comunitario y vida familiar; de educación, formación y capacitación; apoyo nutricional; aquellas que permitan aprovechar los conocimientos de adultos mayores; para ampliar las capacidades de los adolescentes y aquellas expresadas por las propias comunidades. **Mujeres Jefas de Familia:** Orientado a apoyar a las mujeres (o grupos de mujeres) integrantes de los hogares en situación de pobreza patrimonial mediante acciones que promueven el desarrollo de sus capacidades, faciliten su desempeño laboral o su incorporación a la actividad productiva. Incluye acciones de promoción de la salud reproductiva; para facilitar su desempeño laboral o su incorporación a la actividad económica; aquellas que contribuyan a que las mujeres tomen conciencia de su condición de género, así como a modificar conceptos culturales y prácticas que justifican, legitiman y reproducen las desigualdades entre hombres y mujeres; acciones encaminadas a apoyar la instalación y equipamiento de Casas de Atención Infantil (guarderías). **Mejoramiento de Barrios:** Busca desarrollar o mejorar la infraestructura y el equipamiento de las zonas urbano-marginadas para integrarlas a la ciudad. Incluye acciones de ampliación, mejoramiento o introducción de redes de infraestructura urbana básica, del equipamiento urbano, pavimentación u otro recubrimiento, construcción o habilitación de Centros de Desarrollo Comunitario. **Reserva de Suelo:** Incluye acciones dirigidas a apoyar a los gobiernos estatales y municipales en la adquisición de reservas territoriales para el desarrollo urbano y la vivienda para ofrecer suelo de bajo costo a la población en pobreza patrimonial. **Ordenamiento del Territorio:** Contribuye a reducir la vulnerabilidad de la población residente en barrios y zonas urbano-marginadas seleccionadas frente a las amenazas de origen natural o socio-natural. Incluye acciones de planeación orientadas a ordenar el

(Continúa)

(Continuación)

HÁBITAT (consta de seis subprogramas)	
	uso del suelo y a elaborar mapas de riesgos; de prevención dirigidas a evitar la exposición de los hogares a las amenazas naturales en zonas de riesgo, entre otras acciones. **Agencias de Desarrollo Hábitat:** Promueve la formación de instancias donde concurran los agentes relevantes del desarrollo urbano y social para impulsar prácticas de desarrollo local y promover la ejecución de proyectos estratégicos en la ciudad y sus barrios. Incluye acciones de apoyo a la elaboración de diagnósticos, guías y planes de superación de la pobreza en las ciudades; de planes integrales de mejoramiento barrial; para apoyar la creación de modalidades de asociación público/privado y/o social para instrumentar los proyectos, así como apoyar la creación de Agencias de Desarrollo Hábitat, que constituyen instancias sin fines de lucro orientadas a alentar y apoyar las prácticas e iniciativas para el desarrollo local.
PARA EL DESARROLLO LOCAL (MICRORREGIONES) (consta de dos modalidades)	
Objetivo:	Promover el desarrollo integral y sustentable de los espacios territoriales que registran los índices más altos de marginación en el país, mediante la ejecución de proyectos estratégicos, derivados de un proceso de planeación participativa, que promueven de manera corresponsable el desarrollo económico, social y humano de su población.
Beneficiarios:	Habitantes de las microrregiones de alta y muy alta marginación.
Apoyos:	Consta de dos modalidades de apoyo: microrregiones y zonas de alta marginación e identidad jurídica. Requiere la participación federal, estatal y municipal.
Modalidades de apoyo:	**Microrregiones y Zonas de Alta Marginación:** Se orienta a establecer, consolidar y fortalecer los Centros Estratégicos Comunitarios (CEC) a través de acciones de accesibilidad; infraestructura social básica; desarrollo comunitario; salud, educación y deporte; vivienda; centros comunitarios de aprendizaje; infraestructura productiva; telefonía y equipamiento. El apoyo federal máximo es hasta de 2'000,000 de pesos por proyecto. **Identidad Jurídica:** Acciones orientadas a promover la certeza e identidad jurídica de las personas en pobreza que habitan en zonas marginadas a través de la orientación y apoyos económicos para la realización de trámites relacionados con personas, bienes y sucesiones. El apoyo federal máximo es de 105 días de salario mínimo vigente por proyecto.
Ámbito territorial:	Restringido a las microrregiones de alta marginación publicadas en el Diario Oficial de la Federación del 31 de enero de 2002.
Observaciones:	Los CEC son localidades que funcionan como centros de carácter social, productivo, comercial y educativo para un conjunto de localidades más pequeñas y dispersas, ubicadas dentro de cierto radio de influencia; los CEC se impulsan a través de distintos tipos de apoyo, para que funjan como detonadores del desarrollo en las microrregiones.
IDENTIDAD JURÍDICA	
Objetivo:	Que la población rural en pobreza extrema cuente con documentos oficiales que acrediten su personalidad jurídica y con los que puedan ejercer sus derechos ciudadanos, y otorgarles elementos para obtener seguridad sobre su patrimonio.
Beneficiarios:	Población rural en pobreza extrema que viva en el área de influencia de un Centro Estratégico Comunitario (CEC).
Elegibilidad:	Ingresos familiares hasta de 3.5 salarios mínimos.
Apoyos:	Variable, según los costos de los trámites en cada entidad federativa.
Ámbito territorial:	Rural.
Observaciones:	Condicionado a la existencia de los CEC. No se especifica si requiere la aportación de los gobiernos locales.

(Continúa)

(Continuación)

OPCIONES PRODUCTIVAS (consta de siete modalidades)	
Objetivo:	Otorgar apoyos para impulsar el desarrollo mediante la generación de opciones productivas que contribuyan a la consolidación de organizaciones de productores. Propiciar la formación de Agencias de Desarrollo Local. Contribuir a la formación de un sistema de financiamiento social y promover una cultura socialmente corresponsable en la superación de la pobreza. Promover la formación del patrimonio productivo o capital de trabajo de la población en condiciones de pobreza, impulsar la producción sostenible y la diversificación de actividades productivas y de autoempleo, mediante apoyos a individuos o grupos sociales interesados en la creación, reforzamiento o ampliación de proyectos productivos.
Ámbito territorial:	Preferentemente en las microrregiones y en zonas de alta concentración de pobreza urbana.
Observaciones:	Para el financiamiento del programa se promoverá la participación de los tres órdenes de gobierno, así como de la sociedad organizada, del sector privado y de la comunidad en general.
Modalidades de apoyo:	**Apoyo a la palabra:** Apoyos a productores(as) agrícolas para incentivar o diversificar la actividad económica en zonas temporaleras de baja productividad o de alta siniestralidad, bajo un esquema de recuperación de recursos a través de alguna entidad del Sistema de Ahorro y Crédito Popular. Monto del crédito: 550 pesos por hectárea a personas que tengan menos de 20 ha. y que manifiesten su interés en incorporarse a una entidad de ahorro y crédito popular. La recuperación es anual. **Crédito Social:** Apoyos destinados a personas, unidades familiares, grupos sociales y organizaciones productivas en zonas rurales, para el desarrollo de proyectos productivos y de autoempleo. Se requiere presentar proyecto productivo simplificado, el acta de asamblea por la cual se acredita a un representante social, manifestar mediante carta compromiso su conformidad para recuperar el apoyo. Monto del apoyo 10 000 pesos por persona o socio y hasta 150 000 por proyecto. Recuperación a un plazo máximo de 4 años con intereses del 3% anual. Los beneficiarios deberán aportar al menos el 10% del costo del proyecto y manifestar su interés en incorporarse a una entidad de ahorro y crédito popular. **Crédito Productivo para Mujeres:** Apoya las iniciativas de las mujeres para la puesta en marcha de proyectos productivos que sean técnicamente sostenibles y redituables, coadyuvando a mejorar la condición económica de sus familias. Se requiere presentar, el acta de asamblea por la cual se acredita a un representante social, manifestar mediante carta compromiso su conformidad para recuperar el apoyo. Monto del apoyo 10,000 pesos por persona o socia y hasta 150,000 por proyecto. Recuperación a un plazo máximo de 4 años con intereses del 3% anual. Los beneficiarios deberán aportar al menos el 5% del costo del proyecto, ya sea en dinero o especie y manifestar su interés en incorporarse a una entidad de ahorro y crédito popular. **Acompañamiento y Formación Empresarial:** Apoya acciones de capacitación y asistencia técnica a las iniciativas productivas financiadas por el POP y desarrolladas, a solicitud del beneficiario, por despachos de asistencia técnica y profesionistas independientes. Se requiere presentar el acta de asamblea por la cual se acredita a un representante social y los requerimientos de asistencia técnica y/o de capacitación del proyecto productivo. Monto del apoyo 100% del costo total de la capacitación y asistencia técnica, con un límite de hasta el 15% de la inversión federal en el proyecto. Los apoyos se otorgan a una persona, unidad familiar o grupo social en condiciones de pobreza con un proyecto en su fase de planeación u operación, apoyado por este programa. **Ahorrando Contigo:** Apoya la adquisición de activos productivos y familiares mediante un esquema de ahorro corresponsable continuo, durante un período predeterminado en zonas urbanas de alta concentración de pobreza. El monto del apoyo es equivalente al ahorro del beneficiario durante el período de corresponsabilidad (3 meses) hasta un

(Continúa)

(Continuación)

OPCIONES PRODUCTIVAS (consta de siete modalidades)	
	máximo de 1 500 pesos. Se otorga a mayores de edad en condiciones de pobreza. Se requiere abrir una cuenta de ahorro en alguna sucursal de Bansefi. El apoyo se otorga por una sola vez, y, por hogar, se podrán autorizar hasta dos apoyos máximo. **Integración Productiva:** Apoya el desarrollo de actividades productivas de organizaciones de productores(as) que participan en más de un tramo de la cadena productiva de su actividad preponderante. El monto de los apoyos es de 10 000 pesos por socio y hasta 5 000 000 por proyecto. 10 años es el plazo máximo de recuperación, a una tasa anual de interés del 3%. Se requiere ser una organización de productores(as) en condiciones de pobreza, aportar como mínimo el 10% del costo del proyecto en dinero o especie, integrar un número amplio de productores o impactar en varias microrregiones, manifestar su interés en incorporarse a una entidad de ahorro y crédito popular o en algún instrumento autogestivo de financiamiento local. **Agencias de Desarrollo Local:** Impulsa procesos de integración y proyectos con un enfoque de desarrollo económico regional, que beneficien a la población objetivo a través de OSC conformadas como Agencias de Desarrollo Local. Está dirigido a personas morales con experiencia en el ámbito del desarrollo local o regional. El monto de los apoyos estará determinado por las características de los proyectos que se presenten.
EMPLEO TEMPORAL	
Objetivo:	Complementar de manera transitoria las fuentes de empleo en las zonas marginadas del medio rural, en localidades de hasta 2,500 habitantes cuando la actividad productiva preponderante local haya concluido o disminuido significativamente.
Beneficiarios:	Población rural en pobreza
Elegibilidad:	Personas mayores de 16 años en situación de pobreza extrema.
Apoyos:	Económico hasta por 88 jornales, cada jornal equivalente al 90% del salario mínimo diario de la zona "C".
Ámbito territorial:	Rural. Localidades de hasta 2 500 habitantes ubicadas en los municipios de las microrregiones.
Observaciones:	Los recursos se destinarán a obras y/o acciones de infraestructura productiva, comunitaria y social básica en localidades marginadas del medio rural, para atender situaciones que tengan un impacto negativo en actividades productivas, prioritarias institucionales y/o acciones preventivas a los fenómenos naturales. El 70% se destina al pago de jornales y el 30% a materiales.
PARA EL DESARROLLO DE LOS PUEBLOS Y COMUNIDADES INDÍGENAS	
Objetivo:	Impulsar el desarrollo social y económico de los pueblos y comunidades indígenas, mediante la generación de proyectos de infraestructura, de alcance regional, así como productivos, que respondan a sus demandas e impacten significativamente en el mejoramiento de sus condiciones de vida, con pleno respeto a los recursos naturales de su entorno, a sus culturas y a sus derechos.
Beneficiarios:	Preferentemente a la población que habite en localidades que cuenten con un 40 por ciento o más de hablantes de lengua indígena.
Observaciones:	De los estados de la frontera norte sólo incluye a Chihuahua y Sonora.
PROGRAMAS REGIONALES PARA ZONAS DE ALTA MARGINACIÓN	
Objetivo:	Contribuir a generar procesos complementarios de desarrollo regional integral, en las comunidades en pobreza extrema del país que muestren condiciones agudas de

(Continúa)

(Continuación)

PROGRAMAS REGIONALES PARA ZONAS DE ALTA MARGINACIÓN	
	marginación y resquebrajamiento de su estructura social, mediante la realización de proyectos estratégicos sustentables con los gobiernos estatales, municipales y la sociedad.
Beneficiarios:	Personas que habitan en lugares donde convergen altos índices de marginación y pobreza.
Elegibilidad:	Que los proyectos sean aprobados en asamblea comunitaria o reunión con participación social.
Apoyos:	Financiamiento de proyectos productivos o de infraestructura.
Ámbito territorial:	Opera principalmente en Chiapas, Guerrero y Oaxaca.
Observaciones:	La aportación federal es del 50%. No opera en los estados fronterizos del norte.

ATENCIÓN A JORNALEROS AGRÍCOLAS	
Objetivo:	Contribuir al mejoramiento de las condiciones de vida y de trabajo de la población jornalera agrícola, a partir de una atención integral y oportuna, a través de procesos de promoción social, de coordinación institucional con los tres órdenes de gobierno (federal, estatal y municipal) y de concertación social con productores, organismos sociales y beneficiarios.
Beneficiarios:	Población jornalera (migrante y local) entendida como el núcleo familiar rural de la pobreza extrema, cuyo jefe de familia es asalariado en actividades agrícolas o cuando el monto básico del ingreso familiar provenga de dicha fuente.
Ámbito territorial:	Áreas rurales de 17 estados del país, incluidos Baja California, Chihuahua, Sonora y Tamaulipas.
Tipos de apoyos:	**Vivienda y Saneamiento Ambiental:** Será responsabilidad de los productores la construcción y rehabilitación de espacios destinados a pernoctar. Se apoyará hasta con un 20% del monto de la obra. Para la instalación de módulos de servicios sanitarios, tomas de agua o letrinas se requerirá la aportación económica del productor. En las zonas de atracción se podrán construir pies de casa y rehabilitación de pisos, techos y muros, construcción de letrinas y módulos sanitarios en viviendas unifamiliares. En las zonas de expulsión se requiere de la participación de las autoridades estatales y municipales en la ejecución de los proyectos. **Agua Potable:** La adquisición e instalación de plantas potabilizadoras y suministro de agua en servicios educativos, de salud, comedores, guarderías en albergues de las zonas de atracción requiere de la aportación económica del productor. **Salud y Seguridad Social:** Para la construcción, rehabilitación y equipamiento de consultorios, dispensarios médicos y casas de salud en albergues de jornaleros en zonas de atracción se requerirá la aportación económica del productor. En zonas de expulsión se requerirá la participación monetaria o en especie de los gobiernos estatales y municipales. Además, será necesario que las instituciones de salud o las autoridades locales garanticen la presencia de personal médico y del abasto de medicamentos del cuadro básico. **Alimentación y Abasto:** En zonas de atracción se podrán impulsar proyectos de suministro de suplementos alimenticios a infantes de 0 a 5 años, de raciones alimenticias a niños(as) de 6 a 14 años y de dotación de despensas a madres gestantes. La construcción, rehabilitación y equipamiento de infraestructura de abasto y alimentación requerirá de la aportación económica de los productores y que se asegure el abasto de alimentos básicos. **Educación, Cultura y Recreación:** Para la construcción, rehabilitación y equipamiento de guarderías, aulas y canchas deportivas en zonas de atracción se requerirá la aportación económica del productor. Las instituciones competentes deberán garantizar la prestación de servicios educativos.

(Continúa)

(Continuación)

ATENCIÓN A JORNALEROS AGRÍCOLAS	
	Empleo, Capacitación y Productividad: En zonas de atracción se podrán desarrollar talleres y cursos de capacitación para el trabajo y asistencia técnica que mejoren las destrezas de los jornaleros. La solicitud de este tipo de apoyos deberá canalizarse en primera instancia al programa de Opciones Productivas, si éste no la atiende el Programa de Jornaleros Agrícolas la atenderá. **Procuración de Justicia:** Corresponde al Programa de Desarrollo Local (microrregiones) en su modalidad de Identidad y Certeza Jurídica. **Tránsito Migratorio:** Apoyo nutricional, atención a la salud (revisiones médicas y botiquines) a los trabajadores agrícolas y sus familias. Requiere de la concurrencia de las diversas instituciones involucradas, autoridades de los tres niveles de gobierno y de los productores. **Apoyo a Contingencias:** Apoyos a jornaleros, sus familiares y acompañantes que en el proceso migratorio sufran algún percance, con el pago de servicios médicos y gastos funerarios excepto cuando se cataloguen como accidentes de trabajo. El apoyo no excederá del 1% de su gasto de inversión.
AHORRO, SUBSIDIO Y CRÉDITO PARA LA VIVIENDA PROGRESIVA "TU CASA" (antes VIVAH)	
Objetivo:	Ofrecer a la población en pobreza extrema la oportunidad de acceder a una vivienda propia con servicios básicos.
Beneficiarios:	Hogares en situación de pobreza extrema.
Elegibilidad:	Hogares con ingreso familiar de hasta tres salarios mínimos.
Apoyos:	Subsidios directos para la adquisición de vivienda o para su mejoramiento. Monto del subsidio federal de hasta $30,000 para edificación, el beneficiario aporta $7,500 y los gobiernos locales los recursos para urbanización, estudios, proyectos, permisos y complementar los destinados a edificación. Para vivienda en propiedad de los beneficiarios el subsidio federal es de hasta $15,000 para edificación, el beneficiario aporta $3,500 y los gobiernos locales los recursos para urbanización, estudios, proyectos, licencias, permisos y complementar los destinados a edificación. Para mejoramiento físico de vivienda el subsidio federal es de hasta de $7,500 y de hasta $15,000 si se trata de restitución de vivienda rural. La aportación del beneficiario es del 20% del monto del subsidio federal, del cual la mitad en efectivo y puede poner el resto en materiales o mano de obra.
Ámbito territorial:	No restringido.
Observaciones:	El beneficiario deberá haber efectuado el depósito de su aportación total entre los 20 días posteriores al sorteo.
OPORTUNIDADES (antes Progresa)	
Objetivo:	Apoyar a las familias que viven en condición de pobreza extrema con el fin de potenciar las capacidades de sus miembros y ampliar sus alternativas para alcanzar mejores niveles de bienestar, a través del mejoramiento de opciones en educación, salud y alimentación
Beneficiarios:	Familias en pobreza extrema
Elegibilidad:	Criterios de permanencia: Inscribir a los menores de 18 años que no hayan concluido la educación básica y apoyarlos a que asistan en forma regular. Inscribir a los jóvenes de hasta 20 años que hayan concluido la educación básica en los planteles de educación media superior. Registrarse en la unidad de salud que les corresponda. Cumplir con las citas programas para todos los integrantes de la familia a fin de recibir las acciones del Paquete Esencial (Básico) de Servicios de Salud. Asistir mensualmente a las sesiones de

(Continúa)

(Continuación)

OPORTUNIDADES (antes Progresa)	
	educación para la salud. Destinar los apoyos monetarios al mejoramiento del bienestar familiar, en especial la alimentación de los hijos y para su aprovechamiento escolar.
Ámbito territorial:	No restringido.
Observaciones:	El programa tiene cuatro componentes: educativo, de salud, alimentario y patrimonial. Las titulares del programa son las madres de familia, quienes reciben las transferencias monetarias correspondientes.
Componentes:	**Educativo:** Consiste en becas educativas y útiles escolares. Las becas se otorgan a cada integrante de las familias beneficiarias menor de 18 años inscrito entre tercero de primaria y tercero de secundaria. Las becas de educación media superior se asignan a los jóvenes entre 14 y 21 años. Las becas se entregan durante los 10 meses del período escolar. El monto de las becas varía entre 105 y 385 pesos según el grado escolar y a partir de secundaria también según el sexo del becario (véase tabla en el Diario Oficial de la Federación, 8 de mayo de 2003, pág. 15). **De Salud:** Proporciona de manera gratuita el Paquete Esencial (Básico) de Servicios de Salud. Se apoya la salud y nutrición de la población beneficiada mediante la vigilancia de la nutrición de los niños menores de cinco años, de las mujeres embarazadas y en período de lactancia; y también mediante la entrega de suplementos alimenticios y de educación alimentario-nutricional. **Alimentario:** Se otorgan apoyos monetarios directos a las familias beneficiarias (para el período de enero a junio de 2003 el monto es de 155 pesos mensuales por familia). **Patrimonial:** A cada uno de los becarios que cursen educación media superior se les otorga un beneficio diferido que se acumula a partir del tercer grado de secundaria, siempre que permanezcan en la escuela, y que se convierte en un fondo de ahorro si el becario concluye los estudios medio superiores antes de los 22 años. Este componente constituye una plataforma para que los becarios egresados puedan acceder más fácilmente y de manera voluntaria, mediante la vinculación del Programa con otros programas de desarrollo social y humano, a cualquiera de las siguientes cinco opciones: 1. Un nivel de educación superior; 2. Opciones productivas, vinculándolos directamente al sistema de ahorro y crédito popular; 3. Una vivienda nueva o más digna, al poder utilizar el fondo para completar la aportación del beneficiario del Programa Tu Casa; 4. Una mayor protección familiar al poder aplicarlo a la adquisición del Seguro de Salud para la Familia del IMSS o al Seguro Popular de Salud o; 5. El beneficiario puede elegir conservar su patrimonio mediante una opción de ahorro.

COINVERSIÓN SOCIAL (consta de tres modalidades de apoyo)	
Objetivo:	Apoyar con recursos públicos proyectos de alto impacto en el ámbito del desarrollo social, por medio de organizaciones de la sociedad civil (OSC) e instituciones legalmente constituidas, sin fines de lucro y que no realizan proselitismo político o religioso. Los recursos financieros proporcionados para la realización de los proyectos complementan los recursos financieros, materiales y humanos que las propias organizaciones aportan y deberán basarse en alguna de las siguientes vertientes: económica, social, de fortalecimiento institucional, de capacitación y de investigación.
Beneficiarios:	Grupos de población más pobres y vulnerables.
Modalidades de apoyo:	**Promoción general:** Proyectos de asistencia, promoción y desarrollo social que generen oportunidades e impulsen capacidades en la población objetivo de este programa. Los proyectos deben ser aplicables en cualquier municipio y con cobertura local, regional o nacional. Se consideran proyectos en las vertientes económica, social y de fortalecimiento institucional. Adicionalmente, en las delegaciones estatales de la Sedesol se in-

(Continúa)

(Continuación)

COINVERSIÓN SOCIAL (consta de tres modalidades de apoyo)	
	cluye la vertiente de capacitación. El monto máximo de aportación gubernamental por proyecto es de 175,000 pesos; si se realizan en municipios localizados en las microrregiones, el monto de aportación pública puede ser de hasta 250,000 pesos. **Promoción específica:** Proyectos de alto impacto social que ofrezcan alternativas eficaces de solución a las demandas de los grupos sociales. Asimismo deben ser integrales y considerar la participación de diversos actores sociales. Los proyectos deben ser aplicables en varios municipios y, preferentemente, en dos o más estados. Se incluyen proyectos en las vertientes económica y social. El monto máximo de aportación federal por proyecto es de 500,000 pesos. **Promoción focalizada:** Proyectos que impacten de manera efectiva y coordinada en municipios localizados dentro de las microrregiones, mediante modelos de participación de diversos actores sociales. Se dirige también a proyectos en que las OSC o instituciones coordinan esfuerzos con algunos de los programas de superación de la pobreza de la Sedesol, en las zonas donde éstos operan. Los proyectos deben ser aplicables en municipios de las microrregiones. Pueden considerarse proyectos localizados en zonas urbanas de pobreza extrema determinadas por la Sedesol e incluyen proyectos en las vertientes económica y social. El monto máximo de aportación federal por proyecto es de un millón de pesos.
Ámbito territorial:	Definido según la modalidad de apoyo.
Observaciones:	Los montos de los apoyos federales son variables pero no superiores a un millón de pesos y el porcentaje de participación de las instancias corresponsables no podrá ser inferior al 10%.
INICIATIVA CIUDADANA 3 X 1	
Objetivo:	Apoyar las iniciativas ciudadanas para concretar proyectos que contribuyan a mejorar la calidad de vida de los habitantes, mediante la concurrencia de recursos de la federación, estados, municipios y de los propios ciudadanos organizados radicados principalmente en el extranjero.
Beneficiarios:	Personas que habitan en localidades en pobreza
Elegibilidad:	Proyectos de infraestructura básica, servicios, de generación de fuentes de ocupación e ingreso para la población.
Apoyos:	El monto máximo será de hasta 500,000 pesos.
Ámbito territorial:	Urbano y rural. Opera en los 31 estados siempre y cuando existan aportaciones de los migrantes o ciudadanos organizados.
Observaciones:	Del costo del proyecto el 25% lo aporta la federación, 25% las organizaciones de migrantes o ciudadanos y el 50% los gobiernos locales.
JÓVENES POR MÉXICO (antes Servicio Social)	
Objetivo:	Canalizar y capitalizar el esfuerzo y conocimiento de los jóvenes prestadores de servicio social en beneficio de la población en pobreza que habite en localidades y colonias en marginación, grupos vulnerables y población damnificada ante desastres.
Beneficiarios:	Jóvenes estudiantes que participen en programas de la Sedesol.
Elegibilidad:	Proyectos de desarrollo social y humano en los que participen jóvenes estudiantes que presenten las instituciones de educación media superior y superior, dependencias de los tres órdenes de gobierno y las OSC.
Apoyos:	Apoyo económico a los estudiantes.
Ámbito territorial:	No restringido.
Observaciones:	No especifica si requiere de participación de los gobiernos locales.

(Continúa)

(Continuación)

EXPERTOS EN ACCIÓN (antes Jubilados)	
Objetivo:	Apoyar y promover la participación de los jubilados o pensionados en proyectos de beneficio social y productivo que contribuyan a mejorar las condiciones de vida de grupos vulnerables, población damnificada y comunidades en pobreza extrema, que habiten en localidades y colonias marginadas.
Beneficiarios:	Jubilados o pensionados que participen en programas de la Sedesol.
Elegibilidad:	Ser jubilado o pensionado.
Apoyos:	Mil pesos mensuales por un apoyo mínimo en servicios de 15 horas semanales.
Ámbito territorial:	No restringido.
Observaciones:	Programa diseñado para apoyar a otros programas como el de Identidad Jurídica. No se especifica si opera sólo con recursos federales o requiere la participación de los gobiernos locales.
CAPACITACIÓN Y FORTALECIMIENTO INSTITUCIONAL	
Objetivo:	Elevar la calidad e impacto de las acciones de desarrollo dirigidas a la población en condiciones de pobreza extrema, vulnerabilidad y exclusión social, mediante las organizaciones de la sociedad civil (OSC), con lo cual se promueve la articulación de los ciudadanos con las políticas públicas y otros actores del desarrollo.
Beneficiarios:	Organizaciones de la sociedad civil y autoridades y servidores públicos.
Ámbito territorial:	No restringido.
Observaciones:	Son apoyos federales para hacer eficiente la gestión pública de las OSC y de instancias gubernamentales en materia de desarrollo social.
Subprogramas:	**Capacitación para el Fortalecimiento de la Sociedad Civil y la Participación Social:** Se orienta a fortalecer las iniciativas ciudadanas y comunitarias otorgando apoyo, información y capacitación para elevar la calidad profesional de las OSC e instituciones públicas y privadas en relación con el desarrollo social. El apoyo a cada propuesta aprobada es de hasta 200,000 pesos. Los sujetos de atención deben aportar 10% del monto total de la propuesta, cuando los beneficios repercuten en alguna de las microrregiones, y 25% para los demás casos. **Fortalecimiento Institucional para la Gestión Social Municipal:** Contribuir al fortalecimiento institucional municipal para incrementar y consolidar las capacidades administrativas y de gestión en materia de desarrollo social de los gobiernos municipales. Beneficia a autoridades locales y servidores públicos de los tres órdenes de gobierno que requieran una profesionalización y fortalecimiento para la gestión social municipal (no se especifica el monto de los apoyos).
INCENTIVOS ESTATALES	
Objetivo:	Incentivar el buen desempeño y la innovación para el desarrollo social mediante proyectos estatales que hayan demostrado su viabilidad técnica y social, en congruencia con la estrategia de la Federación y con las prioridades establecidas en los Planes Estatales de Desarrollo, coadyuvando a fortalecer el desarrollo social y local.
Beneficiarios:	Gobiernos estatales.
Elegibilidad:	Proyectos estatales de superación de la pobreza congruentes con el Plan Nacional de Desarrollo, Programa Nacional de Desarrollo Social, Superación de la Pobreza: una tarea Contigo, que tengan como población objetivo a personas en condiciones de pobreza.
Apoyos:	Recursos monetarios para los gobiernos estatales.
Ámbito territorial:	31 estados del país.
Observaciones:	El programa consta de dos modalidades: 1) apoyos por corresponsabilidad y rendición de cuentas, y 2) apoyos para la innovación a través de concurso abierto.

Fuente: Elaboración propia a partir de la información contenida en el portal electrónico de la Sedesol (www.sedesol.gob.mx) y en las reglas de operación de los programas incluidos en Contigo para el ejercicio fiscal 2003 publicadas en el *Diario Oficial de la Federación* (disponibles también en el portal de la Sedesol).

Anexo 2

Programas estatales de combate a la pobreza, 2002

NOMBRE DEL PROGRAMA Y OBJETIVOS
BAJA CALIFORNIA
Ahorro y Subsidios para la Vivienda (VIVAH). Pretende mejorar la calidad de vida de la población en situación de pobreza extrema, impulsando su desarrollo mediante la oportunidad de acceder a una vivienda propia con servicios básicos, aplicando para este propósito un subsidio federal como detonador de la participación corresponsable de los sectores público, privado y social.
Obra Social Comunitaria. Está dirigido a fortalecer la infraestructura básica en comunidades que presentan rezagos considerables y que es preciso abatirlos con la mayor brevedad, identificándose las que presentan mayor prioridad con base en los criterios definidos por el Gobierno Estatal. Este rubro comprende: pavimentaciones, electrificaciones, alcantarillado sanitario, construcción de redes de agua potable, caminos de acceso, equipamiento de pozos, rehabilitación de carreteras, parques públicos entre otros.
Suelo y Vivienda. Promueve la regularización de la tenencia de la tierra y las acciones para mejorar la oferta de vivienda en el Estado. En esta materia se contempla recursos para la adquisición de reserva territorial, regularizaciones, titulaciones, paneles solares, paquetes de materiales y letrinas ecológicas.
Proyectos Productivos. Consiste en impulsar el establecimiento de pequeñas unidades de producción en las zonas populares y rurales de los municipios del Estado, con el objeto de apoyar a personas o grupos con iniciativa emprendedora que no tengan acceso a crédito, fortaleciendo la aplicación de políticas de desarrollo que busquen elevar el nivel de vida de las personas, permitiendo la diversificación de las fuentes de ingreso y la incorporación al sector laboral.
Asistencia Social. Busca atender y dar respuesta a las necesidades urgentes que presenta la población en condiciones socioeconómicas desfavorables.
Organismos No Gubernamentales. Se fomenta, apoya y coordinan las actividades que llevan a cabo las instituciones de beneficencia o asistencia o Asociaciones Civiles, denominadas Organismos No Gubernamentales (ONG's), y en general todo tipo de entidades privadas y sociales cuyo objeto sea la prestación de apoyos sin fines lucrativos. Las actividades de las ONG's beneficiadas estarán orientadas a lograr el avance general del conocimiento, la salud integral de la población, un ambiente sano y desarrollo sustentable, la promoción de las garantías individuales y sociales, cultural y educativa, el mejoramiento de la situación social de la mujer y la beneficencia y la asistencia social.
SONORA
Ahorro y Subsidio para la Vivienda Progresiva (Vivah). Programa de la Secretaría de Desarrollo Social dirigido a familias de bajos ingresos y requiere de la participación activa de los Ayuntamientos, quienes realizan la aportación de los terrenos, así como la dotación de los servicios básicos de infraestructura que hacen posible la implementación de este programa, al colocar las bases para el desarrollo progresivo de los proyectos habitacionales.
Atención Ciudadana y Protección Patrimonial. Regularización y expedición de escrituras de solares urbanos, certificados agrarios de uso común, parcelarios, títulos de concesión de agua, cartas de asignación de lotes y testamentos públicos simplificados.
Convenios de Coordinación de Acciones para Rehabilitación o Mejoramiento de Vivienda Rural. Mejorar la calidad de vida de los habitantes de las comunidades rurales e indígenas mediante la autoconstrucción parcial o total de sus viviendas. Los convenios se suscriben en coordinación con los municipios.
Asistencia Alimentaria a Familias. Consiste en la dotación mensual de despensas, mismas que se entregan a familias que se asientan en zonas rurales, urbano marginadas y comunidades indígenas. El paquete comprende pasta para sopa, frijol, harina de maíz, leche en polvo, azúcar, soya y aceite vegetal comestible.

(Continúa)

(Continuación)

NOMBRE DEL PROGRAMA Y OBJETIVOS

SONORA

Cocinas Populares y Unidades de Servicios Integrales. Favorecer y mejorar el aspecto nutricional de los menores, mujeres embarazadas y en período de lactancia, asentadas en zonas vulnerables; así como para promover la participación comunitaria, el sistema DIF-Sonora apoya con la instalación de equipos de cocina en los diferentes municipios del Estado.
Atención a Comunidades Indígenas. Atender principalmente demandas de educación, salud, servicios básicos y proyectos productivos de las diversas localidades indígenas.

CHIHUAHUA

Vivienda Progresiva (Vivah). Es un programa diseñado como una opción para que la población urbana de menores ingresos, adquiera una vivienda de tipo progresivo en un fraccionamiento con servicios, que combina ahorro del solicitante con aportación del Gobierno Federal y financiamiento (sin intereses) del Gobierno Estatal. CARACTERÍSTICAS DE LA VIVIENDA: Superficie total de terreno: 120 m2; Superficie construida: 21.50 m^2; Techo de lámina galvanizada aislada con fibra de vidrio. Es posible cambiar a losa por si se desea un segundo piso, y reutilizar la lámina; ladrillo térmico; firme de concreto; tubería para agua fría y caliente; preparación para fregador, lavabo y calentador de agua.
Transformemos Tu Casa. Mejoramiento o ampliación de viviendas para familias cuyo jefe tenga un ingreso inferior a 3 000 pesos mensuales. Incluye materiales para construcción, impermeabilización y pintura.
Chihuahua Contigo. Es un programa de extensión de cobertura de servicios médicos-asistenciales dirigidos a la atención de los grupos vulnerables de las zonas urbanas y rurales del estado.
Centros de Desarrollo Comunitario. Proporcionan un acercamiento efectivo de los Programas sociales del gobierno con la gente de escasos recursos. Actualmente operan 72 centros en colonias populares de las principales ciudades de la entidad, en los cuales se realizan programas orientados a la mujer, los jóvenes, los adultos mayores, personas con capacidades diferentes y contra las adicciones. Los centros realizaron actividades artísticas, culturales y deportivas. En ellos se apoyaron también las campañas de salud, vacunación, prevención del cáncer de la mujer y la atención a la diabetes. Se imparten cursos de primaria, secundaria y preparatoria para adultos. Se iniciaron los cursos de computación básica en algunos centros comunitarios, a los que acuden principalmente mujeres trabajadoras, jóvenes sin escuela y trabajadores manuales. Los cursos y talleres de preparación para la vida y el trabajo, dieron capacitación en diversos oficios y manualidades a jóvenes, amas de casa y jefas de familia, a fin de mejorar su capacidad laboral e ingreso familiar con autoempleo.
Bolsa de Trabajo para el Adulto Mayor. Colocación de trabajadores de esta edad en tiendas de autoservicio y otros giros.
Mejoramiento Genético del Maíz. Se entregaron 100 785 kilogramos de semilla de maíz a productores de 15 municipios de la zona serrana, para la siembra de 6 034 hectáreas de cultivo, con el propósito de asegurar el consumo familiar.
Mujeres Embarazadas o en Período de Lactancia. Dotación de paquetes de alimento nutritivo, lo que permite ayudarles a restablecer su equilibrio físico y proteger, al mismo tiempo, a sus hijos en gestación o neonatos.
Niños Repatriados. Se brindan cuidados y se asume la responsabilidad de menores de edad que fueron enviados a sus lugares de origen.
Alianza Contigo. Promover proyectos productivos viables, fomentar la inversión rural en el campo, aportar tecnología e incrementar la productividad y rentabilidad de la actividad agropecuaria.
Regularización de la Tenencia de la Tierra en Propiedad o Posesión Particular. En coordinación con la Sagarpa, Aserca y el gobierno del estado, se da continuidad al programa que permitirá el reordenamiento territorial y posibilitará que los productores tengan la acreditación de propiedad de sus parcelas para acceder a los programas gubernamentales, como lo es el Procampo.

(Continúa)

(Continuación)

NOMBRE DEL PROGRAMA Y OBJETIVOS

CHIHUAHUA

Regularización del Suelo Urbano. Tiene como finalidad administrar y regularizar predios urbanos para dar respuesta a la demanda social de suelo, otorgar seguridad jurídica, asegurar el patrimonio familiar y proporcionar confianza y garantía para invertir en el mejoramiento de las viviendas.
Asistencia Social. El estado actúa como beneficencia pública de manera directa y se coordina con agrupaciones civiles e instituciones privadas para lograr un mayor impacto. A través de la Secretaría de Fomento Social, el gobierno apoya a personas de escasos recursos económicos, en condiciones que ponen en riesgo su integridad física y mental. Se cubre el costo parcial o total de recetas, estudios clínicos, terapias médicas, prótesis, anteojos, sillas de ruedas y aditamentos similares, además de consultas y servicios hospitalarios generales o de especialidades que otorga el sistema estatal de salud. Asimismo, se entregan subsidios complementarios a personas con enfermedades crónicas o discapacidades graves que viven en extrema pobreza.

COAHUILA

Ahorro y Subsidios para la Vivienda Progresiva (Vivah). Ofrece la edificación de pies de casa, ahora llamadas Unidades Básicas de Vivienda (UBV), sobre terrenos públicos, municipales o estatales. Incluye a quienes tienen terreno y no cuentan con vivienda. Por acuerdo con la Federación las UBV cuentan con 38 m^2 de construcción y un valor de 60 mil pesos. Estas unidades son únicas a nivel nacional, ya que el promedio de edificación en el resto del país es de 21 m^2.
Piso Firme. Colocar concreto antibacteriano en viviendas con piso de tierra.
Arma tu techo. Sustituir techos de viviendas que se encontraban en condiciones precarias y de alto riesgo.
Rehabilitación de Fachadas e Instalación de Protecciones. Se instrumentó para contrarrestar el desgaste o deterioro de las viviendas de adobe o de block y brindar seguridad a los moradores de las mismas, además de mejorar el paisaje urbano.
Banco de materiales. Factor detonante para la autoconstrucción, la mejora continua y el crecimiento de la vivienda popular. Ofrece materiales como varilla, bloques de concreto, cemento y tinacos, entre otros, con descuentos de hasta un 50% en promedio con relación a los precios de mercado. Lo anterior fue producto de la aportación subsidiaria del Gobierno del Estado y 30 ayuntamientos.
Regularización de la Tenencia de la Tierra. Regularizar la propiedad urbana y rural de la vivienda, para otorgar garantías a la tenencia del patrimonio familiar.
Circuitos Viales. Construir circuitos viales para facilitar a los vecinos de colonias populares densamente pobladas, el acceso al transporte público y a los servicios comunitarios de limpieza, seguridad y abasto, que además los acercan con los centros de trabajo, de educación y de servicios.
Infraestructura Básica. Incluye al Programa Ubícate, que consiste en la colocación de nomenclaturas en las intersecciones de las principales calles de colonias y avenidas centrales de municipios de la entidad; así como la iluminación de calles y avenidas.
Proyectos Productivos. Fomentar el autoempleo, como una alternativa para reducir los efectos del escaso crecimiento económico y para reforzar la economía familiar. Los proyectos productivos son una alternativa para quienes desean establecer su propio negocio y no pueden acceder a un crédito.
Tiendas Populares. Garantizar el acceso a la canasta básica de la población que habita en las zonas suburbanas y rurales, en donde no opera el comercio organizado. Estos pequeños negocios de abarrotes y farmacia menor, son operados preferentemente por adultos mayores, quienes de esta forma se incorporan a las actividades productivas y al desarrollo comunitario.
Cocinas Populares y Unidades de Servicios Integrales. Proporcionar raciones de alimentos.
Programa de Unidades Móviles de Atención Integral de la Salud (PUMAIS). Ofrece servicios de salud asistencial.
Apoyo Popular Emergente. Otorgar apoyos económicos de 500 a tres mil pesos recuperables en 12 meses, para solventar oportunamente las contingencias relacionadas con la salud y la tranquilidad familiar.

(Continúa)

(Continuación)

NOMBRE DEL PROGRAMA Y OBJETIVOS
COAHUILA
Primordiales del 36. Garantizar la alimentación básica a los 2 454 fundadores del sistema ejidal de La Laguna y a sus viudas, quienes por su avanzada edad y su nivel de vulnerabilidad requieren del respaldo y la solidaridad estatal y municipal. Los familiares de los Primordiales del 36 pueden contar con un apoyo económico para cubrir los gastos de defunción al fallecimiento del beneficiario. **Interinstitucional de Atención a Menores Fronterizos.** Atiende a los menores que en su intento de cruzar la frontera en el estado son repatriados. **Mejorando Mi Familia, Mejorando Mi Comunidad.** Promover la autogestión y la corresponsabilidad en la solución de los problemas sociales, sensibilizar sobre la importancia de contribuir al bienestar colectivo y fortalecer el desarrollo personal y la autoestima de las mujeres. **Estatal de Atención a los Adultos Mayores.** Distribuir estímulos económicos a adultos, en el esquema de corresponsabilidad al impartir sus conocimientos y experiencias hacia los demás integrantes del programa. **Abasto y Atención Básica para los Adultos Mayores.** Consiste en un subsidio de más del 62% en el costo de productos básicos de alimentación, empaquetados como despensas, así como artículos para el apoyo de discapacidades motrices y visuales, lentes para lectura, sillas de ruedas, bastones, etcétera. **Asistencia Social Alimentaria a Familias.** Distribuir mensualmente despensas con productos básicos.
NUEVO LEÓN
Vivah. Ofrecer a la población en pobreza extrema la oportunidad de acceder a una vivienda propia con servicios básicos. **PROSAVI.** Apoyar la compra de vivienda nueva para los jefes de familia, tanto asalariados como aquellos que trabajan por su cuenta, que tienen ingresos no mayores a 5 veces el salario mínimo mensual del DF. El Gobierno Federal otorga un subsidio para complementar el enganche por un importe de 8 000 UDI's por vivienda, que representa el 20% o más del valor de las viviendas ofrecidas. **Regularización de la Tenencia de la Tierra y Entrega de Escrituras.** Escrituración de terrenos irregulares. **Piso de Concreto Antibacteriano.** El suministro de pisos de concreto antibacteriano busca mejorar las condiciones de vida y salud de las familias en las zonas rurales y marginadas del estado, con la participación de la mano de obra de los mismos beneficiarios. **Infraestructura e Introducción de Servicios.** Introducción de servicios de agua, drenaje y electrificación, en más de 30 mil lotes. **Paquetes de Materiales para Construcción.** Entrega de paquetes de materiales para la construcción, ampliación o mejoramiento de viviendas. **Mejoramiento de la Vivienda.** Se brinda capacitación para la autoconstrucción y mejoramiento de casas y barrios. **Infraestructura Social.** Llevar los servicios de agua potable, drenaje, pavimento, alumbrado, canchas deportivas y espacios de recreación a las colonias que así lo requieran. En este trabajo, se implementó una política que consiste en trabajar de manera subsidiaria y complementaria a la responsabilidad municipal. **En Nuevo León Decidimos Todos.** Promueve la participación comunitaria en la detección de las necesidades sociales para concretarlas en obras y acciones de beneficio común. En el 2002, los ciudadanos decidieron la realización de 556 obras de infraestructura básica en los rubros de agua potable, drenaje sanitario, electrificación, alumbrado público y pavimentación, entre otros. **Por Amor a mi Tierra.** Busca institucionalizar los esfuerzos de los nuevoleoneses que desean coadyuvar en el desarrollo de sus comunidades de origen y fortalecer los lazos de solidaridad mediante la realización de obras de infraestructura social. Para potenciar estos esfuerzos, el esquema de operación del programa consiste en que los tres niveles de gobierno aportan, cada uno, igual cantidad a lo donado por los benefactores: clubes de paisanos, comités de vecinos, sociedades de padres de familia y patronatos.

(Continúa)

(Continuación)

NOMBRE DEL PROGRAMA Y OBJETIVOS

NUEVO LEÓN

Proyectos Productivos. Ampliar las oportunidades para mejorar los niveles de ingreso de las familias, principalmente de aquellas que se encuentran en condiciones de marginación; estimula la formación de pequeños negocios o talleres caseros operados por las propias familias. Los proyectos son propuestos, desarrollados y administrados por los propios beneficiarios, estimulando así su capacidad autogestiva. Este esquema de operación se refuerza por medio de la integración, capacitación, asesoría técnica y financiamiento que se les brinda.
Emprendedores. Atiende a personas que no pueden acceder a un crédito de la banca comercial y que desean emprender o fortalecer un pequeño negocio.
Guardería Comunitaria. Busca propiciar la autogestión en la comunidad a través de la instalación de guarderías en el Área Metropolitana que ofrezcan las condiciones óptimas para atender y favorecer un ambiente positivo a niñas y niños de 3 a 10 años de edad, durante la jornada laboral de sus padres o tutores.
Centros Comunitarios de Aprendizaje (CCA)**.** Con la finalidad de hacer de cada persona el protagonista de su propio desarrollo, los CCA brindan a los miembros de una comunidad la posibilidad de acceder a contenidos educativos a través de Internet, para detonar procesos de desarrollo en tres dimensiones interrelacionadas: humana, social y económica.
Asistencia Social Alimentaria a Familias. Consiste en una dotación mensual de despensa que beneficia a 55 mil familias vulnerables, entre las cuales se encuentran 26 929 personas de la tercera edad.
Asistencia Social Integral. Mejorar el clima social y el entorno urbano de las localidades ubicadas en el sector de La Alianza, en Monterrey, una de las áreas más marginadas del Estado. Consiste en la introducción de servicios básicos, la construcción de infraestructura social y la generación de oportunidades para el desarrollo personal, familiar y comunitario de la población.

TAMAULIPAS

Coordinación Interinstitucional para la Regularización de la Tenencia de la Tierra. Escrituración de lotes urbanos.
Pisos de Concreto. Instalar pisos de concreto antibacteriano en viviendas con piso de tierra.
Infraestructura Básica. Obras de agua potable, drenaje, urbanización, electrificación, servicios comunitarios y fomento a la producción.
Mejoramiento de Vivienda. Apoyar el mejoramiento de viviendas por medio de la autoconstrucción.
Mejoramiento de Fachadas. Apoyar el mejoramiento de fachadas aprovechando la mano de obra de las familias.
Regiones Prioritarias. Establecer, promover, coordinar y concretar las acciones de los tres órdenes, así como del sector social y privado que participan en la ejecución de los programas derivados de los Convenios de Desarrollo Social, de tal manera, que permitan atender las necesidades más sentidas de las comunidades marginadas. Produciendo así, un desarrollo social integral y sustentable en cada una de las regiones de mayor pobreza en el estado.
Microcrédito. Está enfocado a brindar apoyo económico para actividades productivas que generen el autoempleo, promuevan el ahorro y fortalezcan la economía familiar. Atiende a los sectores de la sociedad que menos tienen, a todas aquellas personas que no tienen acceso al crédito institucional, que carecen de empleo o ingresos fijos y desean realizar una actividad productiva. Con el préstamo pueden iniciar un pequeño negocio o agrandarlo si ya se tiene. Las actividades que apoya las siguientes: pequeño comercio, venta o elaboración de alimentos, manualidades, artesanías, prestación de algún servicio y desempeño de algún oficio.
Vamos Tamaulipas. Alcanzar niveles superiores de bienestar social, fundamentalmente de los sectores sociales de extrema pobreza, a través de la ejecución de acciones y/o proyectos de obra pública con características que permitan generar empleo y elevar las condiciones de vida de sus habitantes.
Proyecto 40. Auxiliar a 40 comunidades en la reconstrucción de sus patrones alimenticios, productivos, sociales y culturales y en la recuperación de su vocación de vida. Este Proyecto contempla cuatro factores: seguridad alimentaria, educación para adultos, capacitación para el trabajo e infraestructura básica.

(Continúa)

(Continuación)

NOMBRE DEL PROGRAMA Y OBJETIVOS
TAMAULIPAS
Proyectos productivos. Estimular las oportunidades de autoempleo de mujeres y jóvenes en 71 comunidades de 17 municipios y establecer condiciones para un mercado de productos regionales con servicios de molinos de nixtamal, ecoturismo, cocinas económicas, talleres de costura, de artesanías, producción pecuaria menor, elaboración de productos cosméticos, restaurantes y bloqueras.
Asistencia Social a Familias de Escasos Recursos. Canalizarlas a diferentes instituciones y brindar orientación sobre integración familiar.
Asistencia Social Alimentaria a Familias. Distribuir despensas y paquetes alimentarios infantiles a familias en comunidades de las zonas rurales y urbanas que viven en condiciones de pobreza y marginación.
Cocinas Populares y Unidades de Servicios Integrales. Proporciona alimentos a alumnos de secundarias técnicas y telesecundarias.
Vigilancia y Recuperación Nutricional, ALIMENTA. Fortalecer estrategias nacionales para abatir los casos y muertes por desnutrición en menores de 5 años.
Fortalecimiento para la Economía Familiar y Comunitaria. Distribuir paquetes de aves, ovinos, de semillas de hortaliza, árboles frutales y árboles.
Centros de Asistencia Infantil Comunitarios. Ofrecer educación preescolar con validez oficial.
Menores en Circunstancias Especialmente Difíciles. Atender a menores trabajadores, en y de la calle, en riesgo, migrantes y repatriados.
Medicina Comunitaria. Atender a personas con consultas médicas y pediátricas, distribuir sobres de vida suero oral, elaborar documentos de reposición de la Cartilla Nacional de Vacunación, realizar brigadas multidisciplinarias, ofrecer métodos anticonceptivos de planificación familiar, distribuir la Cartilla Nacional de Salud de la Mujer en las 9 Unidades Médicas de Atención a la Mujer y la unidad móvil para el área rural.
Facilitando el Camino. Apoyar a los alumnos de las zonas rurales que viven lejos de los centros educativos. Se les proporcionan bicicletas como un medio alternativo de transporte que les facilite el recorrido y su asistencia puntual y regular a clases. Con los padres de familia se forma un comité escolar que crea un fondo de ahorro para el mantenimiento y reparación de las bicicletas que serán reasignadas a las siguientes generaciones de alumnos.

Fuentes: Elaborado con información contenida en los planes estatales de desarrollo, programas estatales de desarrollo social, informes anuales de gobierno y portales electrónicos de las entidades federativas en estudio.

Bibliografía

Conapo (2001), *Índices de marginación, 2000*, México, Conapo.

Conapo-Conagua (1993), *Indicadores socioeconómicos e índice de marginación municipal, 1990,* México, Conapo-Conagua.

Coplamar (1983) *Necesidades esenciales en México. Situación actual y perspectivas al año 2000. Vol. 5. Geografía de la marginación,* México, 2a. edición, Siglo XXI, Coplamar.

Fox, Vicente (2003), *Anexo estadístico del tercer informe de gobierno*, México, Presidencia de la República.

Guillén, Tonatiuh (1990), "Servicios públicos y marginalidad social en la frontera norte", en: *Frontera Norte*, vol. 2, núm. 4, julio-diciembre.

INEGI (2000), *XII Censo general de población y vivienda*, México INEGI.

_____ (2003), Niveles de bienestar. www.inegi.gob.mx (julio de 2003).

Lerner, Bertha (1996), *América Latina: Los debates en política social, desigualdad y pobreza*, México, Porrúa.

Ordóñez Barba, Gerardo (2002), *La política social y el combate a la pobreza en México*, México, UNAM/Secretaría de Desarrollo Social.

Román M., Luis Ignacio y Rodolfo Aguirre R. (1998), "Economía política y política social frente a la pobreza en México", en Rigoberto Gallardo y Joaquín Osorio (coords.), *Los rostros de la pobreza. El debate* (tomo 1), México, ITESO-Universidad Iberoamericana,.

Sedesol (2003), "Contigo". www.sedesol.gob.mx/contigo.htm (consulta en julio de 2003).

Sobrino, Jaime y Carlos Garrocho (1995), *Pobreza, política social y participación ciudadana*, México, El Colegio Mexiquense-Sedesol.

Valencia L., Enrique y Rodolfo Aguirre R. (1998), "Discursos, acciones y controversias de la política gubernamental frente a la pobreza", en Gallardo Rigoberto y Joaquín Osorio (coords.), *Los rostros de la pobreza. El debate* (tomo 1), México, ITESO-Universidad Iberoamericana.

GLOSARIO[1]

Adeudos de Ejercicios Fiscales Anteriores (Adefas). Compromisos que adquieren los gobiernos en un ejercicio fiscal, que se encuentran devengados al 31 de diciembre del mismo ejercicio, para ser liquidados durante el año inmediato posterior, en el período comprendido entre el 2 de enero al 31 de marzo; siempre y cuando se haya informado de su monto y características a la Secretaría de Finanzas local.

Amortización. Representa la cancelación mediante pago o cualquier forma por la cual se extinga la obligación principal de los pasivos, contraídos por los gobiernos, los organismos y empresas públicas a favor de otros agentes económicos, residentes o no residentes, y emitidos en moneda nacional o extranjera.

Aportaciones Federales (Ramo General 33). Son los recursos que otorga la Administración Pública Federal a los Gobiernos de los Estados y Municipios, destinados a cubrir los gastos de los programas delegados a estos dos niveles de gobierno. Se canalizan a través del Fondo de Aportaciones para la Educación Básica y Normal, Fondo de Aportaciones para los Servicios de Salud, Fondo de Aportaciones para la Infraestructura Social (distribuido en Estatal y Municipal), Fondo de Aportaciones para el Fortalecimiento de los Municipios y de las Demarcaciones Territoriales del Distrito Federal, Fondo de Aportaciones Múltiples, Fondo de Aportaciones para la Educación Tecnológica y de Adultos, Fondo de Aportaciones para la Seguridad Pública de las Entidades Federativas y del Distrito Federal.

Aprovechamientos. Ingresos ordinarios provenientes de las actividades de derecho público que realizan los gobiernos. En términos generales se derivan del incumplimiento de las obligaciones fiscales de los contribuyentes; son recibidos en forma de rezagos, recargos, reintegros, multas y sanciones.

[1] Para la elaboración de esta sección se consultaron las siguientes fuentes: INEGI, El ingreso y gasto público en México, México, 2000; INEGI, Finanzas públicas estatales y municipales de México 1999-2002, México, 2003; SHCP, Glosario de términos más usuales en la administración pública federal, Agosto, 1998; SHCP, Glosario de términos fiscales, consultado en: http://www.fispack.com/actual/gt.htm.

Ayudas. Asignaciones que los gobiernos otorgan a los diferentes sectores de la población e instituciones sin fines de lucro, en forma directa o mediante fondos y fideicomisos.

Contribuciones de Mejoras. Las cantidades que por ley reciben los gobiernos, a cargo de personas físicas y morales, que se beneficien de manera directa por la realización de obras públicas.

Derechos. Contribuciones establecidas en la ley por el uso o aprovechamiento de los bienes de dominio público, así como por los servicios que presta el estado en sus funciones de derecho público, excepto cuando se prestan por organismos descentralizados. Los ejemplos más representativos de derechos son los ingresos del registro civil, registro público de la propiedad, licencias y permisos, y agua potable. También son derechos las contribuciones a cargo de los organismos públicos descentralizados por prestar servicios exclusivos del estado.

Descentralización Administrativa. Acción de transferir autoridad y capacidad de decisión en organismos del sector público con personalidad jurídica y patrimonio propios, así como autonomía orgánica y técnica (organismos descentralizados). Todo ello con el fin de descongestionar y hacer más ágil el desempeño de las atribuciones del Gobierno Federal. Asimismo, se considera descentralización administrativa a las acciones que el Poder Ejecutivo Federal realiza para transferir funciones y entidades de incumbencia federal a los gobiernos locales, con el fin de que sean ejercidas y operadas acorde a sus necesidades particulares.

Desconcentración Administrativa. 1. Proceso jurídico-administrativo que permite al titular de una institución, por una parte, delegar en sus funcionarios u órganos subalternos las responsabilidades del ejercicio de una o varias funciones que le son legalmente encomendadas, excepto las que por disposición legal debe ejercer personalmente, y por otra, transferir los recursos presupuestarios y apoyos administrativos necesarios para el desempeño de tales responsabilidades, sin que el órgano desconcentrado pierda la relación de autoridad que lo supedita a un órgano central. La desconcentración administrativa es una solución a los problemas generados por el congestionamiento en el despacho de los asuntos de una dependencia de gobierno. 2. Proceso jurídico-administrativo tendiente a erradicar la concentración funcional y operativa de los distintos órganos de gobierno, mediante la delegación de funciones, responsabilidades operativas y recursos a órganos desconcentrados ubicados en las distintas regiones del país, sin que pierdan la relación de autoridad que los supedite a un órgano central.

Deuda Pública. Gastos destinados a cubrir las obligaciones de los gobiernos por concepto de deuda pública, derivados de la contratación de empréstitos; incluye las asignaciones destinadas a cubrir la amortización, el servicio (intereses y comisiones) y los Adeudos de Ejercicios Fiscales Anteriores (Adefas).

Egresos Brutos. Los recursos que erogan los gobiernos para sufragar los gastos que se originan en el cumplimiento de sus funciones y programas, según los términos establecidos en su respectivo Presupuesto de Egresos y demás leyes sobre la materia. Se integran por la suma de servicios personales, materiales y suministros; servicios generales; subsidios, transferencias y ayudas; adquisición de bienes muebles e inmuebles; obras públicas y acciones sociales; inversión financiera; recursos federales y estatales a municipios; otros egresos; por cuenta de terceros; deuda pública y disponibilidad final.

Egresos Netos. Variable que agrega las erogaciones efectivas del ejercicio fiscal, excluyendo la disponibilidad final que no representa un egreso real del período de referencia (Egresos Brutos menos Disponibilidad Final).

Financiamiento (Deuda Pública). Recursos financieros que los gobiernos obtienen para cubrir un déficit presupuestario. El financiamiento se contrata dentro o fuera del país a través de créditos, empréstitos y otras obligaciones derivadas de la suscripción o emisión de títulos de crédito o cualquier otro documento pagadero a plazo.

Fomento a Programas. Son asignaciones aplicadas por el gobierno estatal o municipal de acuerdo a convenios con el gobierno federal, orientados al desarrollo de los diversos sectores productivos y sociales, así como para la ejecución de obras.

Gasto Asignable por Programas (Gasto Programable). Erogación plenamente identificable con cada uno de los programas del Presupuesto de Egresos de la Federación. Incluye las erogaciones que realiza la administración pública central en la prestación de servicios y en inversión pública, así como las asignaciones que las entidades paraestatales de control presupuestario directo destinan a la producción de bienes y servicios que aumentan en forma directa la oferta global de los mismos. Excluye el servicio de la deuda que corresponde a transacciones financieras, las participaciones a estados y municipios y los estímulos fiscales, cuyos efectos económicos se materializan vía las erogaciones de los beneficiarios.

Gasto Bruto Presupuestario. Es el conjunto de erogaciones que realiza el sector público en cumplimiento de sus funciones, sin que se hagan disminuciones por ningún concepto.

Gasto Federal Centralizado. Descuenta del gasto programable de la federación los recursos que se transfieren a los gobiernos locales a través de los ramos 33 y 25, el PAFEF y los Convenios, los cuales en conjunto se conocen como gasto programable descentralizado.

Gasto Primario Federal. Es el gasto bruto presupuestario del gobierno federal descontando las erogaciones que realiza por concepto de deuda pública.

Impuestos. Prestaciones en dinero o especie que el estado fija unilateralmente y con carácter obligatorio, a todos aquellos individuos cuya situación coincida con la que la ley señala. Algunos ejemplos de impuestos estatales son el 2% sobre nóminas y la tenencia o uso de vehículos; en el caso municipal encontramos el impuesto predial y sobre la transmisión de dominio.

Ingresos Brutos. Recursos que obtienen los individuos, sociedades o gobiernos, por el uso de la riqueza, trabajo humano o cualquier otro motivo que incremente su patrimonio. En el caso del sector público son los provenientes de los impuestos, derechos, productos, aprovechamientos, contribuciones de mejoras, participaciones y aportaciones federales, otros ingresos, por cuenta de terceros, financiamiento y disponibilidad inicial.

Ingresos Netos. Variable que agrega los ingresos efectivos del ejercicio fiscal, excluyendo la disponibilidad inicial que no representa un ingreso real del período de referencia (Ingresos Brutos menos Disponibilidad Inicial).

Ingresos Propios. Total de percepciones de los gobiernos provenientes de las fuentes propias de ingreso, no son consideradas las transferencias de recursos federales ni los ingresos que suponen movimientos virtuales o compensados (suma de impuestos, derechos, productos, aprovechamientos y contribuciones de mejoras).

Intereses, Comisiones y Gastos de la Deuda. Las erogaciones derivadas de las obligaciones contraídas por la concertación de créditos o financiamientos que los gobiernos llevan a cabo con instituciones públicas y privadas o de la colocación de valores.

Inversión Financiera. Comprende la concesión de créditos y la adquisición de valores en forma directa o a través de fideicomisos, que realizan los gobiernos estatales y municipales a particulares, empresas privadas, organismos descentralizados y empresas de participación estatal. Por ejemplo, la inversión en acciones, bonos, valores y obligaciones.

Materiales y Suministros. Los recursos que correspondan a la adquisición de toda clase de materiales requeridos por los gobiernos para el desempeño de sus actividades administrativas y productivas.

Obras Públicas. Capítulo de gasto que incorpora las asignaciones destinadas a la creación de infraestructura física, mediante la realización de obras públicas que contribuyan a la formación de capital del país.

Participaciones Federales. Asignaciones de recursos fiscales que otorga el Gobierno Federal a los estados, municipios y Distrito Federal, a través del Fondo General de Participaciones y Fondo de Fomento Municipal, entre otras. Los recursos se destinan a cubrir la parte de los ingresos federales que recaudan las oficinas receptoras y que les corresponden de acuerdo con las disposiciones legales, asimismo, se canalizan para el cumplimiento de objetivos nacionales.

Productos. Ingresos que perciben los gobiernos por actividades que no corresponden al desarrollo de las funciones propias de derecho público, sino por la explotación de sus bienes patrimoniales, se incluyen la enajenación de bienes muebles e inmuebles, los arrendamientos e intereses.

Servicios Generales. Asignaciones destinadas a cubrir el costo de todo tipo de servicios indispensables para el funcionamiento de la administración pública estatal y municipal, que se contratan a particulares o a instituciones del propio sector público. Incluye servicios básicos (postal, telegráfico, telefónico, energía eléctrica y agua potable); arrendamientos; asesorías; servicios comercial y bancario; mantenimiento y conservación, etcétera.

Servicios Personales. Asignaciones para sufragar las remuneraciones al personal que presta sus servicios en los gobiernos estatales y municipales, así como cualquier otra erogación derivada de la relación laboral, por ejemplo: los pagos que por concepto de seguridad social cubre el gobierno a las instituciones públicas o los pagos por otras prestaciones sociales y económicas.

Subsidios. Asignaciones que los gobiernos otorgan por medio de las dependencias y entidades a los diferentes sectores de la sociedad para el desarrollo de actividades prioritarias de interés general, con el propósito de apoyar sus operaciones, mantener sus niveles en los precios, apoyar el consumo, la distribución y comercialización de los bienes, motivar la inversión, cubrir impactos financieros, así como para el fomento de las actividades agropecuarias, industriales o de servicios.

Transferencias. Traslado implícito o explícito de recursos del sector público al resto de la economía o a otros niveles de gobierno, ya sea en dinero o en especie, sin recibir por ello contraprestación directa alguna y únicamente condicionando su asignación a la consecución de determinados objetivos de política económica y social.

Transferencias (Egresos). Son erogaciones corrientes y de capital, en dinero o en especie, que el estado o municipio destina a terceros (personas físicas o morales, instituciones públicas o privadas), a través de subsidios, subvenciones, participaciones, compensaciones y pagos de seguridad social, para realizar actividades de tipo social que mejoren el nivel de vida y para fomentar actividades de índole cultural o económico.

Transferencias (Ingresos). Son los recursos que otorga el gobierno federal a las entidades y municipios, destinados a cubrir los gastos generados por los objetivos y programas descentralizados, tales como: Fondo de Aportaciones para la Educación Básica y Normal, Fondo de Aportaciones para los Servicios de Salud, Fondo para la Infraestructura Social Estatal y Municipal, Fondo de Aportaciones Múltiples, Fondo de Aportaciones para el Fortalecimiento de los Municipios, Fondo de Aportaciones para la Seguridad Pública de los Estados y el Distrito Federal y Fondo de Aportaciones para la Educación Tecnológica y de Adultos.

LISTA DE SIGLAS Y ACRÓNIMOS

Adefas	Adeudos de Ejercicios Fiscales Anteriores
Afores	Administradoras de Fondos para el Retiro
ANUIES	Asociación Nacional de Universidades e Instituciones de Educación Superior
APC	Administración Pública Centralizada
APF	Administración Pública Federal
Banobras	Banco Nacional de Obras y Servicios Públicos, SNC
Banrural	Banco Nacional de Crédito Rural, SNC
Bansefi	Banco del Ahorro Nacional y Servicios Financieros
Banxico	Banco de México
BID	Banco Interamericano de Desarrollo
CDI	Comisión Nacional para el Desarrollo de los Pueblos Indígenas
Cedevis	Certificados de Vivienda de Interés Social
CFE	Comisión Federal de Electricidad
Cinvestav	Centro de Investigación y de Estudio Avanzados del IPN
CNA	Comisión Nacional del Agua
Codevisu	Convenios de Coordinación para el Desarrollo de la Vivienda y del Suelo
Coespo	Consejo Estatal de Población
COFAA	Comisión de Operación y Fomento de Actividades Académicas
Conaculta	Consejo Nacional para la Cultura y las Artes
Conacyt	Consejo Nacional de Ciencia y Tecnología
Conade	Comisión Nacional de Cultura Física y Deporte
Conadepi	Comisión Nacional para el Desarrollo de los Pueblos Indígenas
Conafe	Consejo Nacional de Fomento Educativo
Conafovi	Comisión Nacional de Fomento a la Vivienda
Conalep	Colegio Nacional de Educación Profesional Técnica
Conamed	Comisión Nacional de Arbitraje Médico
Conapo	Consejo Nacional de Población

Conaprehd	Comisión Nacional para la Prevención y Rehabilitación de Discapacidades
Conasami	Comisión Nacional de los Salarios Mínimos
Conavi	Consejo Nacional de Vivienda
Conevyt	Consejo Nacional de Educación para la Vida y el Trabajo
Consar	Comisión Nacional del Sistema de Ahorro para el Retiro
Corett	Comisión para la Regularización de la Tenencia de la Tierra
Cosnet	Consejo del Sistema Nacional de Educación Tecnológica
Diconsa	Sistema de Distribuidoras Conasupo, S. A. de C. V.
DIF	Sistema Nacional para el Desarrollo Integral de la Familia
DOF	Diario Oficial de la Federación
Edusat	Red Satelital de Televisión Educativa
EUA	Estados Unidos de América
FAEB	Fondo de Aportaciones para la Educación Básica y Normal
FAETA	Fondo de Aportaciones para la Educación Tecnológica y de Adultos
FAIS	Fondo de Aportaciones para la Infraestructura Social
FAM	Fondo de Aportaciones Múltiples
FASP	Fondo de Aportaciones para la Seguridad Pública de los Estados y del Distrito Federal
FASSA	Fondo de Aportaciones para los Servicios de Salud
FIES	Fideicomiso para la Infraestructura en los Estados
Fifonafe	Fideicomiso Fondo Nacional de Fomento Ejidal
Finfra	Fondo de Inversión en Infraestructura
FISE	Fondo para la Infraestructura Social Estatal
FISM	Fondo para la Infraestructura Social Municipal
Fommur	Fondo de Microfinanciamiento a Mujeres Rurales
Fonacot	Fondo de Fomento y Garantía para el Consumo de los Trabajadores
Fonaes	Programa Nacional de Apoyo para las Empresas de Solidaridad
Fonhapo	Fideicomiso del Fondo Nacional de Habitaciones Populares
Fortamun-DF	Fortalecimiento de los Municipios y de las Demarcaciones Territoriales del Distrito Federal
Fovi	Fondo de Operación y Financiamiento Bancario a la Vivienda
Fovissste	Fondo de la Vivienda del Instituto de Seguridad y Servicios Sociales de los Trabajadores del Estado
GFCYT	Gasto Federal en Ciencia y Tecnología
GIDE	Gasto en Investigación y Desarrollo Experimental

IMSS	Instituto Mexicano del Seguro Social
Inafed	Instituto Nacional del Federalismo y el Desarrollo Municipal
INAH	Instituto Nacional de Antropología e Historia
Inali	Instituto Nacional de Lenguas Indígenas
Inapam	Instituto Nacional de las Personas Adultos Mayores
INBA	Instituto Nacional de Bellas Artes y Literatura
Inca Rural, A. C.	Instituto Nacional para el Desarrollo de Capacidades del Sector Rural A.C.
Indesol	Instituto Nacional de Desarrollo Social
INEA	Instituto Nacional para la Educación de los Adultos
INEGI	Instituto Nacional de Estadística, Geografía e Informática
Infonavit	Instituto del Fondo Nacional de Vivienda para los Trabajadores
Inmujeres	Instituto Nacional de las Mujeres
INSP	Instituto Nacional de Salud Pública
IPN	Instituto Politécnico Nacional
ISES	Instituciones Especializadas en Seguros de Salud
ISSFAM	Instituto de Seguridad Social para las Fuerzas Armadas
ISSSTE	Instituto de Seguridad y Servicios Sociales de los Trabajadores del Estado
Liconsa	Leche Industrializada Conasupo, S. A. de C. V.
OCDE	Organización para la Cooperación y el Desarrollo Económico
OEA	Organización de Estados Americanos
ONU	Organización de las Naciones Unidas
Oportunidades	Programa de Desarrollo Humano OPORTUNIDADES
OSC	Organizaciones Sociales Civiles
PABSS	Paquete Básico de Servicios de Salud
PAC	Programa de Ampliación de Cobertura
Pafef	Programa de Apoyos para el Fortalecimiento de las Entidades Federativas
Pareib	Programa para Abatir el Rezago en Educación Inicial y Básica
PAS	Programa de Acciones de Saneamiento
PEC	Programa Escuelas de Calidad
PEF	Presupuesto de Egresos de la Federación
PET	Programa de Empleo Temporal
PIB	Producto Interno Bruto
PND	Plan Nacional de Desarrollo
Procampo	Programa de Apoyos Directos al Campo

Procede	Programa de Certificación de Derechos Ejidales y Titulación de Solares Urbanos
Procedes	Programa de Calidad, Equidad y Desarrollo en Salud
Procoma	Programa de Mejoramiento para la Comercialización de Alimentos
Prodesca	Programa de Desarrollo de Capacidades en el Medio Rural
Proequidad	Programa Nacional de Igualdad de Oportunidades y No Discriminación Contra las Mujeres
Profeco	Procuraduría Federal del Consumidor
Promusag	Programa de la Mujer en el Sector Agrario
Pronabes	Programa Nacional de Becas para la Educación Superior
Pronap	Programa Nacional de Actualización Permanente de Maestros de Educación Básica en Servicio
RCV	Retiro, Cesantía en Edad Avanzada y Vejez
RFP	Recaudación Federal Participable
SCT	Secretaría de Comunicaciones y Transportes
SE	Secretaría de Economía
Secodam	Secretaría de Contraloría y Desarrollo Administrativo
Sectur	Secretaría de Turismo
Sedena	Secretaría de la Defensa Nacional
Sedesol	Secretaría de Desarrollo Social
Segob	Secretaría de Gobernación
Semar	Secretaría de Marina
Semarnat	Secretaría de Medio Ambiente y Recursos Naturales
Seneam	Servicios a la Navegación en el Espacio Aéreo Mexicano
Sener	Secretaría de Energía
SEP	Secretaría de Educación Pública
SFP	Secretaría de la Función Pública
SHCP	Secretaría de Hacienda y Crédito Público
SHF	Sociedad Hipotecaria Federal
Sida	Síndrome de Inmunodeficiencia Adquirida
Siefores	Sociedades de Inversión Especializada de Fondos para el Retiro
SNS	Sistema Nacional de Salud
Sofoles	Sociedades Financieras de Objeto Limitado
SPS	Seguro Popular de Salud
SRA	Secretaría de la Reforma Agraria
SRE	Secretaría de Relaciones Exteriores
SSA	Secretaría de Salud

SSP	Secretaría de Seguridad Pública
STPS	Secretaría del Trabajo y Previsión Social
UNAM	Universidad Nacional Autónoma de México
Unesco	Organización de las Naciones Unidas para la Educación, la Ciencia y la Cultura
VIH	Virus de Inmunodeficiencia Humana

ACERCA DE LOS AUTORES

Mtro. Rodolfo Corona Vázquez
Investigador del Departamento de Estudios de Población de El Colef. Maestro en demografía por el Centro Latinoamericano de Demografía. Áreas de investigación: Métodos cuantitativos, mortalidad y migración interna e internacional. Es Investigador Nacional Nivel III del SNI. En el 2003 obtuvo el Premio Nacional de Demografía.

Dr. César Fuentes Flores
Investigador de la Dirección Regional de Ciudad Juárez de El Colef desde 1990. Es doctor en planeación urbana y regional por la Universidad del Sur de California, Estados Unidos. Pertenece al SNI en la categoría de Investigador Nacional de Nivel I. Cuenta con 15 publicaciones, entre las que destaca la coordinación de un libro (en prensa). Ha impartido tres cursos y dirigido cinco tesis de maestría (una de ellas ganó el primer lugar en el premio estatal de administración pública del estado de Sonora en 2002).

Dr. Noé Arón Fuentes Flores
Investigador del Departamento de Estudios Económicos de El Colef. Doctor en economía por la Universidad de California en Irvine, Estados Unidos. Áreas de investigación: Econometría y desarrollo económico.

Dr. Raúl Sergio González Ramírez
Investigador del Departamento de Estudios de Población de El Colef. Tiene una maestría en demografía por el Centro de Estudios Demográficos y de Desarrollo Urbano de El Colegio de México y es doctor en Sociología con especialidad en demografía por el Department of Sociology Population Research Center en la Universidad de Texas, en Austin. Sus áreas de investigación son salud reproductiva, mortalidad, fecundidad, y estudios de población.

Cand. a Dra. Sárah Eva Martínez Pellégrini
Profesora-investigadora del Departamento de Estudios de Administración Pública de El Colef desde 1995. Es candidata a doctora en desarrollo e integración económica por la Universidad Autónoma de Madrid. Fue investigadora titular del CIDE antes de incorporarse a El Colef. Sus áreas de investigación y docencia son: desarrollo regional y local e integración económica; políticas regionales de desarrollo económico; planeación regional y local; y sistemas productivos locales. Cuenta con 14 publicaciones arbitradas y ha impartido 14 cursos de posgrado.

Dr. Juan Noyola Carmona
Investigador de la Dirección Regional de Monterrey de El Colef. Doctor en economía por la Universidad de Notre Dame, Estados Unidos. Área de investigación: Desarrollo económico en metodología de la economía, riqueza y pobreza en México. Es Investigador Nacional Nivel I del SNI.

Dr. Gerardo Ordóñez Barba
Profesor-investigador del Departamento de Estudios de Administración Pública de El Colef desde 1990. Es doctor en ciencia política por la Universidad Complutense de Madrid, España. Pertenece al Sistema Nacional de Investigadores en la categoría de Investigador Nacional de Nivel II. Cuenta con 21 publicaciones, entre las que destacan la coordinación de dos libros y la autoría de otros dos; especializados en política social, combate a la pobreza y gobiernos locales; también ha participado en más de 13 congresos y seminarios nacionales e internacionales relacionados con el desarrollo social y regional de México. Ha impartido cursos de licenciatura (3), maestría (18) y doctorado (3) en diversas universidades del país y ha dirigido cinco tesis de maestría (una de ellas ganó el Premio Nacional de Administración Pública en 1996) y una de doctorado. Su proyecto de investigación más reciente se refiere al estudio de la política social en la frontera norte de México. En el 2002 obtuvo la distinción "Dr. José Gómez de León" por haber logrado el primer lugar en el concurso de tesis doctorales sobre el Programa de Educación, Salud y Alimentación organizado por la UNAM y la Sedesol.

Mtra. Guadalupe Ortega Villa
Es investigadora en el Instituto de Investigaciones Sociales de la Universidad Autónoma de Baja California. Es socióloga con maestría en ciencias sociales aplicadas. Actualmente estudia el doctorado en ciencias sociales aplicadas en El Colegio de la Frontera Norte con el apoyo de las becas Promep. Sus temas de investigación son pobreza, marginación y bienestar.

Dr. Sergio Peña Medina
Investigador de la Dirección Regional de Ciudad Juárez de El Colef. Doctor en planificación urbana y regional por la Universidad Estatal de Florida, Estados Unidos. Pertenece al SNI en la categoría de candidato a Investigador Nacional. Cuenta con seis publicaciones en revistas internacionales arbitradas, entre las que destacan temas de planificación binacional, cooperación transfronteriza y marginalidad urbana en la frontera norte de México. Ha sido profesor en diversas universidades del país y de Estados Unidos, impartiendo nueve cursos de licenciatura y nueve de maestría.

Dra. Ma. Gudelia Rangel Gómez
Directora del Departamento de Estudios de Población de El Colef. Es doctora en ciencias de la salud con área de concentración en epidemiología por el Instituto Nacional de Salud Pública en Cuernavaca, Morelos. Cuenta con 12 publicaciones. Ha impartido cinco cursos de licenciatura y 12 de maestría. Ha dirigido tres tesis de maestría. Su proyecto de investigación más reciente se refiere al estudio de los factores de riesgo de infección por VIH en migrantes mexicanos temporales en flujo.

Mtro. Marcos Sergio Reyes Santos
Profesor-investigador del Departamento de Estudios de Administración Pública de El Colef desde 1993. Es candidato a doctor en ciencia política por Flacso, sede México. Actualmente estudia el Programa de Doctorado en Ciencias en el Departamento de Investigaciones Educativas del Cinvestav-Unidad Sur. De su propia autoría ha publicado seis artículos en revistas especializadas y un capítulo de libro. En coautoría ha publicado un artículo en revista especializada y capítulos en cuatro libros. También ha impartido siete cursos de posgrado y ha dirigido dos tesis de maestría. Su proyecto de tesis para obtener el grado de doctor se titula: *La descentralización educativa en Baja California. Desarrollo y conflicto institucional en el sistema educativo estatal, 1990-2000.*

Dra. Elmyra Ybáñez Zepeda
Investigadora del Departamento de Estudios de Población de El Colef. Doctora en estudios de población por el Colegio de México. Áreas de investigación: Proyecciones de población y envejecimiento.

ÍNDICE

Los retos de la política social en la frontera norte de México,
se terminó de imprimir en enero de 2006 en los talleres de Plaza y Valdés Editores.
Se tiraron 1 000 ejemplares.
El cuidado de la edición estuvo a cargo de la Coordinación de Publicaciones de El Colegio de la Frontera Norte.